가족과 함께 떠나는
바다낚시

오성출판사

이 책을 읽는
독자들에게...

삶이 풍요로워지면서 여가를 선용하려는 사람들의 시선이 스포츠·레저로 집중되고 있다.
하루가 다르게 발전하는 레저산업의 여파는 바다낚시 인구의 필연적인 증가를 가져왔고, 특히 삼면이 바다인 우리나라의 바다낚시 인구는 앞으로도 계속 늘어날 전망이다.
여행을 가서도 가족과 함께하는 호핑투어 체험이 있을 정도로 바다낚시는 일반인들의 인기를 끌고 있으며, 휴양지 주변의 방파제 및 갯바위에서의 바다낚시는 또 다른 즐거움을 준다.
영리하기로 소문난 돌돔과 갯바위에서 벌이는 사투는 스포츠 피싱의 호쾌한 맛을 온몸으로 느낄 수 있으며, 묵직하고 짜릿한 손맛을 한 번 보면, 다시 바다로 오지 않고는 배길 수 없게 된다.
그러나 바다낚시의 장엄함을 맛보기 전에, 바다가 안고 있는 위험을 방지할 수 있는 사전지식이 필요하다.
"바다는 살아 있다."라는 표현에 걸맞게, 끊임없이 변화하는 일기와 조류, 그리고 거침없는 바람과 파도를 생각지 않고, 철저한 준비 없이 바다낚시에 나선다면, 뜻하지 않은 곤경에 처할 수도 있을 것이다.
또한, 보이지 않는 바닷속을 자유롭게 유영하는 물고기의 습성을 제대로 파악해 두지 않으면 조황도 기대하기 힘들다. 그래서 초보자는 먼저 바다를 알고 출조 준비를 해야 한다.
바다낚시를 하고자 한다면, 여러 매체에서 쏟아지는 각종 낚시 정보를 눈여겨볼 필요가 있으며, 경험자에게 항상 조언을 구한 후에 출조를 생각해야 한다. 주위에 마땅한 조언자가 없을 때에는, 낚시점에서 출조에 대한 정보를 서비스 받도록 하고, 바다낚시에 관한 책을 보며 꾸준하게 연구하는 자세가 필요하다.
이번에 출간하는 〈가족과 함께 떠나는 바다낚시〉는 초보자가 바다에서 겪게 되는 여러 가지 상황에 따른 대비책과 물고기들의 습성, 지형에 따른 낚시의 준비물과 방법에 대해 파트별로 정리하였으므로, 이제 막 바다낚시에 입문한 초보자의 좋은 길잡이가 되리라 믿는다.

이 책을 읽는 순서

Part 1. 바다낚시의 기본상식

알고 떠나야 하는 바다낚시

왜 바다로 떠나는가? **019**
경험자는 이렇게 즐긴다. **020**
가족이 함께 즐기자 **021**

물고기의 생태와 구조

몸체의 구조 **022**
물고기의 습성을 알아야 한다. **026**
물고기의 적수온을 알아두자 **027**

바다낚시의 종류

바다낚시엔 어떤 종류가 있는가? **028**
모래밭 던질낚시(원투낚시) **032**
갯바위 찌낚시 **035**
방파제낚시의 즐거움 **044**
배낚시 **046**
바다루어낚시 **053**

트롤링(Trolling, 끌낚시) ... **054**

바다낚시의 장비와 소품

바다낚시의 복장 ... **057**
낚시대의 종류 ... **061**
릴의 기본지식 ... **064**
릴의 선택법 ... **073**
낚싯줄의 기초 지식 ... **074**
낚시바늘의 기초 지식 ... **077**
찌에 대해서 알아보자 ... **083**
봉돌의 기초 지식 ... **086**
미끼에 대한 기초 지식 ... **090**

이 책을 읽는 순서

Part 2. 어종별 낚시법

봄철에 제맛! 가자미

평평한 몸과 오른쪽으로 쏠린 눈	**094**
가자미 던질낚시	**095**
가자미 배낚시	**096**
가자미낚시 채비	**099**
가자미낚시 포인트	**100**
가자미 낚는법	**101**
가자미 배낚시 채비	**102**

바다의 은빛보석! 갈치

성어기는 여름부터 추석가지	**103**
갈치 찌낚시	**104**
갈치 배낚시	**106**

바다낚시의 최고봉, 감성돔

갯바위낚시의 대표적인 어종	**108**

감성돔 갯바위낚시	110
감성돔 갯바위낚시 채비	114
해안에서 던질낚시를 할 때에는?	119

손맛, 입맛 모두만족! 고등어

낚시시즌은 봄에서 가을	121
고등어 갯바위낚시	122
고등어 선상낚시	125

손맛보다 입맛! 주꾸미

| 인기가 높은 주꾸미 낚시 | 127 |
| 낚시철은 9월 중순 이후부터 | 128 |

회맛이 일품! 넙치(광어)

| 넙치(광어)의 두눈은 왼쪽에 | 130 |
| 4~5월 부터 늦은 가을까지가 시즌 | 131 |

이 책을 읽는 순서

난바다에서 배낚시를 할 때에는? 133

갯바위의 폭군! 농어
여름 갯바위를 달구는 농어 135
농어를 낚아보자 136

바다의 호랑이, 다금바리
갯바위낚시의 초대형급 어종 142
장비와 채비 143
다금바리 낚시 143

조심, 조심! 독가시치
지느러미의 독가시에 찔리지 않도록 조심 147
독가시치 낚는 법 148

바다의 난폭자! 돌돔
갯바위 대어낚시의 왕자 152

돌돔을 낚아보자	**154**
돌돔낚시 채비	**156**
잡은 돌돔의 처리	**159**

바다의 붕어! 망상어

새끼를 낳는 태생어	**162**
갯바위낚시 · 방파제낚시가 쉽고 재미있다.	**163**
망상어낚시 채비	**164**

쉽게 즐기는 낚시, 망둥어

대중적인 낚시의 대상	**165**
성어기는 9월부터 11월 중순	**166**
망둥어낚시 채비	**167**

한여름밤의 손맛! 벤자리

밤에 떠오르는 벤자리	**170**
벤자리를 낚아보자	**171**

이 책을 읽는 순서

| 벤자리낚시 채비 | 172 |
| 벤자리 배낚시 요령 | 174 |

바다의 흑기사! 벵에돔
갯바위낚시의 인기 어종	176
벵에돔 낚시법	178
벵에돔낚시 채비	181

보리 익는 5월에, 보리멸
던질낚시는 보리멸부터	188
보리멸을 낚아보자	189
보리멸낚시 채비	191
보리멸은 이렇게 1년을 지낸다	192

날씨박사, 볼락(열기)
| 툭 불거진 큰 눈 | 195 |
| 배에서 볼락을 낚아보자 | 196 |

| 갯바위 볼락낚시 | 200 |
| 볼락낚시 채비 | 201 |

겨울에 제맛! 숭어

겨울에 맛있는 물고기	205
숭어를 낚아보자	206
숭어낚시 채비	209
숭어낚시 포인트	210
숭어 꽃낚시채비에 대해 알아보자	213

매운탕으로 제격, 쏨뱅이

매운탕감으로 일품	214
쏨뱅이를 낚아보자	215
쏨뱅이낚시 채비	217

맛이 일품! 오징어

| 허리 어깨에 눈·입·팔이 달린 연체동물 | 218 |

이 책을 읽는 순서

오징어를 낚아보자 219
오징어낚시 채비 221

서해안 배낚시의 대표어종, 우럭

우리나라 배낚시의 중량급 어종 223
우럭을 낚아보자 224
우럭낚시 채비 226

여름밤 해변가의 손님, 장어

여름밤 장어낚시의 재미 227
밤에 활동하는 야행성 물고기 228
장어낚시 채비 229

떼고기 손맛! 전갱이

플랑크톤을 찾아 군영하는 습성 232
전갱이를 낚아보자 233
방파제에서 전갱이를 낚을 때에는? 235

기운을 돋우는, 조기
바닷물이 흐린듯할 때 잘 잡힌다. **236**
던질낚시의 시즌은 산란하러 해안에 접근할 때 **237**
조기낚시 채비 **238**

바닥을 노려라! 쥐노래미
암초대나 해초 사이에 산다 **241**
미끼는 반드시 바닥권으로 가져간다 **242**
노래미낚시 채비 **243**

섬세한 낚시기법이 필요한, 쥐치
'꿩대신 닭'이라는 생각으로 쥐치낚시 **245**
한 겨울을 제외하고 일년 내내 낚는다 **246**
쥐치낚시 채비 **247**

바다의 여왕, 참돔
아름다운 빛깔, 멋진 몸매 **249**

이 책을 읽는 순서

참돔을 낚아보자	250
참돔낚시 채비	252

학의 부리를 가진, 학공치

학처럼 긴 아래턱	257
낚시철은 봄에서 가을까지 계속	258
학공치낚시 채비	260

하천에서 태어나 바다로, 황어

혼인색이 아름다운 물고기	263
동해안 황어낚시는 겨울철이 성어기	264
황어낚시 채비	265

부부가 함께 다니는, 혹돔

자라면서 이마가 혹처럼 커진다	268
포인트와 낚는법은 돌돔낚시와 마찬가지	269

흑돔낚시 채비 ……………………………………… **270**

Part 3. 부록

바다낚시 용어 해설 ……………………………………… **273**
물때에 대해서 알아두자 ………………………………… **299**
권역별 대표적인 낚시어종 및 포인트 …………………… **304**

PART 01
바다낚시의 기본상식

삼면이 바다인 우리나라는 지역에 따라 낚이는 어종도 다양하다.
또한 우리나라의 해안은 백사장과 암석지대가 적절한 조화를 이루고 있으므로 던질낚시나 갯바위낚시에는 안성맞춤이다.
바다낚시에는 여러가지 위험이 따르기도 하지만 광활한 바다를 바라보며 끊임없이 변화하는 자연의 신비와 마주칠때면 기왕이면 바다로 떠나온 것이 무척이나 다행스럽다는 생각이 들 것이다.

자, 이제 바다낚시의 그 경이로운 세계로 떠나보자!

알고 떠나야 하는 바다낚시

SEA-FISHING TECHNIC

왜 바다로 떠나는가?

무거운 장비를 짊어지고 왜 바다로 떠나는가?
초보자나 경험자나 대답은 같을 것이다. '고기를 낚으러 간다.'는 대답이 그것이다.

물론이다. 낚시도 레저이기 때문에 고기를 낚는다는 목적을 달성할 수 없다면 낚시꾼은 바다를 찾지 않을 것이다. 그러나 초보자는 바다낚시의 동기와 목적을 혼돈하지 말기 바란다.

'고기를 낚으러 바다로 가는 것'은 바다로 떠나는 동기이지 결코 목적이 되어서는 안 된다. 왜냐하면 바다낚시의 진정한 묘미는 손맛을 즐기는 것 이외에도 바다를 사랑하고 자연과 더불어 인생을 관조할 수 있는 또 다른 맛이 있기 때문이다.

바다낚시를 처음 떠나는 사람이라면 먼저 바다낚시가 주는 깊은 의미를 가슴에 담은 다음 목적지의 정보를 입수하자. 바다낚시의 정보는 가까운 낚시점이나 주위에 있는 경험자와 심도 있는 상담을 통해서 입수하는 것이 좋다.

낚시장비의 구입에서부터 사용방법, 낚시터의 위치와 어종에 따른 낚시법 등 모든 것을 경험자와 충분히 상담한 후, 가능하면 그들과 동행하여 출조하는 것이 좋다.

낚시터의 선정은 기존의 가이드 외에 일간신문과 주간지, 여러 매체들을 세심하게 살펴보면 의외의 정보를 얻을 수 있다.

바다낚시의 첫걸음은 낚시법의 숙지도 중요하지만 계절에 따른 어종의 선택과 낚시터의 선정이 기본이랄 수 있다. 그리고 무엇보다 중요한 것은 바다고기의 생태를 파악하는 것이다. 계절에 따른 바다고기의 출현도 기본 지식으로 알아 두자.

초보자가 막상 바다낚시터에 도착했을 때 또 하나 알아둘 일이 있다. 그것은 낚시터에 먼저 와 있는 선배 꾼들에게 낚시터의 정보를 한 번 더 입수하는 것이다. 어종의 선택이나 조수의 흐름, 안전성 등이 그것이다. 정보화 시대에 살고 있는 현대인에게 정보는 어느 곳에나 존재한다는 사실을 잊지 말자.

경험자는 이렇게 즐긴다

바다낚시의 종류는 다양하다. 그러나 아무리 낚시가 좋아도 사시사철 바다에서 살 수는 없다. 물론 물고기를 쫓아서
여기저기 낚시터를 순례하다보면
1년도 짧다고 느낄 수 있다.

■ 계절별 낚시 프로그램

바다가 좋아서, 낚시가 좋아서, 친구가 좋아서 줄조의 그날이 기다려지지만 경험자는 낚시에 자신이 생길수록 전문가다운 자신만의 전공이 생긴다.

던질낚시를 즐기는 꾼이면 던질낚시로, 방파제에서 하는 낚시가 좋으면 방파제로 향하게 된다. 또한 자신만이 좋아하는 어종도 정해지게 된다. 보리멸 낚시를 좋아한다면 철따라 보리멸낚시 프로그램을 작성하게 되고, 감성돔낚시를 즐긴다면 감성돔낚시 프로그램을 준비하게 될 것이다.

초보자는 경험자의 낚시법을 잘 살펴보고 자신도 언젠가는 바다낚시의 경험자, 나아가 전문가가 된다는 사실을 알고 자신의 취향을 정해보자. 자신이 낚고 싶은 물고기를 자신이 좋아하는 계절에 낚시로 즐길 수 있다면 그것 또한 인생의 낙이 아닐까.

가족이 함께 즐기자

한 가족이라 할지라도 취미와 기호가 다를 수 있다. 그러나 등산이나 해수욕 등 단순한 야유회는 취향을 초월하여 어울리는 경우가 대부분이다. 그러나 진정한 낚시인이라면 낚시를 가족레저의 차원으로 승화시켜 보는 것도 아주 큰 즐거움이 될 것이다. 봄이나 가을에 야유회를 겸한 가족낚시는 가족간의 유대를 강화시켜줄 것이고 여름휴가철을 이용한 '패밀리 피싱' 역시 가족 간의 친밀감과 신뢰도를 높여 줄 것은 말할 나위가 없다. 그러나 무엇보다 육체적·정신적으로 건강에 좋으며 자연과 더불어 즐길 수 있으므로 자녀교육에도 가족낚시가 새로운 프로그램으로 적당할 것이다.

02 물고기의 생태와 구조

SEA-FISHING TECHNIC

몸체의 구조

'적을 알고 나를 알면 백전백승'이라는 손자병법을 인용하지 않더라도 '고기를 알고 고기를 낚는 것'은 낚시인의 기본이다.

특히 초보자인 경우에는 어류의 생태와 구조를 조금이나마 알고 출조를 하는 것이 여러모로 도움이 될 것이다.

물고기는 당연히 물속에서 유영하기 편하게 유선형으로 생겼다. 대부분 방추형이며 양측면이고, 납작하게 생긴 측편형의 어류도 있다.

물고기는 전후, 좌우, 상하로 입체운동을 할 수 있으며 공기보다 8백배나 무거운 물속에서 마음대로 움직일 수 있다. 물고기의 몸체는 회유어, 정착어 그리고 표층어, 심해어 등으로 그 생김새 또한 다양하다.

상어나 방어, 고등어 등은 방추형이며 돌돔, 감성돔, 전갱이, 쥐치, 벵에돔 등은 양측면이 납작한 측편형이다. 또한 측편 형과는 상반되는 종편형이 있는데 가오리, 광어, 도다리가 이에 해당된다. 주로 운동량이 적은 바다고기들에 이런 형이 많다.

뱀장어, 장어 등은 원통형이라고 하는데 갯벌에서 사는 어류에서 이러한 형이 자주 눈에 띈다.

그밖에 복어 같은 바다고기는 공처럼 생겼다고 해서 구형어류라고 부르며 운동력이 매우 약한 편이다.

• 지느러미의 역할

물고기의 지느러미는 사람의 손발과 같으며 어체의 평형을 유지하는 기능을 갖고 있다.
지느러미는 등지느러미와 가슴지느러미, 배지느러미 그리고 뒷지느러미와 꼬리지느러미가 있는데 그 역할은 다음과 같다.

앞으로 전진할 때 : 가슴지느러미와 배지느러미를 이용한다. 가슴지느러미와 뒷지느러미는 고등척추동물의 앞뒤 다리에 해당한다.

헤엄칠 때 : 꼬리지느러미를 이용한다. 물고기가 헤엄칠 때는 모든 지느러미를 동원하지만 특히 꼬리지느러미는 헤엄칠 때 그 원동력이 되며, 정착어에 비해서 회유어가 추진력이 좋다.

Fishing TIP!

- **심해어(深海魚)** : 심해어는 수심 200~1,000m의 깊은 바다 속에 사는 어류를 말한다.
- **회유어(回遊魚)** : 해류를 따라 계절적으로 이동하는 물고기. 난류성 회유어와 한류성 회유어 등으로 구분된다. 회유어 중에는 등지느러미와 배지느러미 그리고 뒷지느러미에 날카로운 가시가 돋힌 것도 있다.

• 어체의 기관

물고기는 지상에 사는 동물과 위나 장, 간 그리고 난소, 심장 등 일반적인 기관은 별반 차이가 없지만 부레와 평형포라는 특이한 기관을 가지고 있는 점이 다르다.

평형포는 어두운 심해에도 어체가 향하고 있는 방향(위 혹은 아래)을 알 수 있게 하며, 부레는 혈액 속의 산소를 조절하여 고기가 물 위로 떠오르거나 심해로 내려가는 기능을 한다.

바다낚시를 하다보면 볼락을 낚아 물 위로 끌어 올릴 때 볼락의 입속에서 내장이 튀어나와서 곧 죽는 경우가 있다. 이러한 현상은 물고기의 수압과 부레의 상관관계 때문이다.

어류가 물속에서 받는 수압은 수심 10m당 1기압씩 증가하는 것으로 알려져 있다. 다시 말해서 수표면의 기압은 1이며 수심 10m에서는 2기압 그리고 20m에서는 3기압이 된다. 그러므로 수심 30m에 있는 볼락은 4기압의 수압을 받고 있으므로 갑자기 수면으로 부상하면 부레가 가스 조절을 할 시간적 여유가 없어서 부레의 압력은 줄게 되며, 동시에 부레가 4배로 부풀게 되는 반비례 현상이 생긴다. 그래서 내장이 입 밖으로 튀어나오는 결과를 초래한다.

그러나 부레가 없는 물고기도 바다 속에는 분명 살고 있다. 바닷물의 상층, 중층, 하층을 가리지 않고 종횡무진 유영하는 상어나 삼치 등이 이에 해당한다.

상어나 삼치는 부레가 없기 때문에 몇 분에서 몇 십 분씩 걸리는 부레의 가스 조절 시간이 필요 없다. 그래서 상어나 삼치는 수압에 아랑곳하지 않고 물속을 마음껏 유영하게 된다.

■ 물고기의 외부명칭

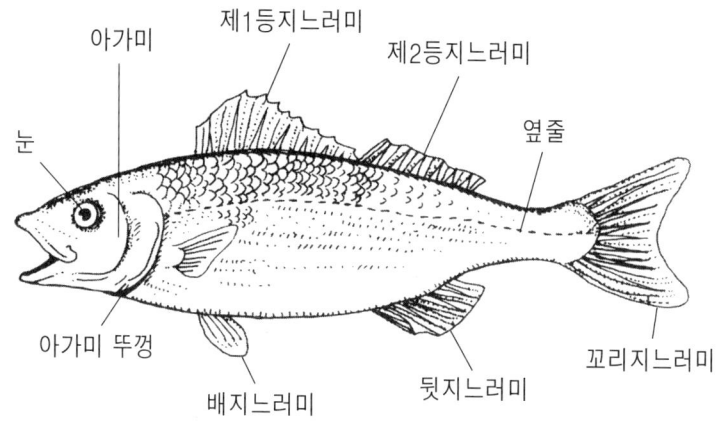

■ 물고기의 내부명칭

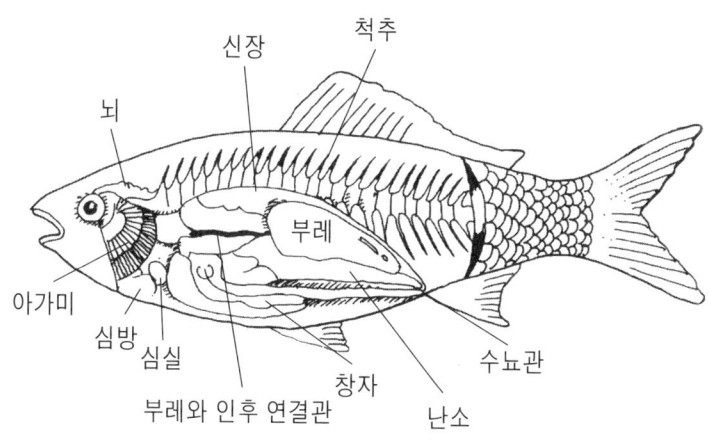

• 어류는 육각(六覺)을 가지고 있다

어류는 시각, 청각, 후각, 미각, 촉각의 오각 이외에 측선감각이라는 제6의 감각기관을 가지고 있다.
어류의 측선은 레이더 역할을 하며 조류의 방향과 속도 그리고 물의 온도와 수압, 염분도 등을 감지한다.
보통의 어류는 측선이 양 옆으로 한 줄 씩이나 쥐노래미는 다섯줄의 측선을 가지고 있다. 그러나 측선이 없는 물고기도 있다. 정어리가 바로 측선 감각이 없는 물고기다.

물고기의 습성을 알아야 한다.

바다낚시를 떠나기 전에 물고기의 습성과 생태 그리고 바다 밑의 특성을 알아두는 것은 매우 중요하다.
물고기는 습성에 따라 서식하므로 각각의 물고기가 서식하는 바다 밑의 상태를 제대로 파악한 후 출조하는 것이 바다낚시의 기본이다. 그러므로 초보자는 각종 자료를 이용하여 바다의 생태와 물고기의 습성을 익혀두는 것을 습관으로 삼아야 하며 언제든지 경험자의 조언을 충분히 구해야 한다.
낚시는 레저이지만 보이지 않는 상대를 인내와 끈기로써 제압하여야 하므로 정보와 지식 없이는 곤란하다. 바다의 밑바닥은 생각보다 매우 복잡한 구조로 되어 있다. 밑바닥이 모래로 형성된 곳이 있는가 하면, 암초지대도 있으며 한 곳만 깊이 패여 골을 이루고 있는 곳도 있다.
보리멸이나 가자미, 조기 등은 밑바닥의 모래지대에 서식하며 돌돔, 감성돔, 쏨뱅이, 볼락, 벤자리 등은 암초지대로 몰려든다.
물고기는 습성에 따라 해면 가까이를 유영하는 종류도 있고 밑바닥으로 유영하는 종류도 있다. 또한 떼를 지어 몰려다니는 종류도 있으므로 낚으려는 물고기의 습성과 바다 밑의 상태를 알아 두는 것이 바다낚시의 성공 지름길이다.

물고기의 적수온을 알아 두자

물고기는 계절의 변화를 수온에 의해서 감지한다. 특히 민물고기는 가뭄이 계속되고 기온이 급상승하면 수온이 맞지 않아 대량으로 죽게 된다.
그래서 물고기가 살기에 가장 좋은 수온을 '적수온'이라고 하며 물고기는 끊임없이 살기 좋은 환경을 찾아서 이동하게 된다.
적수온은 물고기에 따라서 다르지만 바닷물고기가 민물고기에 비해서 적수온의 범위가 넓으며, 물고기는 좋아하는 적수온과 맞지 않으면 다른 곳으로 이동을 하거나 한 곳에 있더라도 운동량이 떨어지게 된다. 물고기의 먹이활동이 가장 활발할 때도 바로 적수온일 때이다.
일년 중 대상어가 가장 좋아하는 적수온대를 기억해 두고 출조를 하야 좋은 조과를 올릴 수 있음은 두 말할 나위가 없으며, '몇 달 전에는 잘 잡혔는데... 지금은 왜 입질이 없지?'라고 생각되는 이유도 대부분 적수온의 영향일 때가 많다.

Fishing TIP!

• **바닷물고기의 적수온**

물고기들은 종류에 따라 그들이 좋아하는 수온대가 있고 대상어종을 잡으려면 그 어종의 적수온을 잘 알고 있어야 한다.
보리멸 · 전갱이가 좋아하는 수온은 16~24℃ 정도이며, 참돔은 18~20℃, 감성돔은 12~25℃, 농어는 18~22℃, 쏨뱅이 · 볼락은 10~20℃, 노래미는 8~18℃, 광어는 15~25℃ 정도이다.
예를들어 경험이 많은 감성돔 꾼들은 씨알, 마릿 수, 또한 고기의 회맛이 일년 중 가장 좋은 늦가을 부터 영등철까지의 시즌을 늘 기다리며, 그 때를 놓치지 않으려 노력한다.

03 바다낚시의 종류
SEA-FISHING TECHNIC

바다낚시엔 어떤 종류가 있는가?

낚시 장르의 분류는 다소간의 견해 차이가 있을 수 있겠으나, 사용하는 채비나 낚싯대의 종류, 혹은 낚시 행위의 유형에 따라 다음과 같이 분류할 수 있다.

민낚시대를 이용한 맥낚시 · 띄울낚시 – 맥낚시란 민낚시대로 원줄에 눈표를 달거나, 혹은 아무것도 달지 않고 낚시대를 쥔 손의 감각만으로 어신을 감지하는 낚시를 말한다. 주로 망상어, 학공치, 볼락, 소형 감성돔 · 뱅에돔, 임연수어, 바다빙어, 독가시치 등을 대상어로 하며, 일부에서는 갯바위에서 돌돔을 잡을때도 쓰기도 한다. 속전속결로 손맛을 즐길 수 있는 낚시이다.

갯바위 찌낚시
갯바위낚시의 기본형이라 할 수 있으며 다양한 기법을 구사할 수 있다는 것이 가장 큰 장점이다. 찌낚시를 하다보면 '전유동', '반유동', '전층낚시' 등의 용어를 들어본 적이 있을 것이다. 이들 조법의 차이점을 알아보면 다음과 같다.

'전유동' 낚시와 '전층' 낚시는 일맥상통하나 찌의 형태나 공략층에서 차이가 난다. 우선 전유동낚시는 일반 구멍찌를 주로 사용하나 전층낚시는 고구마형 기울찌로 하는 낚시이다.(구멍찌나 고리찌를 쓰는 것은 전층낚시로 보지 않는다.) 두 조법의 차이점은 고기가 미끼를 물때 나타나는 어신의 차이점에서 찾아볼 수 있는데, 전유동조법은 고기의 입질시 찌가 먼저 빨려들어가는 반면, 전층 조법은 원줄이 먼저 빨려 들어간 후 나중에 찌가 빨려들어간다. 이것은 찌구멍의 크기에 따라 나타나는 현상으로 기존의 전유동 낚시가 벵에돔을 공략할 목적으로 주로 중상층의 수심공략에 치중했다면 전층조법은 중하층의 수심을 공략하기위에 찌구멍을 크게하여 원줄을 쉽게 통과시켜 채비를 내리기가 수월해졌다.

'반유동' 낚시는 수심층이 파악되면 찜멈춤매듭을 사용해서 공략수심층을 정하고 하는 낚시가 반유동 낚시이며, 목줄, 도래, 쿠션, 쿠션고무, 수중찌, 구멍찌, 반원구슬, 찌멈춤매듭이 기본적이 채비순서이다.

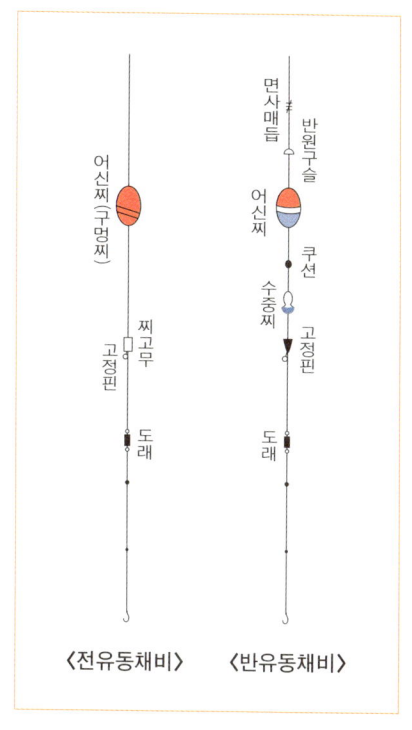

〈전유동채비〉 〈반유동채비〉

굴림낚시 · 떨굼낚시 – 방파제 벽이나 가파른 갯바위 벼랑에서 생미끼가 굴러 떨어져 내려가듯 채비를 연출한다 하여 붙어진 이름으로 벽내림낚시라고도 한다.

떨굼낚시는 5~15m 정도의 근거리 포인트에 0.5~2호 봉돌의 가벼운 채비를 던져 놓고 자주 들었다 났다 하면서 미끼가 자연스럽게 낙하하는 듯 대상어를 유혹하는 기법이다.

루어낚시 – 바다용 루어낚시대에 지그, 플러그, 웜 등의 인조미끼를 달아 농어, 부시리, 우럭, 광어 등을 유인하는 낚시로 주로 어식어를 대상어로 하며 방파제나 갯바위는 물론 배에서도(지깅낚시) 즐길 수 있는 활동적인 낚시이다.

원투낚시 – 장거리의 포인트를 겨냥하는 원투낚시는 주로 백사장에서 행하는 힘의 낚시로 가자미, 보리멸, 감성돔, 황어, 농어, 참돔, 수조기 등을 대상어로 삼는다.

고패질낚시 – 버림봉돌(밑봉돌) 채비로 가끔씩 바닥도 짚어가며 미끼를 오르락 내리락하여 바닥층의 고기를 유인하는 방법으로 주대상어는 우럭, 노래미, 열기, 가자미, 쏨뱅이, 능성어, 문어, 수조기 등이 있다.

시울질낚시 – 중층에서 채비를 상하로 오르락내리락한다는 면에서 고패질낚시와 유사하나 조각달추, 소뿔추 등을 쓴다거나 설망추 속의 밑밥으로 대형어(방어, 부시리, 농어, 고등어, 오징어, 갈치 등)를 유인한다는 차이점이 있다.

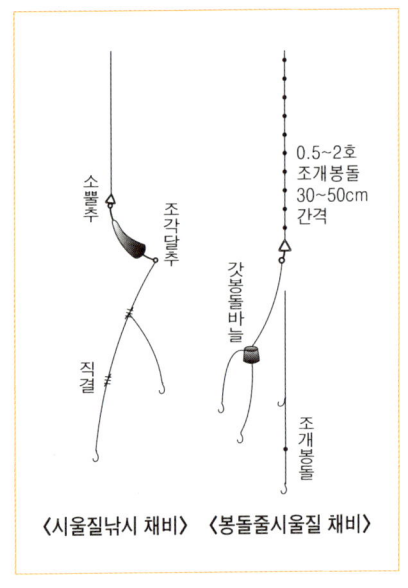

〈시울질낚시 채비〉 〈봉돌줄시울질 채비〉

배흘림낚시 – 옥돔, 참돔 등의 대상어는 배가 조류방향으로만 흐르게 하는 물닻(水風, Drift sock, Drift anchor)을 단 배흘림낚시로 노리기도 한다. 내만에서는 보리멸, 가자미 등의 배흘림낚시도 많이 한다.

배던질낚시 – 녹동식 배낚시라 볼 수 있는 배던질낚시는 배를 양식장 로프나 정치망 부자 등에 고정시키고 하류 쪽에 채비를 던져 넣어 어신을 기다리거나 가끔씩 당겨주며 감성돔, 농어, 수조기, 우럭, 가자미, 보리멸 등을 노리는 낚시이다.

배끌낚시 – 일반적인 트롤링낚시와는 다르게 외만의 백사장 바닥위로 갓봉돌채비를 끌어가며 넙치나 참돔 등을 유인하는 저층 끌낚시를 말한다.

트롤링낚시 – 배를 타고 채비를 끌며 대상을 유혹하는 트롤링낚시는 공략 수심층이나 사용하는 장비에 따라 세가지로 분류해 볼 수 있다. 한두 뼘 간격으로 수십 개의 봉돌이 달린 재래식 채비로 방어, 가다랭이, 다랑어, 만새기, 부시리, 삼치 등을 유인하는 중층 끌낚시는 '봉돌줄트롤링낚시'라 칭한다. 이때 사용하는 미끼로는 루어와 생미기 모두가 가능하다.

비행판 및 잠수판을 이용한 토롤링낚시는 수면에서 비행기 모양의 활강판이 물보라를 일으키며 달리게 하거나, 또는 10m 수심 이내에서 잠수판이 유영하듯 움직이도록 하여 뒤에 달린 루어에 회유어가 현혹되도록 하는 상층 끌낚시이다.

아웃리거트롤링낚시는 잠수판 채비로 트롤링을 즐길 때 낚싯대를 로드홀더에 꽂아 놓고 트롤링라인은 아웃리거샤프트에 달아 놓았다가 스트라이크 됐을 때만 낚시대를 잡고 게임을 즐기는 낚시이다. 이는 잠수판이 받게되는 수압이 너무 커 낚시대를 사람의 힘만으로 지속적으로 버티기에는 역부족이기 때문이다. 여기서 다운리거트롤링이라 함은 1.8~4.5kg의 육중한 추를 케이블로 연결해 수중에 내려놓고 거기에 트롤링라인을 끼우고 루어를 장치해 중층어를 유인하는 중층 끌낚시를 말한다.

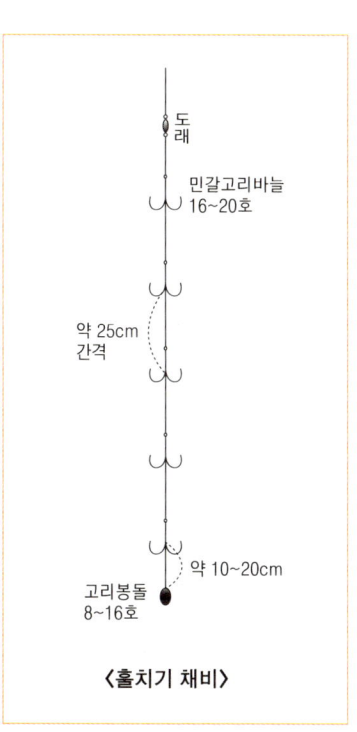

〈훌치기 채비〉

훌치기낚시 – 숭어나 쥐치, 학공치, 전어 등의 대상어를 민갈고리바늘로 옆구리나 등을 걸어 올리는 미끼 없이 즐기는 낚시이다.

놀림낚시 – 고등어, 전갱이, 자리돔 등을 등걸이나 아가미걸이로 바늘에 꿰어 포인트까지 내려보내 방어, 재방어, 부시리 등을 노리는 낚시이다.

모래밭 던질낚시(원투낚시)

던질낚시는 먼저 기본적인 기술을 확실히 숙지하여 멀리 혹은 가까이 자유자재로 던질 수 있는 테크닉을 익히는 것이 필요하다. 자신이 던지고 싶은 곳에 정확히 던질 수 있는 기술만이 '던질낚시의 메카니즘'을 제대로 이해하는 첩경이다.

그러나 누구나 쉽게 익힐 수 있는 낚시법이 던질낚시이므로 겁내지 말고 한걸음부터 시작해 보길 바란다. 어린 아이도 여성도 부담 없이 즐길 수 있는 스포티한 레저, 그것이 바로 모래밭의 던질낚시다.

던질낚시의 기본적인 장비는 던질낚시대와 릴(롱스플 스피닝 릴) 그리고 채비(줄, 바늘, 봉돌, 기타)등이다.

던질낚시는 장거리의 포인트에 채비를 투척해야 하므로 채비가 날라가면서 원줄과 목줄이 엉킬 확률이 높으며, 이런 상황에서는 당연히 대상어의 시원한 입질을 기대할 수 없다. 이를 방지하기 위해 고안된 것이 원투낚시의 편대이다.

원투낚시 편대의 종류

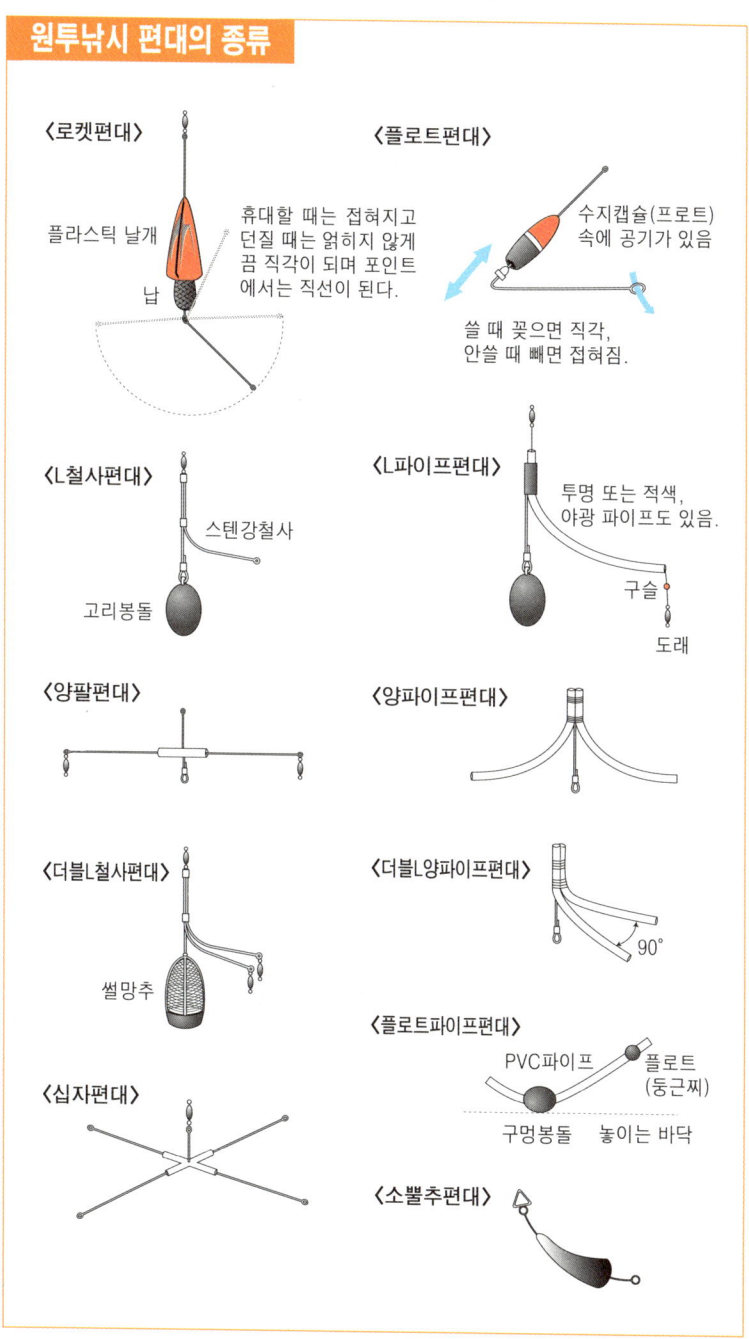

• 던질낚시 채비와 낚이는 물고기

던질낚시는 바닥층에 서식하는 대상어를 노리는 가장 쉬운 바다낚시라고 할 수 있으며 밑바닥 물고기는 그 종류가 매우 다양하므로 즐거움을 더해준다. 던질낚시의 대상어는 지역에 따라 다소 차이가 있지만 대표적으로 놀래미, 도다리, 광어, 우럭, 삼식이, 보리멸, 쥐노래미, 가자미, 망둥이 등을 꼽을 수 있으며 그 밖에 쥐치, 붕장어, 넙치, 벤자리 등도 올라온다.

던질낚시 채비는 일단 원투를 위한 릴대와 전용릴이 필요하다. 민물전용 릴대는 길이가 짧기 때문에 바다에서 쓰기에는 무리가 있으며, 보통 4.5m ~5.4m 정도 길이의 바다전용 3~5호 대를 선택하는 것이 좋다.

바다전용 릴대는 호수가 높을수록 대가 무겁고 사용할 수 있는 채비의 무게도 높아진다. 0~1.5호대 까지는 릴찌낚시용으로 주로 쓰이고, 1.5, 1.75, 2호대는 주로 벵에돔과 참돔 전용대라고 보면 된다.

릴은 원투낚시 자체가 굵은 원줄을 쓰기 때문에 보통 5호 정도의 원줄을 150m정도 감을 수 있는 3500번 이상의 크기면 무난하다.

던질낚시의 대상어인 바닥층 고기들은 대부분 탐식가이기 때문에 미끼가 보이기만 하면 바로 입질을 하나, 사니질대에 사는 보리멸과 도다리 낚시에서는 고기의 호기심을 얼마만큼 자극시켜주느냐에 따라 조과의 차이가 난다. 밑걸림이 생길만한 것이 거의 없기 때문에 채비를 조금씩 끌어주어 모래먼지를 일으켜 대상어의 호기심을 자극하는 것이 빠른 입질을 유도할 수 있다.

던질낚시는 좌우 여러 방향으로 채비를 던져 보면서 다각도로 탐색하는것이 좋다.

힘의 원투낚시는 채비를 얼마만큼 정확하게, 또한 멀리 투척하느냐에 따라 조과가 달라질 수 있다.

갯바위 찌낚시

갯바위낚시는 한마디로 암석지대에서 즐기는 바다낚시를 말한다. 그러므로 언제나 위험이 따르기 마련이다.

얕은 바다에 잠기듯 그 모습을 드러낸 미끄러운 바위와 깊은수심, 파도가 부서지는 절벽 등 암석지대에는 그 상황이 언제 바뀔지 모르는 위험이 곳곳에 도사리고 있다. 특히 육지에서 멀리 떨어진 독립 갯바위가 존재하는 암석지대 등은 초보자는 혼자서 갈 곳이 못 된다.

갯바위낚시란 바로 이러한 위험한 자연 속에서 스릴과 재미를 함께 즐기는 호쾌한 낚시법이다. 그러므로 갯바위 낚시터에 가기 전에 그곳의 지형과 기후, 조수의 흐름 등을 확실하게 파악해야만 한다.

갯바위낚시의 진정한 묘미는 인가가 떨어진 암초지대에서 조수를 타고 유영하는 물고기나 암초의 구멍에 숨은 물고기 등 주로 '대물'을 대상으로 한다는 것이다. 그러나 언제나 대물이 낚시꾼을 기다리고 있는 것은 아니다. 차분하게 기다리며 광활한 바다의 낭만을 즐기는 기분으로 낚시에 임하면 언젠가는 대물과의 만남도 이루어질 것이다.

갯바위낚시를 분류해 보면 중·상층을 헤엄치는 물고기를 목적으로 하는 '상물(上物) 낚시'와 바위 구멍에 숨어 있거나 바다 가까이를 헤엄치는 물고기를 목적으로 하는 '저물(底物) 낚시'로 나누어 볼 수 있다.

• 상물(上物)낚시와 저물(底物)낚시

갯바위낚시가 가능한 지대의 바다 속에는 암초를 거처로 하는 물고기들이 서식하고 있다.

암초는 바다 가까이의 저층 그리고 중층, 상층으로 형성되어 있는데 저층에서 사는 물고기를 '저물(底物)'이라고 하며 중층과 상층에서 유영하는 물고기를 '상물(上物)'이라고 한다.

감성돔, 혹돔, 돌돔, 능성어 등이 바닥의 암초를 거처로 삼고 있는데 이중에서도 감성돔과 돌돔낚시를 갯바위의 백미로 꼽는다.

돌돔은 강력한 파괴력과 은청색의 빛나는 체색, 뛰어난 맛 등이 낚시인들을 매료시킨다. 그래서 갯바위낚시를 떠나는 낚시인들은 돌돔을 노리는 재미를 알고 있다.

상층에서 낚이는 물고기의 대표적인 것은 벵에돔이다. 벵에돔 역시 갯바위낚시에서 빼놓을 수 없는 어종이다. 벵에돔의 '손맛'은 정말 일품이라 할 수 있다.

그밖에 갯바위에서 낚을 수 있는 물고기로는 참돔, 다금바리, 독가시치, 망상어, 전갱이, 쏨뱅이 등을 꼽을 수 있다.

갯바위 낚시는 자연의 낭만을 마음껏 즐길 수 있는 스케일이 큰 낚시법이지만 뒤에는 항상 위험이 따르기 마련이다. 그래서 갯바위 낚시를 떠나는 초보자는 경험자와 동행하여 안전에 대한 대비책을 미리 세워야 한다.

• 반유동 · 전유동 채비에 대해 알아보자.

찌멈춤 매듭과 구슬을 장착하여 원하는 수심층을 공략하는 것이 반유동이며, 원줄에 부속장치 없이 찌의 입수, 원줄의 당김, 초릿대의 휨새로 입질을 파악하는 기법이 전유동이다.

대상어종이 밑밥에 반응하는 수심층을 알고 있을 때에는 굳이 전유동 기법을 사용 할 필요가 없으나(일반 벵에돔, 벤자리낚시에서 처럼 고정된 수심층에서 취이하는 대상어종을 노리는 낚시), 광활한 바다에서 다양한 어종을 대상어로 삼고, 표층에서 바닥층까지 다양한 수심층을 탐색하기 위해서는 저부력찌를 사용하거나 영점조절이 잘된 채비를 운용하여 전유동 낚시를 하게 된다.

전유동낚시는 채비를 원하는 지점에 캐스팅한 후 물속에서의 채비흐름도를 상상하며 원줄을 제어해 나간다. 즉 조류의 세기와 바람의 영향, 원줄의 굵기, 채비의 무게, 원줄이 밀리는 정도 등을 감안하면서 뒷줄을 견제해 주어야 한다. 각각의 포인트마다 조금의 차이가 있겠지만 보통의 경우 0부력 혹은 G2 정도 부력의 찌를 사용하며, 조류의 세기 또는 합수지점에서의 입질을 유도하기 위해서는 수중찌의 사용여부가 조과를 좌우하기도 한다.

전유동식 흘림낚시 채비 조작법

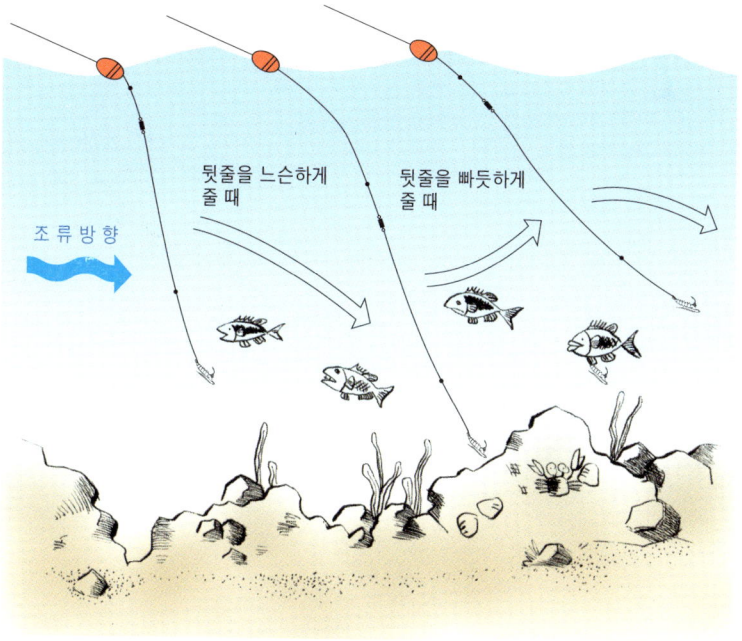

• 흘림낚시의 모든 것

흘림낚시란 말 그대로 채비를 조류에 얹어 멀리까지 흘리면서 광역의 포인트를 탐색하는 띠울낚시를 말하는데, 그날의 풍량, 조류, 수온은 물론 대상어의 먹새까지 감안하여 뒷줄을 알맞게 견제하는 기법이 요구된다.
가까운 포인트에 채비를 투척할 때에는 백핸드 캐스팅법을 이용하며, 먼 포인트에 채비를 투척할 때에는 오버해드 캐스팅법으로 투척한다.
채비가 수면에 가까워지면 스풀에 검지를 올려 써밍하고 채비가 착수하면 찌가 미끼에 선행하지 못하도록 채비를 1~2m 앞으로 당겨준다.
채비를 흘릴 때에는 스풀 모서리에 손가락을 얹어 브레이크를 걸어 주는 형식으로 줄을 알맞게 잡아 주면서 원줄과 목줄이 일직선이 되도록 조작한다. 고기들은 대부분 조류를 거슬러 올라가면서 먹이 활동을 하기때문에 대상어의 정면에 채비를 정렬시켜야 경계심을 줄여 입질을 받을 수 있다.

채비 흘림방법과 밑밥과의 동조

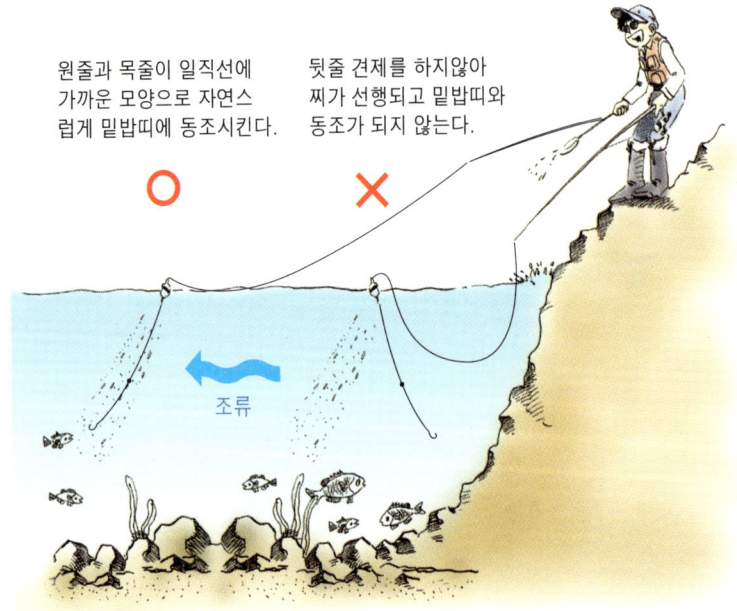

일반적으로 조류는 역풍이 심하지 않으면 상층 조류가 하층 조류보다 빠르기 마련인데, 뒷줄 견제를 제대로 하지 않거나 채비를 잘못 흘릴 경우 찌가 선행하여 입질은 커녕 투척한 밑밥띠와 채비가 동조되지 않아 역효과를 불러 일으키게 된다.

흘림낚시에서 봉돌의 운용은 조류의 세기나 대상어의 먹새, 물 속 사정을 먼저 살핀 뒤 봉돌의 크기와 위치를 정하고 그에 맞는 부력의 찌를 선택하는 것이 채비꾸리기의 올바른 순서이며, 이른바 상향식 채비법이라 일컫는다. 봉돌의 위치는 조류가 약하고 먹새가 나쁠수록 다소 상향 조정하는 것이 좋고, 멀리 던져야 할 경우일수록 바늘 가까이 달아야 한다.

상·하층 조류 속도의 차이가 크고 수중 상태가 불안정해 대상어의 어신이 아주 미약할 때에는 목줄에 봉돌을 2~3개로 분산시켜 다는 것도 한 요령이다.

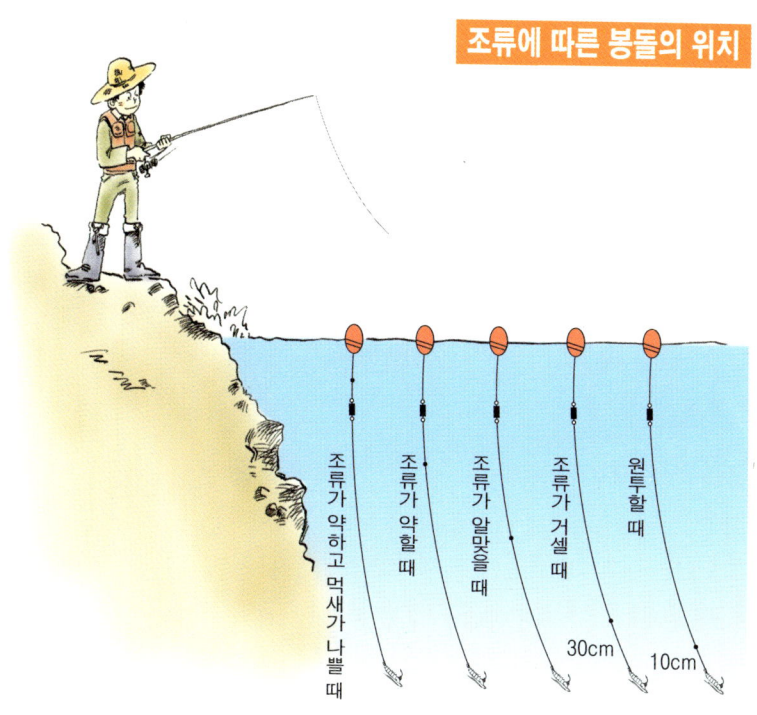

조류에 따른 봉돌의 위치

SEA-FISHING TECHNIC

조과를 결정하는 좁쌀봉돌의 중요성

바다찌낚시에서 가장 어려운 기술중의 하나가 좁쌀봉돌을 다는 것이다. 좁쌀봉돌은 어느누구도 어디에 얼마만한 것을 몇개 달아야 한다고 정답을 내릴 수 없을 정도로 여러 정황을 고려해서 신중하게 선택할 문제인 것이다. 초보자들이 생각할 때는 '1g도 채 안되는 좁쌀봉돌이 뭐가 그렇게 중요할까?' 의문이 가겠지만 좁쌀봉돌이 조과에 미치는 영향은 실로 엄청나다 할 수 있다.

전층조법에서 좁쌀봉돌을 다는 가장 기본적인 방법은 바늘 위 40cm 정도에 G4(0.20g) 1개를 다는 것이다. 그러나 수심이 얕고 조류가 없을 때에는 봉돌을 달지 않는게 더 유리하다. 조류가 빠르고 노리는 수심층이 깊을 때에는 좁쌀봉돌을 목줄에 3등분해서 달아주면 채비가 조류에 밀려 떠오르는 현상을 줄일 수 있으며, 이때 다소 무거운 봉돌을 사용하면 채비의 안정을 유지시키는데 유리하다.

조류가 느리고 노리는 수심층이 깊을 때에는 조금 무거운 봉돌을 다는 것만으로도 충분히 원하는 포인트가지 내릴 수 있다.

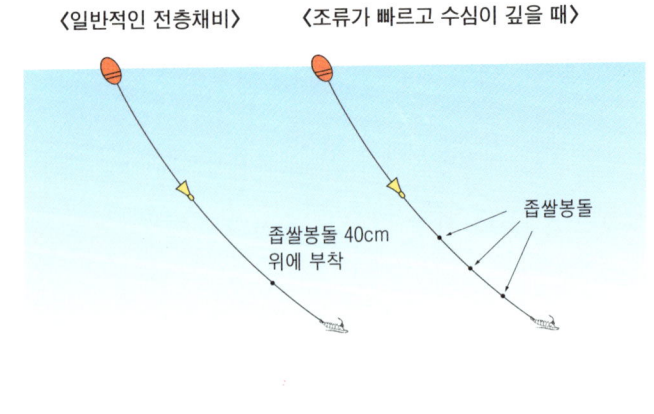

• 제로찌, 목줄찌 및 제로조법이란?

제로찌란 극히 저부력의 찌를 말하며, 제로조법이란 벵에돔 또는 감성돔 낚시에서 가는 줄에 가급적 도래나 봉돌을 사용하지 않고 섬세한 채비로 주로 상층어를 겨냥하는 유동식 흘림낚시에 사용되는 기법을 말한다.

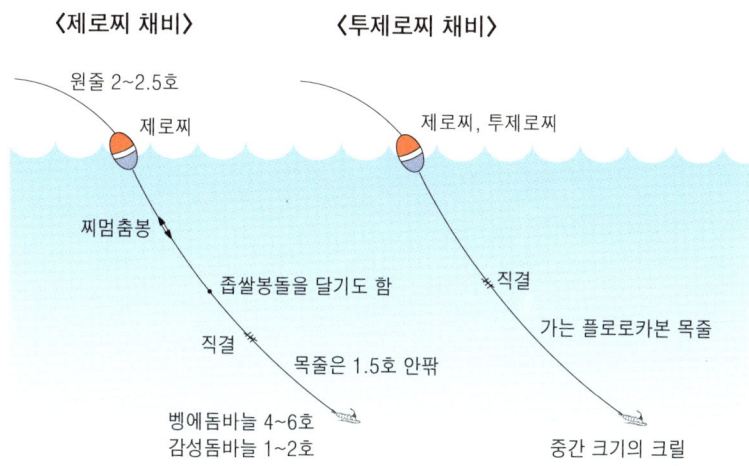

제로찌 – G6봉돌(0.128g) ~ G1(0.4g)봉돌 등의 극히 작은 좁쌀봉돌을 다는 저부력 찌를 말한다.

투제로찌 – 제로찌보다 더욱 0에 가까운 저부력의 찌로 G8(0.07g), G8(0.09g)등의 봉돌을 사용한다.

쓰리제로찌 – 수중으로 몹시 느리게 잠수하는 0에 가까운 마이너스 부력의 저부력찌를 말한다.

제로조법 – 대상어종이 미끼를 물었을 때 이물감을 덜 느끼게 해서 낚아내는 낚시방법이다. 제로찌 혹은 투제로찌 등의 B부력 이하의 찌 밑으로 가급적이면 도래나 봉돌을 사용하지 않은 직결 카본 목줄 채비를 하거나 2B 이하 부력의 기울찌(구멍찌) 밑으로 0 ~ 마이너스 수중찌(목줄찌)를

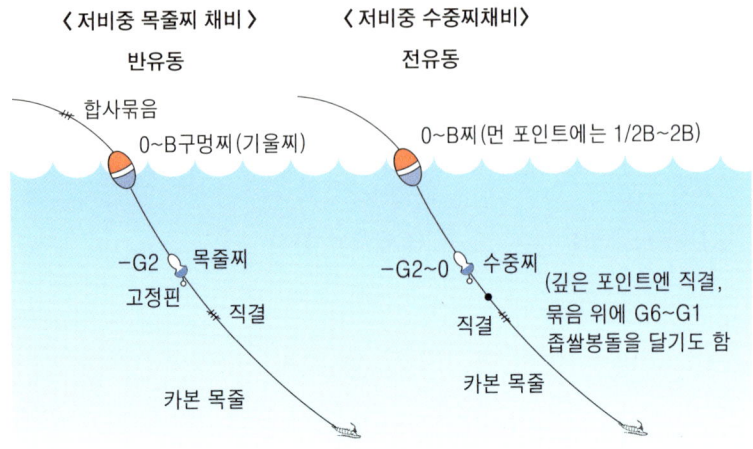

장치하고 미끼도 크릴 밑밥이 가라앉는 속도로 천천히 가라앉게끔 흘리면서 벵에돔이나 감성돔을 유인하는 무쇼크 흘림낚시 기법을 말한다.

다만 수심이 깊거나 먼 포인트를 공략할 때에만 좁쌀봉돌을 달기도 하는데, 채비가 수면에서 30~70° 정도를 유지하게끔 뒷줄을 알맞게 견제하며 흘리면서 대상어를 유인하는 것이 요령이다. 찌멈춤봉 위치를 포인트층보다 0.5~1m 가량 낮게 장치해 흘리는데, 찌멈춤봉도 조류의 저항을 받아 뜰 수 있으므로 주의해야 한다.

고기의 어신은 찌멈춤봉이나 수중찌 혹은 묵줄직결묶음이 보다 내려간다(당겨진다)거나 주춤거릴 경우, 또는 상하좌우 경사 각도가 변하는 경우(궤도 이탈) 등으로 나타난다.

벵에돔은 늦여름이나 가을철 연중 바다수온이 높은 계절엔 상층과 중층에서 입질빈도가 높으며, 다른 바닷고기들도 활성도가 높으면 중층에서의 입질빈도가 높다. 이렇게 물고기의 활성도가 좋은 날에는 굳이 제로조법을 구사할 필요가 없다.

멋진 풍경속에서 낚시대를 드리우고 있는 모습이야 말로 모든 낚시인들이 동경하는 모습일 것이다.
하지만 늘 도사리고 있는 갯바위낚시의 위험요소들을 간과해서는 안된다.

방파제낚시의 즐거움

방파제는 고깃배가 드나드는 항구를 축으로 해서 인공적으로 조성된 둑을 말한다. 앞바다의 파도를 항구의 입구에서 봉쇄하기 위해서 설치한 방파제는 이런 기본적인 역할 외에도 낚시인들에게 있어선 최고의 낚시터로 손꼽히는 곳이다.

방파제낚시는 먼 바다로 나가지 않고 가까운 거리에서 다양한 어종을 만날 수 있다는 점과 안전성, 경제성 등을 들어 남녀노소 누구나 즐길 수 있는 가장 대중화된 낚시 장르다.

적당한 수심과 흐름이 좋은 조수가 대상어의 다양함과 풍부함으로 어우러질 때 그 낚시터는 '꾼들의 천국'이 된다.

거기에다 예상치 못한 대어를 만나면 가슴까지 시원해지는 방파제낚시는 여름철 더위를 식힐 때도 제격이다.

테트라포트의 경우 그 이름처럼 네 개의 뿔기둥 모양이 물 속에 잠기게 되면 어류의 주요 은신처가 될 뿐 아니라 인근의 인가 · 어판장 등에서 배출되는 음식물이나 생선 찌꺼기가 밑밥이 되어 많은 어류들이 몰리게 된다. 방파제 안쪽 내항의 대부분은 하천을 끼고 있어 기수역 특유의 풍부한 영양지대를 형성하게 되는 것이다.

방파제낚시는 수많은 물고기가 계절의 변화에 맞춰가며 찾아들어 다양한 어종을 상대할 수 있다는 장점을 지니고 있다. 또한 찌낚시, 던질낚시, 맥낚시 등 대개의 낚시 방법을 모두 구사할 수 있어 초보자들의 수련장 역할도 톡톡히 해내고 있다.

사계절 낚시가 가능하지만 봄부터 가을까지가 제철이며 감성돔, 흑돔, 망상어, 쥐노래미, 벵에돔, 학공치, 농어, 황어, 숭어 등 수많은 어종을 지역과 계절에 따라 만날 수 있다.

수심과 조류의 흐름이 중요한 방파제낚시는 갯바위낚시에 비하면 밤낚시도 비교적 안전하다고 할 수 있다.

배낚시

배낚시는 우리나라 삼면 어느 곳에서도 가능하지만 특히 서해와 남해 지역에서 많이 이루어지고 있으며 대개 작은 배는 2~3명, 큰 배는 7~8명 정도가 승선해 낚시를 즐길 수 있다.

말 그대로 배를 타고 바다로 나가 선상에서 즐기는 낚시이므로 바다 그 자체를 즐길 수 있는 낚시로서 다양한 어종을 상대로 고기가 있는 곳을 찾아다닐 수 있는 기동성이 특징이다.

서해안 일대에서는 우럭, 농어, 부시리 등을 노리는 배낚시가 성행하고 있으며, 그밖에도 감성돔, 볼락, 붕장어, 가자미, 광어, 조기류 등의 배낚시도 활발히 이루어지고 있다.

배낚시는 일반적으로 여러 사람과 함께 배에 오르게 된다. 항상 옆사람을 배려하는 마음으로 임해야 그 날의 조과는 물론 즐거운 낚시가 될 수 있다.

• 고패질낚시의 모든 것

우럭, 열기 등의 저서어를 노릴 때에는 주로 배를 타고 나가 고패질낚시를 하게 되는데, 포인트를 찾는 것이 낚시방법이라 해도 과언이 아닐 정도로 포인트선정이 중요하다.

채비 – 그림의 ㉮는 우럭, 열기 고패질낚시의 가장 일반적인 채비를 나타낸다. ㉯처럼 썰망과 인조어피바늘을 이용한 채비는 키봉돌 위로 2~3m 가량의 가는 줄을 연결하여 걸림이 발생할 경우 봉돌만 버리면 되는 버림봉돌식 채비의 일종이다. ㉰는 우럭, 열기뿐만 아니라 방어, 삼치, 부시리,

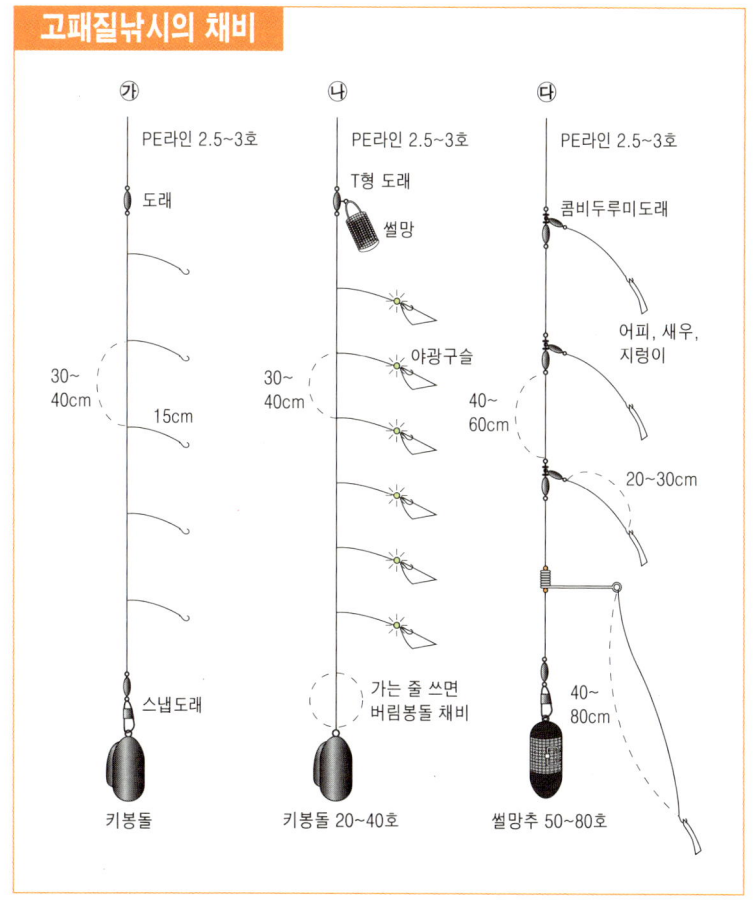

고패질낚시의 채비

고등어, 참돔까지 겨냥한 밑봉돌식 썰망추 채비로 채비를 내릴 때 입질이 오는 경우가 많다.

미끼 – 새우, 갯지렁이, 어피, 오징어 조각, 멸치, 미꾸라지 등이 쓰이며 고패질을 통해 너풀거림을 좋게하는 것이 요령이다. 썰망을 이용할 경우에는 오징어, 멸치, 크릴 등을 다진 것이나 배합밑밥을 70% 정도만 채워 밑밥으로 활용한다.

낚시방법 – 고패질낚시의 포인트는 기복이 심한 암초대나 사니질대와 암초대의 경계 중에서도 해조류가 많은 곳 등의 장애물 주변에 형성된다. 이러한 포인트를 찾는 것은 어군탐지기나 선장들의 오랜 경험에 의지할 수 밖에 없는데, 이때 낚시인들은 고패질로 느껴지는 바닥지형을 선장에게 조언해야만 포인트를 보다 쉽게 찾을 수 있다.

또한 고패질낚시는 일반적으로 한 배에 여러 명이 승선해 즐기기 때문에 낚시인 상호간에 협력이 요구된다. 서로 같은 굵기의 줄과 봉돌을 써야 채비의 엉킴을 예방할 수 있으며, 그렇지 못할 때에는 무거운 봉돌이나 가는 줄 채비의 사람은 이물 쪽에, 가벼운 봉돌이나 굵은 줄 채비의 사람은 고물 쪽에 앉아서 하는 것이 채비엉킴을 방지할 수 있는 요령이다.

고패질 요령의 기본은 바닥 가까이에서 채비를 50cm 정도씩 올렸다 내렸다 하는 것이며, 가끔씩은 바닥의 양상(암초, 사니질 등)이나 높낮이도 짚어 볼 필요가 있다. 낚싯대를 위로 올릴 때에는 50cm정도를 들되, 너무 빨리 올려 목줄이 기둥줄에 엉키는 경우를 조심해야 한다. 내릴 때에는 천천히 내려 봉돌을 다시 바닥에 닿게 하되, 썰망추를 이용할 경우는 바닥에 닿을 때 2~3번 정도 헛챔질 동작을 반복해 밑밥이 흩어지도록 해야 한다.

썰망추를 내리는 도중에 주춤하게 되면 밑밥이 흩어지므로 고기를 쫓는 역효과가 발생하기도 한다.

모든 낚시가 그러하듯 조난에 대비한 구명조끼의 착용은 고패질낚시의 기본이다. 바다는 아무리 맑은 하늘이라도 10~20분 사이 급작스런 날씨 변화도 많으므로 항상 안전에 유의해야 한다. 따라서 무리한 줄항은 절대 금물이며 유사시 발생할 기관 고장 등을 대비해 2척 이상의 선단을 이루어

출조하는 것이 좋다. 소형 낚싯배의 경우 풍랑으로 물이 들이닥쳐도 우왕좌왕하지 말아야 흔들림으로 인한 전복을 막을 수 있으며, 배던질낚시를 시도할 경우에는 주변 낚시인의 위치를 반드시 확인한 후 캐스팅 해야 한다.

고패질낚시의 방법

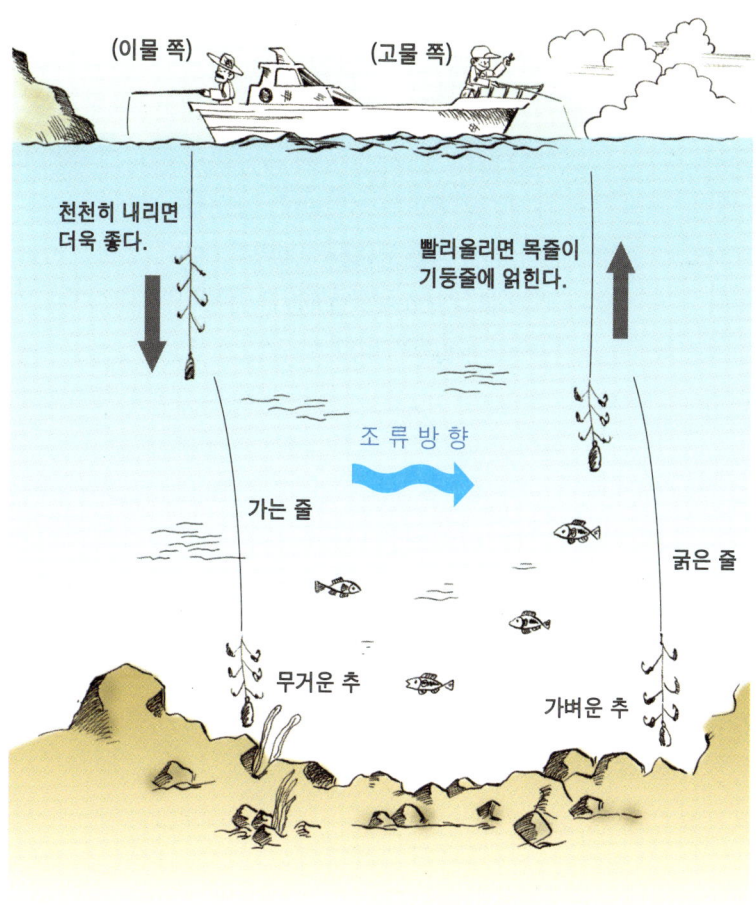

• 시울질낚시의 모든 것

고패질낚시와 비슷한 시울질낚시는 우리 전통의 낚시방법 중의 하나라 볼 수 있다. 시울질과 고패질은 채비를 올렸다 내렸다 한다는 점에서 아주 유사해 보이지만 사용하는 추의 모양이나 채비의 차이로 인해 미끼의 움직임에는 다소간의 차이를 보인다는 점과 고패질낚시는 주로 저면의 암초대를 노리나, 시울질 낚시는 중층의 대상어 유영층을 탐색한다는 것이 차이가 난다. 고패질에 좀더 리듬을 주며 다양한 각도로 흔들어 보는 것이 시울질이라해도 무방하겠다.

대상어 – 방어, 부시리, 가다랭이, 갈치, 고등어, 전갱이, 참돔, 삼치, 오징어 등을 주요 대상어로 하며 이들의 유영층을 찾는 것이 핵심이라 할 수 있다.

채비 – 그림에 열거된 내용은 시울질낚시의 채비 종류이다. ㉮는 방어, 부시리, 참돔 등의 대형어용 겹바늘 채비이며, ㉯와 ㉰는 방어, 부시리, 벤자리, 고등어, 전갱이, 참돔 등을 유인하는 썰망추 채비이다. ㉱는 참돔, 부시리, 방어 등의 대형어를 노리는 갓봉돌겹바늘 채비이며 ㉲는 어부들이 많이 사용하는 손시울질용 봉돌줄 채비이다.

미끼 – 시울질낚시 외바늘용 미끼로는 중하, 멸치, 오징어포, 갯지렁이, 망둑어, 미꾸라지 등이 쓰이는데 고패질낚시와 마찬가지로 너풀거림이 좋도록 턱걸이꿰기나 걸침꿰기를 한다. 양걸침갓봉돌바늘이나 겹바늘에는 대하, 오징어 혹은 한치나 낙지, 정어리, 꽁치, 전갱이, 고등어 등의 미끼를 주둥이와 항문 부분에 양쪽으로 꿴다. 이 경우 정어리, 꽁치, 전갱이 등에 항문걸이를 하는 새끼바늘과 목줄 중간에는 반드시 2~5호 정도의 조개봉돌을 달아 미끼가 마치 살아있는 듯 유영하는 자세를 취하도록 해야한다.

대형어가 소형어를 덥치는 것은 단순히 먹이를 취하기 위함만이 아니고 일종의 배타심이나 투쟁심이 원인이 될 수 있다.

시울질 요령 – 중층어나 저층어를 유인하게 되는 시울질의 요령은 고패질의 그것과 비슷한데, 보다 리듬을 타며 상하좌우로 좀더 폭넓게 채비를 흔들어야 한다는 것이 다른 점이다. 대상어별로 입질 수심층을 구분해 보면 고등어, 전갱이, 갈치, 오징어, 부시리, 방어 순으로 수심층이 깊어진다.

시울질낚시의 채비들

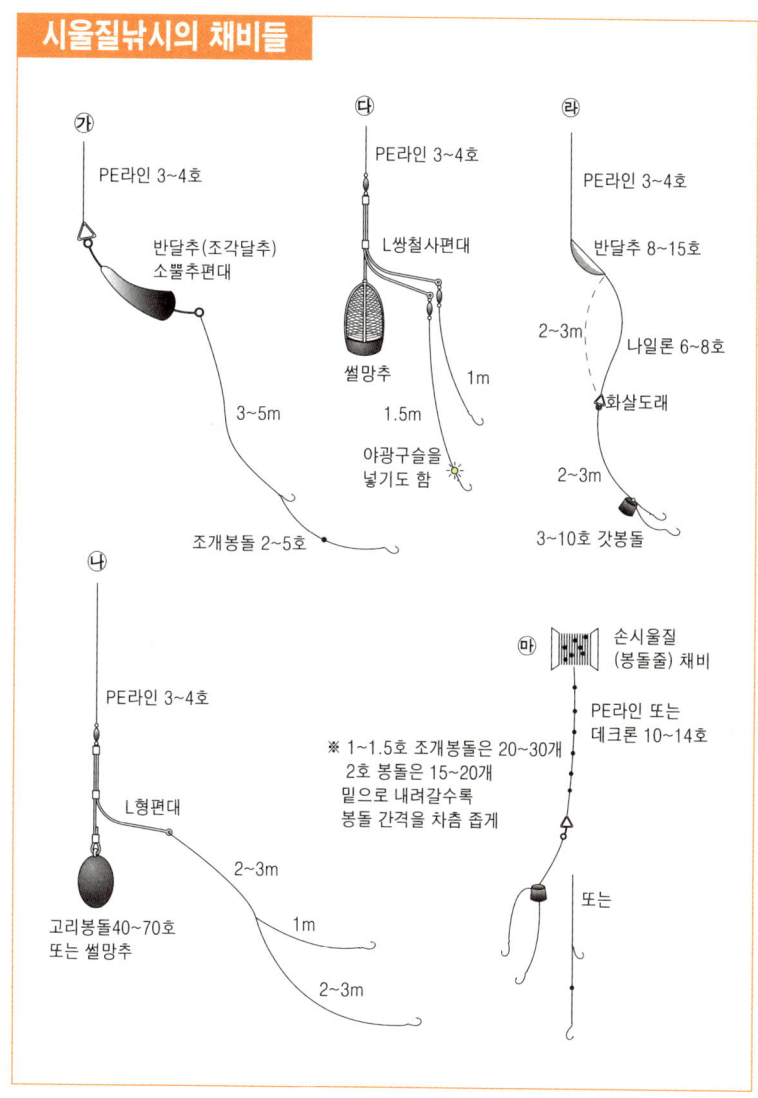

여러명이 서로 다른 층을 공략하다 입질 오는 사람의 공략층으로 통일하는 것이 요령이며, 채비를 교대로 내리고 올리면서 채비 엉킴을 방지해야 한다. 이물 쪽보다는 고물 쪽이 요동도 적고 입질이 먼저 오는 경우가 많으며 채비를 올릴 때 보다는 내릴 때 입질이 잦다.

바다 자체를 온몸으로 느낄 수 있는 배낚시는 대형어종을 노리는 스케일이 큰 낚시이다.
하지만 언제 생길지 모르는 위험에는 늘 대비책을 세워두어야 한다.

배낚시에서 잡은 60cm급 참돔의 모습.

바다루어낚시

루어낚시란 짐승의 털, 플라스틱, 나무, 금속 따위의 소재를 물고기나 미끼의 모양을 만든 낚시용품을 가지고 하는 낚시를 말한다.

올바른 루어의 선택 – 바다루어낚시에서 가장 중요한 것은 그 날의 상황과 대상어에 따른 루어의 선택이다. 맑은 날의 한낮에는 밝은 색 계열, 아침·저녁으로는 실버계열, 그리고 밤낚시에는 어두운 계열의 루어를 고르는 것이 일반적인 방법이다.

루어는 크게 웜과 같은 고무재질을 쓴 소프트베이트계열과 쇠, 플라스틱을 소재로 한 하트베이트계열로 나눌 수 있다.

릴링 – 릴링은 낚싯대와 릴을 이용해 루어의 움직임을 조절하는 것으로, 사용하는 루어의 독특한 움직임이 최대한 부각될수 있도록 적당한 속도로 채비를 끄는 것이 관건이다. 특히 루어가 포인트의 상층을 지날 때는

루어낚시로 잡은 광어의 모습. 올바른 루어의 선택과 대상어의 수심층 파악은 그날의 조과에 큰 영향을 미친다.

낚싯대의 상하좌우 움직임이나, 릴의 속도 조절을 통해 리듬과 액션을 적당히 주면서 끌어야 한다.

던져진 루어가 착수한 후 중층이나 저층의 포인트까지 내려가는 시간을 알맞게 조절하기 위해 머리 속으로 '하나, 둘, 셋, 넷…' 셈하는 것을 카운트다운이라 하며, 이는 알맞은 깊이에 이르렀을 때 릴링이나 지깅을 시작하기 위함이다.

지깅 – 지깅은 루어가 포인트 층에서 빠르고 경쾌하게 춤추도록 움직임을 연출하는 것으로 낚싯대를 상하좌우로 리듬감 있게 움직여 대상어를 유인하는 방법이다. 주로 배낚시나 뭍, 섬의 절벽 지형의 수심 깊은 곳에서 메탈지그 등을 이용해서 낚시를 한다.

대상어 – 바다루어낚시 대상어들을 열거해 보면 부시리, 방어, 우럭, 잿방어, 가다랭이, 만새기, 삼치, 농어, 상어, 대구, 넙치, 볼락, 열기, 쏨뱅이, 능성어, 노래미, 갈치, 오징어 등이 있으며, 각 대상어종에 맞는 적절한 루어를 사용해야 쉽게 고기를 낚을 수 있다.

트롤링(Trowling, 끌낚시)

끌낚시라고 하는 것은 낚시를 끌고 다니면서 큰 물고기들을 낚는 것을 말한다.

우리나라에서도 예부터 어부들은 납봉을 굵은 낚싯줄에 한 뼘 간격으로 줄줄이 매단 것에 살아있는 미끼나 가짜 미끼를 달고서 끌고 다니며 물고기를 유인해서 잡는 손끌낚시를 많이 해왔다. 하지만 구미 각지에서 주로 하는 트롤링이라 일컫고 있는 기계끌낚시는 여러 가지 사정으로 해서 아직도 국내에서는 성행하지 못하고 있다.

외국에서는 트롤링으로 청새치, 다랑어 등 초대형어에 도전하고 있으나 우리나라의 근해에서는 청새치 등을 만날 기회가 없다.

하지만 연안에 경량급이나 중량급의 트롤링 대상 어종이 많이 있기 때문에 앞으로 게임 피싱으로 각광을 받을 여지가 있다.

• 낚시철과 포인트 그리고 대상어종

끌낚시의 낚시철은 봄부터 가을에 걸쳐 있으며, 조류를 타고 회유하는 물고기를 대상으로 한다. 대체로 우리나라 연근해에서의 끌낚시의 포인트는 봄철부터 차츰 북으로 올라가다가 여름철이나 초가을에는 난류대와 한류대가 마주치는 해역까지 가서 가을철에는 반대로 다시 남쪽으로 내려오는 경향이 있다.

물고기가 헤엄쳐 다니는 층은 초기에는 깊은 곳, 성어기에는 얕은 곳, 그러다가 늦은 시기에는 다시 또 깊은 곳이다. 또 포인트는 물의 온도와 투명도, 파도의 높이 등 조건에 따라 그때마다 달라진다. 물이 어둡거나 파도가 높을수록 헤엄쳐 다니는 층은 얕아지며 특히 밤에는 그 층이 더욱 얕아진다.

트롤링의 대상이 되는 물고기들은 이처럼 표층(0~10m), 중층(10~30m), 심층(30~50m)으로 그때그때의 조건에 따라 포인트가 달라지므로 정확한 것은 과거의 경험을 바탕으로 현지 어민들의 정보를 보태어서 사정을 알아야 한다.

트롤링낚시로 잡을 수 있는 대상어로는 방어, 재방어, 잿방어, 부시리, 삼치, 만세기, 참치, 가다랭이 등을 들수 있는데, 어둠이 가시지 않은 새벽부터 해뜨고 1시간까지, 또는 해질 무렵부터 땅거미가 질때까지의 저녁 시간대에 입질이 잦다. 물색이 어둡거나 흐린 날에는 대낮에도 입질이 잦은 편이며, 한 번 입질이 오기 시작하면 연달아 이어지는 경향이 짙다.

그리고 대상으로 하는 어종이 나타났다 하더라도 조류가 거침없이 지나가는 바다 한가운데보다 수중이나 암초대 부근을 노려야 하며, 근처에 큰 물고기의 먹이가 되는 멸치 떼나 고도리 떼(고등어 새끼) 등이 설치는 지역을 찾아야 함은 물론이다.

• 트롤링에 사용하는 루어

끌낚시는 주로 어류의 호기심, 경쟁심, 배타심, 투쟁심을 이용하는 속임수 낚시다. 그래서 끌낚시에서는 살아 있는 미끼를 사용하기보다 주로 가짜 미끼(루어)를 물고기의 눈에 살아 움직이는 것처럼 보여 낚시꾼과 물고기가 지혜를 겨루는 게임이다.

트롤링에 사용하는 루어는 소·물소의 뿔, 금속, 비닐, 물고기 껍질, 새의 깃털 등을 소재로 해서 만들어진다. 국제낚시경기연맹(International Game Fishing Association)의 규칙에 의하면 낚싯대, 줄의 굵기 등이 정해져 있지만 취미로 하는 낚시의 경우에는 그런 규칙에 너무 신경을 쓸 필요는 없다.

작은 물고기를 본떠서 만들어진 트롤링용 루어에는 여러 가지 종류가 있어 각기 대상으로 하는 어종, 물의 빛깔, 계절 등에 따라 구별해서 사용하고 있다. 비닐 베이트는 빛깔을 궁리해서 새로운 것을 만들어 사용할 수가 있다.

본격적으로 트롤링을 즐기려면 크루저가 필요하다. 트롤링에 사용하는 배로는 크루저 1급이 이상적이다. 배의 속도는 대상이 되는 어종에 따라 다르기는 하지만 보통 2~3노트로 한다. 하지만 거창하게 생각할 것 없이 작은 배를 이용해서 경량급 어종인 피라미(방어의 새끼), 물치다래, 가다랭이를 낚는 재미를 맛볼 수도 있다.

04 바다낚시의 장비와 소품

SEA-FISHING TECHNIC

바다낚시의 복장

바다낚시를 하러 갈 때의 복장은 해안의 기온과 습도, 광선 등에 충분히 적응할 수 있는 복장이라야만 한다.

특히 밤낚시를 즐기고자 하는 경우, 한낮과 밤의 기온차가 커서 여름 감기에 걸릴 수 있으므로 보온과 통풍이 잘 되는 긴 소매의 상의를 준비하는 것이 좋다.

또한 갯바위낚시를 할 때는 항상 위험이 따를 수 있으므로 눈에 잘 띄는 원색 계통의 복장을 하는 사람들이 많아지고 있다.

바다낚시에서의 안전장비는 생명과 직결되므로 조과와는 무관하다 하여도 소홀히 해서는 안된다. 바다낚시 안전장비의 대명사라 할 수 있는 구명조끼는 유사시 바다로부터 꾼들을 보호해 주는 절대 필수품목이며, 제품마다 다소간의 차이는 있지만 입수시부터 8~12시간 동안 부력이 유지되어 익사 사고를 막아준다.

시중에서 판매되고 있는 구명조기들
본인의 생명과 직결되는 장비인만큼 제대로 준비해 두어야 한다.

낚시에 필요한 복장과 준비물

구명조끼 착용에 있어서 가장 중요한 것은 지퍼와 벨트를 반드시 채워야 한다는 것인데, 사타구니벨트까지 채우고 나서야 완전히 착용했다고 할 수 있다. 갯바위에서 실족을 하거나 배가 전복되어 바닷물에서 정신없이 허우적거릴 경우 사타구니벨트가 채워져 있지 않으면 구명조끼가 벗겨지기 십상이다.

• 바다낚시의 보조장비

민낚시대 – 릴낚싯대와는 별도로 민낚싯대 한두 대를 준비하면 기상 악화 등으로 계획된 낚시가 불가능할 경우에 유용하다. 학공치, 노래미, 놀래기, 쥐치, 소형 벵에돔 등의 잡어들과 소일할 때, 또는 현장 미끼를 취하고자 할 때 민낚싯대를 이용할 수 있다. 또한 경사가 급한 절벽 지형의 근거리 포인트에서 먹새 좋은 감성돔이나 벵에돔, 학공치, 볼락 등과 속전속결을 내고자 할 때에도 이용할 수 있다.

뜰채, 가프 – 대어를 떠 올림에 있어서 꼭 필요한 장비로, 반드시 대어가 아니더라도 가는 목줄을 쓰는 갯바위낚시에서는 꼭 필수적이다.

아이스박스 – 아이스박스와 얼음은 여름에는 물론 기온이 영하인 겨울철에도 별도로 준비해야 하는데, 날이 아무리 추워도 아이스박스에 얼음이 없으면 고기는 부패하기 마련이다. 이는 고기가 부패할 때 발생하는 부패열 때문으로 얼음으로 열을 식혀 주지 않으면 보관의 의미가 없다.
또한 아이스박스는 뚜껑만 잠겨져 있으면 유사시 '구명박스' 로도 이용할 수 있다.

갯바위신발 – 구명조끼만큼이나 중요한 안전장비라 할 수 있는데 김이나 파래 등의 해조류가 붙어 있는 암반지형이나 방파제의 테트라포드 등 미끄러운 지역을 그나마 안전하게 이동할 수 있도록 돕는다. 신발 바닥 상태에 따라 스파이크형과 펠트화 등이 시판되고 있다.

낚시조끼 – 최근에는 구명조끼가 그 역할을 대신하고 있는데 낚시에 필요한 각종 소품을 나누어 담을 수 있도록 여러 개의 주머니가 부착되어 있다.

낚시복 – 낚시조끼 이외에도 바다낚시에는 그 용도에 맞는 별도의 의류가 필요한데, 방수 기능이 좋고 방풍 효과가 뛰어난 고어텍스 재질의 전문 낚시복은 물론이고 겨울에는 방한을 위한 별도의 내피 제품을 준비해야 한다.

갯바위 방석(히프 커버) – 고가의 낚시복을 보호하고 유사시 신체의 상해까지도 막아줄 수 있는 갯바위방석은 비교적 저렴한 가격에 구입할 수 있다.

낚싯가방 – 낚싯대, 뜰채 등의 주요 장비를 보호함과 동시에 휴대를 간편하게 해 주는 낚싯대 가방은 최근 우레탄 등의 첨단 소재로 만들어져 튼튼하고 방수가 되고 물에 뜨는 제품도 있다. 릴이나 식품, 취사도구 등의 기타 소품들은 별도의 보조가방을 준비해 보관하는 것이 좋다.

부력살림망 – 낚은 고기를 제대로 보관하기 위해서는 부력살림망이나 꿰미 등도 필요한데, 바다낚시용 살림망은 뒷줄을 10m 이상 주어 멀리 띄워야 파도를 타지 않은 상태로 고기를 살려둘 수 있다.

기타 – 그 밖에도 낚시 받침틀, 파라솔, 모기약, 웨이스트 백, 방충망, 밑밥통, 밑밥주걱, 커터, 호루라기 등도 필요하다

제대로 된 복장을 갖추고 먼 바다로 떠나는 장면은 상상만 해도 즐거운 일 아닌가!

낚싯대의 종류

낚시를 하러 가는 사람에게 낚싯대가 없다면 그것은 총 없이 전쟁터로 나가는 사람과 비교될 수 있다.
낚싯대의 품질이나 휨새의 좋고 나쁨에 따라 낚시할 때의 손맛이 좋고 나쁨으로 연결되므로 낚싯대를 고를 때 잘 골라야 한다.
경험자의 조언을 구하면 더욱 좋다.
진정으로 낚시를 즐기고 싶다면 각각의 낚시에 맞는 전용 낚싯대를 선택하는 것도 바람직하다.

• 용도별 종류

던질 낚싯대(원투 낚싯대)
멀리 던질 수 있는 기능이 잘 되어 있는 낚싯대로 휨새가 좋아야 한다.
동해안 특유의 백사장 감성돔낚시나 황어낚시, 보리멸, 가지미 낚시에는 경질의 낚싯대(추부하 : 5~20호)가 많이 쓰인다.
중질 던질낚싯대는 민물에까지 널리 쓰이는 중거리용 중질 던질낚싯대(추부하 : 5~10호)로 보리멸, 가자미, 황어, 숭어, 보구치 등을 공략할 때 자주 쓰인다.

갯바위용 릴낚싯대
바다낚시의 가장 대중적인 낚싯대라 볼 수 있는데 주로 찌를 이용하여 낚시하는 것으로 갯바위용 릴낚싯대의 경우 일반적인 구분은 그 호수나 휨새에 따른 것이다. 갯바위용 0, 0.6, 1호대 등은 붕어낚시용 민낚싯대에 가이드를 달아 놓은 것처럼 낭창거림이 심한 초연질의 낚싯대이며, 감성돔이나 벵에돔 또는 학공치 등을 공략하는 띄울·흘림낚시용으로 많이 쓰인다.

바다루어 낚시대
바다루어용 낚싯대는 7~12피트 길이의 낚싯대가 주로 쓰이며, 요즘은 어종에 따라 농어, 우럭, 볼락, 오징어(에깅) 전용 루어낚싯대 등이 시판되고 있다. 또한 보트낚시로 부시리, 참치 등을 노리는 지깅낚싯대가 있다.

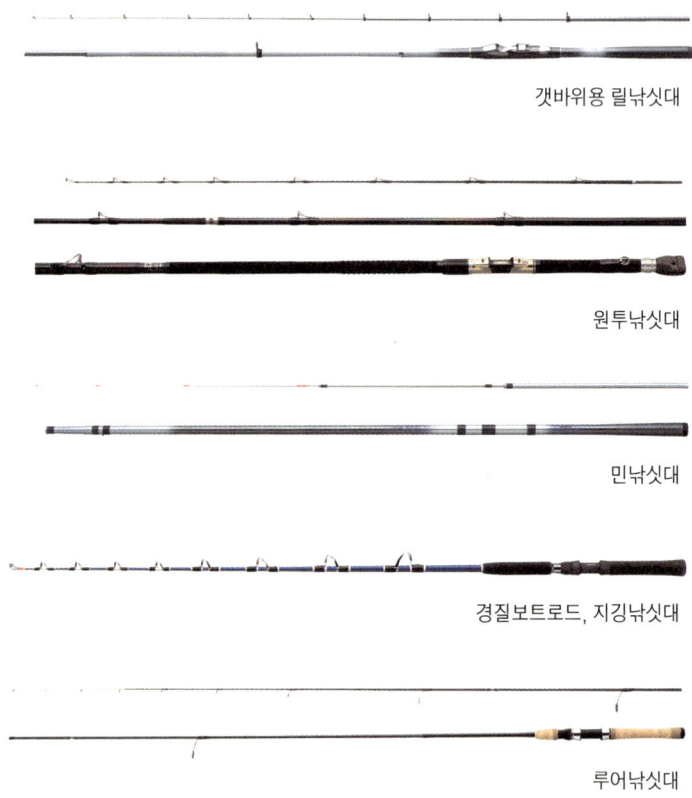

갯바위용 릴낚싯대

원투낚싯대

민낚싯대

경질보트로드, 지깅낚싯대

루어낚싯대

배 낚싯대 – 배낚시에 쓰이는 낚싯대는 초릿대가 경질과 연질 두 대로 된 이음식 콤비낚싯대도 있지만 30~80호의 봉돌 부하를 견딜 수 있는 경질이나 초경질의 배낚싯대가 가장 많이 쓰인다. 열기, 우럭, 고등어, 농어, 참돔, 문어, 오징어, 복어, 옥돔 등의 고패질낚시나 시울질낚시 또는 지깅용으로도 사용된다.

줌 낚싯대 – 줌 낚싯대는 캐스팅할 때 손잡이 부분 속에 겹쳐 있는 앞마디를 빼내어 쓰고, 낚시할 때는 그대로 접힌 채 사용하는 원투용 줌 낚싯대와 평소에는 그냥 쓰다가 대어가 왔을 때, 혹은 고기를 높은 곳으로 올리고자 할 때만 앞마디를 빼내어 쓰는 길이 조절형 릴낚싯대(Multi length rod) 등이 있다.

인터라인 낚싯대 – 낚싯대에 가이드가 없이 낚싯대속으로 낚싯줄이 통과하는 릴 낚싯대를 말한다.

Fishing TIP!

• **낚싯대의 휨새 구분**

낚싯대를 손에 들어보면 어떤 것은 매우 휘청거리는 것이 있고, 어떤 것은 막대기처럼 뻣뻣한 것이 있다. 이처럼 '낚싯대의 낭창거리거나 뻣뻣한 정도'를 휨새라 한다. 영어로는 액션(action)이라 하는데, 낚싯대의 휨새는 크게 헤비액션(heavy action)·미디엄액션(medium action)·라이트 액션(light action)으로 분류된다. 낚싯대를 10등분하여 초릿대 끝으로부터 10분의 2가 부드럽게 흔들리면 헤비액션대, 대의 휘어지는 부분이 전체의 10분의 3 위치에 있다면 미디엄 액션이다. 10분의 4지점에 구부러지는 기점이 있는 낚싯대는 라이트 액션대로 구분되며, 라이트 액션대는 낭창낭창하고 부드러운 대로서 가는 낚싯줄에 섬세한 채비, 부드럽고 연한 미끼를 사용하는 낚싯대이다.

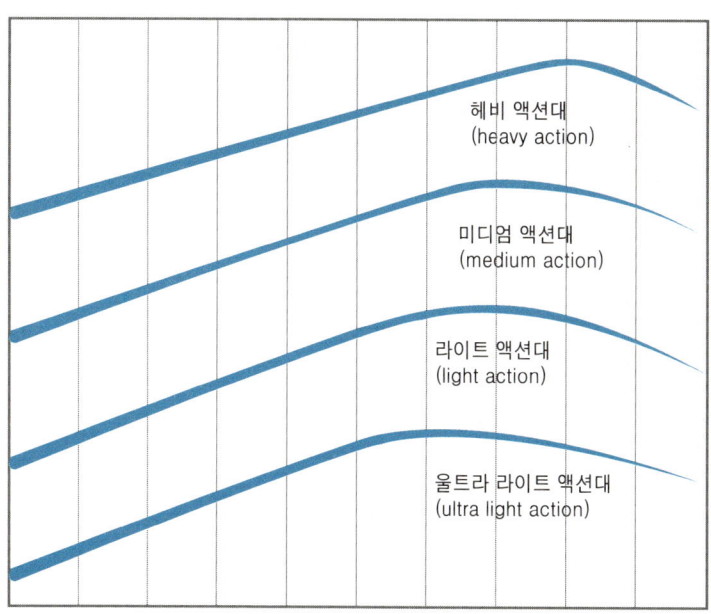

헤비 액션대
(heavy action)

미디엄 액션대
(medium action)

라이트 액션대
(light action)

울트라 라이트 액션대
(ultra light action)

릴의 기본 지식

바다낚시에서 빼놓을 수 없는 준비물 가운데 한 가지가 바로 릴이다.
릴은 낚싯줄을 감아 두기 위한 도구로서 크게 스피닝 릴과 장구통 릴로 나뉘는데 낚시장소와 어종, 방법에 따라 다시 세부적으로 나뉜다.

드랙릴과 LB릴

• 소재별 종류

스피닝 릴(Spinning reel)

가장 많이 쓰이는 릴로 스풀이 릴 밖으로 완전히 개방된 형태를 취하는 것으로 LB릴을 포함, 소형 갯바위낚시용이나 던질 낚시용으로 애용되고 있다.

스핀 캐스팅 릴(Spin casting reel)

스풀 앞쪽이 덮였다는 뜻에서 클로우즈 페이스 릴(Closed-face reel)이라고도 하는데, 캐스팅로드에 셋팅하면 무게중심이 알맞고 가벼워 값싼 루어 낚시용 릴로 이용되고 있다. 릴을 낚싯대 윗방향으로 장착하는 것이 특징이다.

언더스핀 캐스팅 릴(Under-spin casting reel)

스핀캐스팅릴을 개량한 것으로 스피닝릴처럼 낚싯대 하부에 부착해 사용하는 민물 루어낚시용 릴이다.

드럼 릴(장구통 릴, 베이트 릴)

스피닝 릴과 달리 스풀을 회전시켜 줄을 감아 들이는 것으로 힘이 강하며 많은 낚싯줄을 감을 수 있으므로 대형의 물고기를 낚아 올리는 데 유용하다. 대상어의 크고 작음에 따라 베이트 캐스팅 릴과 서프 캐스팅 릴로 나뉜다.

장구통 릴은 스풀의 힘이 강하고 감는 스피드가 매우 빠른 것이 특징인데 줄을 감는 강약조절장치(스타드랙)가 달려 있고 속도가 빨라 갯바위낚시, 배낚시, 트롤링 등에 골고루 쓰인다.
다만 가끔 볼 수 있는 퍼머(줄이 엉킴) 현상이 단점이다.

심해용 보트릴 – 배낚시에 사용되며, 소형의 경우 여느 베이트캐스팅릴과 별반 차이가 없으나 중형급 이상에서는 수심 및 중층어의 유영층까지 체크할 수 있도록 IC장치가 탑재된 보트릴이 많다. 이들 중에는 IC카운터는 물론 2~3단으로 변속되며 일정 층에서 단계적으로 올리면서 자동 고패질까지 되는 전동릴이나 전동·수동 겸용 릴도 있다.

트롤링 릴(Trolling reel) – 경량급에서 초중량급에 이르기까지 다양한 규모의 릴이 시판되고 있다.

장구통 릴과 수심체크가 가능한 전동릴. 주로 대형어를 잡기위해 개발되어서 힘이 좋고 많은 양의 낚싯줄이 감긴다. 즉 손잡이를 한번 감을때 많은 양의 줄이 감기므로 주로 깊은 수심층을 노리는 배낚시에서 피로감을 줄여준다.

• 스피닝릴의 구성

릴의 부분별 세부 명칭은 대부분 외래어로 되어 있어 이를 처음 접하는 낚시인에게는 다소 생소한 것일 수도 있다. 하지만 그 기능을 이해하고 조금만 사용해 보면 예상했던 것만큼 그 구조나 사용법이 복잡하지 않다는 것을 금방 알 수 있다.

가장 대중적인 릴이라 할 수 있는 스피닝릴은 옆으로 고정된 스풀 주위로 베일(라인로울러)이 회전하면서 낚싯줄을 감아들이는 방식의 릴을 말하는데, 그 생김새 및 부위별 명칭은 다음과 같다.

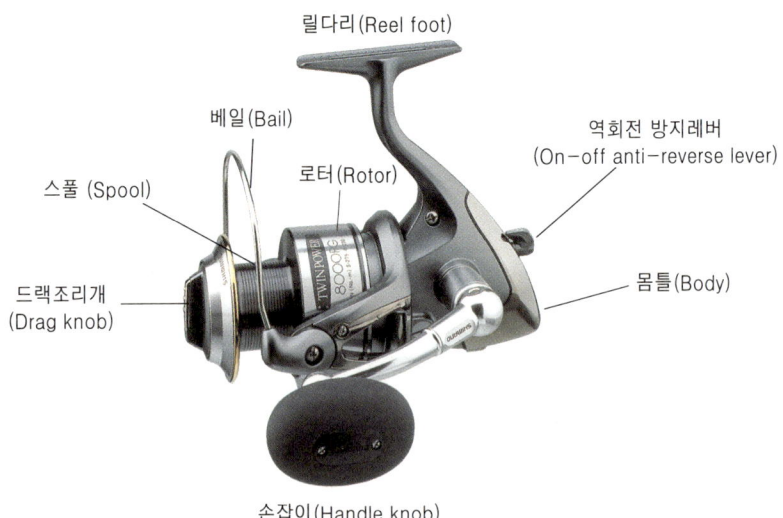

몸틀(Body) – 스피닝릴의 드라이브기어(Drive gear) · 피니온기어(Pinion gear) · 오실레이팅 시스템(O/S system) · 스풀샤프트(Spool shaft) 등의 구동장치가 내장되는 본체를 말한다.

로터(Rotor) – 몸틀의 피니온기어와 연결되어 회전하며 베일을 지지하고 돌려주는 회전자의 역할을 담당한다.

베일(Bail) – 로터에 부착되어 함께 돌아가는 베일암(Bailam) 옆에 장착된 라인로울러(Line roller)를 통해 낚싯줄이 스풀에 잘 감기도록 유도하는 장치이다.

스풀(Spool) - 줄이 감겼다 풀렸다 하는 실패 모양의 원통을 말하며 앞뒤로만 움직일 뿐 직접 회전하지는 않는다.

오실레이팅 장치(Oscillating system) - 스풀을 앞뒤로 움직여 낚싯줄이 골고루 감길 수 있는 역할을 한다.

드랙조리개(Drag knob) - 들락거리는 스풀의 앞면 또는 몸틀 뒷면에는 대상어의 저항에 알맞게 스풀의 미끄러짐을 조절할 수 있는 드랙조리개가 부착되며, 목줄의 강도보다 다소 약하게 풀어 두는 것이 일반적이다.

역회전 방지레버(On-off anti-reverse rever) - 스풀의 역회전과 역회전 방지를 조절하는 기능을 한다.

손잡이와 릴다리 - 몸틀 안쪽의 드라이브기어와 연결된 로터 회전용 손잡이(Handle knob)와 낚싯대 시트에 릴을 고정하는 릴다리(Reel foot, Stand)를 말한다.

브레이크 레버(Brdke lever) - 릴에 따라서는 드랙시스템 대신에 대어가 역주할 때 로터의 회전을 순간마다 조절하기 위해 브레이크 레버라는 손가락 당김쇠가 부착되기도 하는데 이러한 릴이 바로 LB릴이다.

Fishing TIP!

- **릴의 보관 및 손질법**

낚시가 끝나면 릴에 묻은 염분, 비늘, 밑밥, 모래, 먼지 등을 비롯한 각종 오물을 부드러운 헝겊으로 깨끗이 제거한 후(시너, 벤젠 등 사용금지) 릴 주머니에 넣어 보관한다. 이때, 스풀을 로터 안쪽으로 최대한 후퇴시키고 베일을 릴다리 쪽이나 핸들 쪽에 놓이게 하면 부피를 줄여 휴대중 파손을 최소화할 수 있다. 손잡이 회전축이나 접는 부위, 몸틀 내부의 각종 기어 회전부 및 오실레이팅 장치, 혹은 라인롤러처럼 움직임이 많은 구동 부위는 정기적으로 먼지를 제거하고 스피닝릴용 기름(그리스)을 주유함으로써 릴의 작동도 부드럽게 하고 수명도 연장시킬 수 있다.

• 캐스팅릴의 구성

장구통릴이라고도 불리는 캐스팅릴은 스풀이 직접 회전하면서 낚싯줄을 감았다 풀었다 하기 때문에 줄이 꼬이지 않고 힘이 좋아 파워 위주의 대형 갯바위낚시나 깊은 수심을 노리는 배낚시 등에 주로 이용된다.

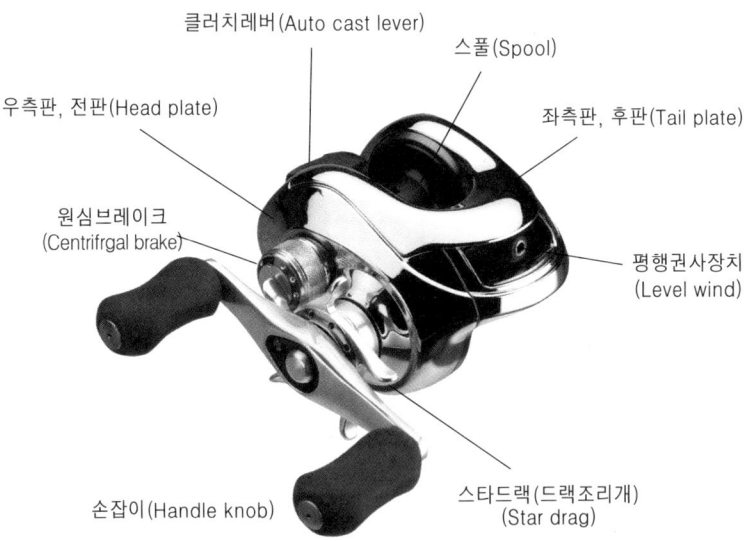

스풀 – 장구통릴의 구조 또한 스풀을 기본으로 한다는 것은 스피닝릴과 크게 다르지 않지만 양 측판 사이의 스풀이 직접 회전하면서 낚싯줄을 풀었다 감았다 한다는 것과 낚싯줄과 스풀의 운동방향이 스피닝릴은 직각을 이루는 반면 장구통릴은 일직선을 이룬다는 차이가 있다.

측판 – 장구통릴의 양 측면을 감싸는 측판은 스풀을 좌우로 지지하는 몸틀로써 우측판에 메인기어, 피니온기어, 클러치, 드랙시스템 등이 장치되어 있으며 반대편인 좌측판에는 마그네틱브레이크, 원심브레이크, 경음기어, 측판나사 등이 장치되어 있다. 장구통릴의 스풀을 교환할 경우에는 측판나사만을 풀어 손쉽게 갈아 끼울 수 있다.

드랙 – 스피닝릴의 드랙조리개와 같은 역할을 맡는 장구통릴의 드랙은 마찬가지로 대상어가 크게 저항할 경우 알맞게 조절하여 스풀이 자동으로 미끄러지게끔 돕는 장치이다. 별 모양으로 생겼다하여 스타드랙(Star drag)이라고도 한다.

평행권사장치 – 스피닝릴이 스풀의 상하 피스톤 운동을 통해 낚싯줄이 골고루 감길 수 있도록 했다면 장구통릴에서는 평행권사장치(Level wind)가 이러한 역할을 한다. 낚싯줄이 좌우로 고루 감기도록 안내하는 장치로 라인가이드가 웜샤프트(Cross gear)를 따라 좌우로 왕복하며 줄을 인도한다.

마그네틱 브레이크 – 장구통릴은 힘이 좋은 만큼 회전을 제어하는 브레이크 장치 또한 다각적이다. 측판에는 자석의 인력을 이용한 과다회전 제어장치인 마그네틱브레이크가 장착되어 있으며, 브레이크를 많이 걸어 놓으면 캐스팅시 비거리가 나빠지고, 반대로 너무 적게 걸어 놓으면 캐스팅시 퍼머현상(백러쉬)이 일어나기 쉬우므로 자신에게 맞게 조절해 놓아야 한다.

원심브레이크 – 스풀이 과다 회전할 경우 그 원심력을 이용해 스풀과 측판 사이에 끼워진 블록이 바깥 쪽 좁은 공간으로 밀리면서 그 마찰을 이용해 속도를 제어(Centrifrgal brake)하는 장치이다.

메커니컬브레이크 – 릴의 양 측판 사이에서 돌아가는 스풀샤프트에 마찰을 줌으로써 스풀 회전을 제어하는 장치이다.

클러치레버 – 릴의 드라이브기어에 피니온 기어를 분리시켰다 연결시켰다 함으로써 스풀의 회전을 조절할 수 있게 해주며, 레버를 누르면(Off) 스풀이 앞뒤로 자유 회전되고 레버를 올리면(On) 릴을 감는 쪽으로만 움직인다. 장구통릴은 캐스팅 후 손잡이만 돌리면 자동으로 클러치레버가 올라오므로 캐스팅릴처럼 베일을 닫는 번거로움이 없다.

• 릴의 드랙시스템(Drag system) 이란?

드랙(Drag)의 사전적 의미는 '끌다', '질질 끌리다' 등으로 바늘에 걸려든 대상어가 역주할 때 낚싯줄과 낚싯대가 그 힘을 적당한 선에서 견딜 수 있도록 조절해 주는 장치이다. 즉 대상어가 낚싯줄이나 낚싯대가 버틸 수 있는 힘 이상의 힘을 발휘할 때 드랙은 스풀을 헛미끄러지게 함으로써 줄의 끊어짐이나 대의 부러짐을 방지하고 아울러 물고기의 힘을 빼, 낚시꾼이 대상어를 잡을 수 있게 도와준다.

하지만 아무리 힘이 좋은 릴이라 할지라도 드랙조절을 하지 않고 사용한다면 단지 대상어를 끌어올리는 기계로밖에 볼 수 없으며, 꾼들은 대형어를 걸었을 때 드랙이 풀려 나가는 경쾌한 소리에 흥분한다.

프론트 드랙   레버브레이크   스타 드랙

프론트 드랙(Front drag) – 가장 일반적인 드랙의 형태라 할 수 있는 프론트드랙은 드랙장치가 스풀 앞쪽에 위치하고 조리개가 그 전면에 나와 있는 대부분 스피닝릴의 드랙 형태이다.

리어 드랙(Rear drag) – 드랙 장치가 몸틀 속의 뒤쪽에 위치하고 조리개가 몸틀 뒷면에 위치하는 것으로 대어와의 승부 도중 드랙 조절이 손쉽다는 장점을 지닌다.

레버 브레이크(Lever brake) – 낚시 도중 드랙 조절이 보다 더 쉬우며 릴대를 쥔 손의 검지로 레버를 당기면서 로터의 회전을 조절하는 감각적인 지동식제어 장치이다.

주로 감성돔이나 벵에돔을 대상으로 하는 흘림낚시에 많이 이용되는데, 걸려든 대상어가 역주할 때 레버를 놓아 줄을 풀어주고 녀석의 힘이 빠질 때쯤 다시 레버를 당겨가면서 줄을 감아 주는 형태이다. 3단 레버식의 브레이크는 3단 브레이크의 맨 아래쪽으로 레버를 밀면 반브레이크가 걸린다거나 미리 설정된 일반 드랙 시스템으로 바뀌는 모델도 있다.

스타드랙(Srar drag) - 위의 세 종류의 드랙 시스템이 스피닝릴에 일반적이라면 스타드랙은 장구통릴에 채용되는 보편적인 드랙의 형태이다. 손잡이 축에 달린 별 모양의 드랙 조리개를 좌측으로 돌려 풀면 스풀이 미끄러지게 된다.

드랙의 조절은 낚시장비의 보호는 물론 어렵게 찾아온 대어 포획의 기회를 높여 준다는 점에서 상당히 중요하다.

SEA-FISHING TECHNIC

릴의 조력과 기어비와의 상관관계

대부분의 제품 설명서에는 릴의 제원을 표시해 두는데 모델명, 조력, 기어비, 권사량, 베어링 수 등이 표시되어 있다.
우선 결론부터 말하자면 조력과 기어비는 서로 반비례 한다.
조력이란 릴이 고기를 낚아 올릴 수 있는 힘을 kg으로 환산하여 나타낸 값으로 그 값이 클수록 강한 릴이라 할 수 있다.
기어비(Gear ratio)란 릴 속에 내장된 톱니바퀴들의 회전비율을 표시한 것으로 릴의 손잡이가 한 번 회전하는 동안 스풀이 몇 바퀴 회전하는가를 나타낸다. 예를 들어 기어비가 5.5:1로 표시된 릴은 손잡이를 한바퀴 돌리면 스풀이 다섯 바퀴 반을 돈다는 의미이다.
하지만 조력과 기어비가 반드시 그 모델의 견고성을 나타내는 것은 아니어서 그 수치를 참고해 개인 용도에 따라 선택하는 것이 중요하다. 원거리 포인트를 겨냥하는 던질낚시에서는 다소 조력이 낮더라도 기어비가 높은 고속 회전의 릴을 사용해야 하며 근거리에서 대물을 노리는 파워 위주의 낚시에서는 조력이 높고 기어비가 낮은 저속 회전의 릴을 사용하는게 바람직하다.
스피닝릴의 경우라면 그림에서 보는 것처럼 원투용으로는 롱스풀이나 롱데이퍼스풀이, 대형어를 상대로는 파워스풀이 적당하다.

〈스피닝릴 스풀의 종류〉

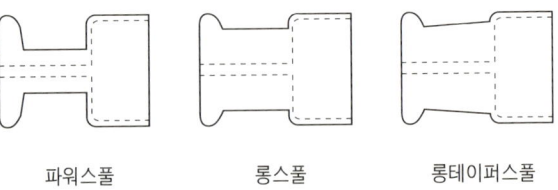

파워스풀　　　롱스풀　　　롱테이퍼스풀

릴의 선택법

초보자는 물론이고 오랜 세월 릴낚시를 즐겨온 꾼들조차도 릴을 선택함에 있어서 낚싯대를 고를 때 만큼이나 그 어려움을 호소하는 경우가 많으며, 동호회 등에서도 릴이나 장비의 구입에 대한 질문을 하는 분들이 많다.

어종에 따라 어떠한 모델, 어느 정도의 크기, 조력, 권사량, 베어링수, 기어비를 갖춘 릴이 적당한 것인지 판단하기란 실로 쉽지 않은 일이다. 더군다나 각각의 상품이 지니고 있는 특수 기능까지 포함해 생각한다면 문제는 더 복잡해 진다.

해서 바다낚시를 처음 접하는 초보자들이 릴을 선택할 때 고려해야 할 상황들을 살펴 보기로 하자.

우선 파워 위주의 대형 갯바위낚시나 외줄낚시용으로는 조력이 좋은 장구통릴이나 보트릴이, 원투낚시나 루어낚시, 일반적인 갯바위낚시에서는 기동성이 좋은 스피닝릴이 적당하다.

스피닝릴은 다시 그 기능에 따라 스피드를 위주(하이스피드릴)로 할 것이냐 파워를 위주(하이파워릴)로 할 것이냐 혹은 장러리 투척용(롱스풀)으로 쓸 것이냐를 구분해서 선택해야 하는데, 선택의 우선적인 기준이 될 수 있는 것이 릴에 표시된 시리즈 번호이다. 동일한 시리즈 중에는 번호가 600~800번대인 소형 릴에서부터 5000~7000번인 대형 릴이 시판되고 있는데, 단위가 높을수록 대형 릴이라는 것은 공통적이다.

또 하나, 릴의 선택 기준이 될 수 있는 것은 스풀에 표시된 릴의 표준 권사량(Line capacity)이다. 말 그대로 줄을 얼마나 감을 수 있느냐를 나타내는 수치로, 원투낚시용이 아니라면 자신의 쓰고자 하는 원줄의 굵기로 100~150m 정도 감기는 릴이 무난하며, 예를 들어 감성돔, 벵에돔 흘림낚시용으로는 원줄 3호가 100~150m정도 감기는 것이 좋다.

원투낚시용 스피닝릴은 스풀이 길고 커야만 더 멀리 던져지므로 다소 큰 스피닝릴의 롱스풀에 100~200m 밑줄을 덧감은 위에 원줄을 감거나, 덧동테를 끼우고 원줄을 감아 쓰기도 한다.

낚싯줄의 기초 지식

낚시꾼들이 일반적으로 사용하는 줄은 1938년 미국 듀퐁(Dupont)사에서 탄소, 수소, 질소 등을 합성해 만든 나일론 홑줄로서 Monofilament nylon 이라고 포장지에 적혀 있다. 이 나일론줄에서 시작하여 현재는 아주 다양한 재질과 수많은 종류의 낚시줄이 시판되며 더욱이 줄을 판매하는 업체도 많아져 꾼들을 행복하게도 하지만 어떤 줄을 골라야 좋을지 고민에 빠지게도 한다. 재질에 따라 낚싯줄을 분류해보면 다음과 같다.

나일론사 – 현재 가장 많이 사용되고 있는 낚싯줄로 균일성, 내마모성, 내수성, 침잠도, 투명도, 결절강도 등이 뛰어나며 신축성이 좋지만 줄의 굵기가 굵어지면 유연성이 떨어지는 단점이 있다.

데크론사 – 나일론의 결점을 보완하기 위해 개발된 데크론브레이디드(Dacron braided)는 여러 겹의 화학사를 꼬아 만든 낚싯줄로 부드럽고 신축성이 없어 외줄낚시용이나 트롤링낚시에 많이 쓰인다.

나일론 합사 – 나일론을 여러 겹 꼬아 만든 나일론 합사는 3합사, 6합사, 9합사 등이 대표적인데 잉어나 황어 떡밥 멍텅구리낚시용 목줄로 많이 쓰인다.

카본라인 – 나일론안에 불화탄화수소(Fluoro Carbon)을 넣어 만든 줄로서 바다낚시용 목줄로 많이 사용되고 있으며 강도, 침잠도가 아주 좋다.

PE라인 – 폴리에틸렌계의 가벼운 낚싯줄로 같은 굵기의 나일론 낚싯줄에 비해 두 배의 강도(신축성은 나일론의 1/5)를 보여 인터라인낚시대용이나 원투용 낚싯줄, 또는 루어낚시용으로 많이 사용된다. 인장강도가 뛰어나지만 마찰과 결절강도에는 약하다는 단점이 있다.

와이어(Wire) – 이빨이 날카로운 어종에 대해 목줄용으로 개발된 와이어는 7가닥 혹은 7×7가닥을 꼬아 에나멜로 코팅한 강철선이다. 한때 비닐 코팅을 한 스테인리스 와이어도 사용되었으나 케블러가 개발된 이후로는 덜 쓰이는 편이다.

케블러라인(Kevler line) – 이빨이 날카로운 대상어의 목줄용으로, 혹은 낚싯대의 나선형 덧감기줄로 많이 쓰인다. 폴리아미드 섬유로 만들어지는데, 유연하면서도 강도가 뛰어나 와이어 대용으로 쓰인다.

테이퍼라인(Taper line) – 한 쪽이 굵고 다른 한 쪽은 가늘게 이루어진 낚싯줄로 루어낚시의 쇼크리더 또는 원투낚시용 힘줄로 쓰인다.

캄프라지라인(Camouflage line) – 스모크색, 물색, 얼룩 등을 착색하여 어류의 눈을 피하고자 고안된 낚싯줄이다.

리드코어라인(Lead core line) – 연사(끈줄) 속에 납심을 넣어 침잠 속도가 빨라지도록 고안한 트롤링낚시 목줄용 납줄도 있으나 근년엔 쓰이지 않고 있다.

라인의 침잠도에 의한 분류

릴 찌낚시에는 주로 플로팅라인을 사용하고, 갯바위 루어낚시에는 채비의 떠오름을 적게하기 위해 싱킹라인이 사용된다.

플로팅라인(비중 1.09)
서스펜더라인(비중 1.14)
싱킹라인(비중 1.30~1.78)

원줄은 목줄보다 굵은 줄을 사용하며 늘어나는 성질이 다소 적은 것을 사용하는 것이 좋다.

원줄을 목줄보다 두껍게 쓰는 이유는 바늘이 바닥에 걸리거나, 대형어가 걸려 줄이 터질 상황에서 목줄 밑 채비가 터지게 함으로써 찌, 소품 등의 손실을 막기 위함이다.

목줄은 낚시 바늘에 묶여 물 속에 잠겨 있게 되므로 물고기의 눈에 잘 띄지 않는 것이 좋다. 또한 물고기를 낚을 때에 조금이라도 물의 저항을 덜 느끼도록 가늘며 질긴 것이 바람직하므로 주로 카본사를 사용하지만 겨울철에는 유연성을 지닌 나일론 줄을 목줄로 사용하기도 한다.

낚싯줄의 굵기는 주로 호수나 파운드로 표시되어 있다. 가는 줄로는 0.1호부터 30호 이상으로 숫자가 클수록 줄의 굵기도 굵으며 깊은 바다에 사는 큰 물고기를 낚을 경우 50호, 100호 등 매우 굵은 줄을 사용한다.

Fishing TIP!

• 인장강도, 결절강도, 침잠도란?

인장강도 : 낚시줄 질김의 정도를 나타내는 말로 일정굵기의 낚시줄에 당기는 힘을 차츰 증가시켜 줄이 끊어지는 한계점을 킬로그램이나 파운드로 표시한 것

결절강도 : 낚시줄의 매듭을 당겨 끊어지는 시점의 힘을 표시한 것

침잠도 : 라인이 물 속으로 가라앉는 정도를 나타낸다.

낚시바늘의 기초 지식

바늘의 종류는 어종의 습성과 용도, 장소에 따라 다양하게 선택할 수 있다. 낚시 바늘 역시 호수로 크기를 표시하고 있는데 호수가 클수록 바늘의 크기도 큰 것이 일반적이다.

낚시 바늘의 크기와 종류는 수 백가지이지만 작은 물고기를 잡을 때는 작은 바늘을, 큰 물고기를 잡을 때는 큰 바늘을 사용하는 것이 당연한 이치다. 또한 바늘의 생명은 바늘 끝이 날카로워야 하므로 초보자들은 낚시 바늘에 찔리는 일이 없도록 주의해야 한다.

처음 낚시 도구를 준비하는 사람들에게 어종에 따라 낚시 바늘의 종류를 선택하는 것은 어려운 일이므로 전문가와 상의하여 준비하는 것이 바람직하다.

단축바늘(Short shank hook) – 말 그대로 바늘의 허리가 되는 축이 유난히 짧은 바늘로 갯바위 근거리 포인트에서 경계심이 많은 어종을 다룰 때 사용한다. 채를 짧게 함으로서 바늘이 대상어의 입 속에 잘 들어갈 수 있도록 했다. 돌돔, 벵에돔 바늘이 이러한 형태를 취한다.

중축바늘 – 단축바늘에서 채를 좀 더 길게 한 중축바늘은 감성돔이나 망상어바늘에 채용되는 형식으로 근본적으로 단축바늘의 범주에 속하지만

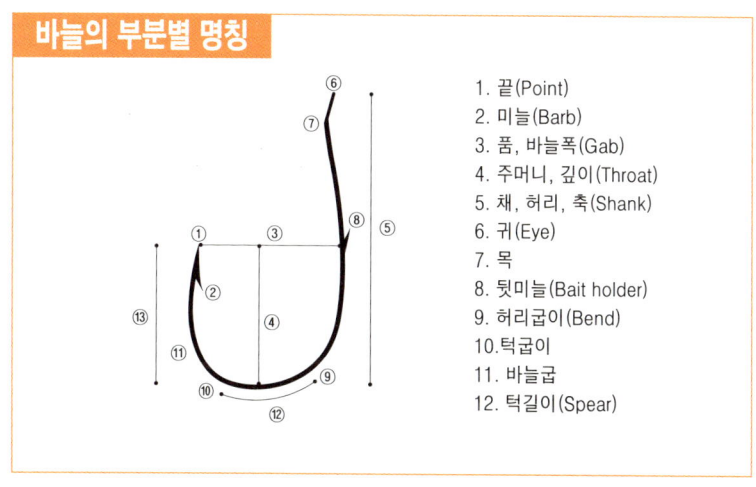

바늘의 부분별 명칭

1. 끝(Point)
2. 미늘(Barb)
3. 품, 바늘폭(Gab)
4. 주머니, 깊이(Throat)
5. 채, 허리, 축(Shank)
6. 귀(Eye)
7. 목
8. 뒷미늘(Bait holder)
9. 허리굽이(Bend)
10. 턱굽이
11. 바늘굽
12. 턱길이(Spear)

축을 늘여 맞춤이 잘 되도록 했다.

장축바늘(Long shank hook) – 채가 긴 장축바늘은 원거리 포인트를 겨냥하는 던질낚시나 고패질낚시에 적당한 바늘로 채를 길게 해 제물걸림이 좋도록 한 것이다. 깔따구(농어의 새끼) 바늘, 삼치바늘, 우럭바늘 등이 여기에 속한다.

웜훅(Worm hook) – 루어낚시용 바늘의 한 종류인 웜축에도 대체로 중축바늘의 형태가 채용되어 꽂힘 각도가 80° 정도 되는 것이 대부분이지만 일부 바늘은 100~110°까지 되는 것도 있다. 걸림은 다소 떨어질 수 있으나 바닥걸림, 여걸림 등을 줄이기 위함이다. 농어, 연어용 웜훅 등이 이에 속한다.

옥바늘 – 일명 '옥니바늘'로 통하는 옥바늘은 초대형 갯바위 어종인 자바라나 대물 농어용으로 쓰인다. 바늘 끝이 옥니처럼 안으로 옥아 있어 여걸림 등을 방지한다.

뒷미늘바늘 – 웜이나 생미끼가 잘 빠지지 않도록 바늘 허리 부분에 1~2개의 미늘을 만들어 놓은 바늘이다. 웜훅, 유선형바늘, 깔따구바늘 등에 채용되고 있다.

민바늘 – 최근 유행하는 캣츠앤 릴리즈(손맛만 보고 즉시 방류)의 취지에 맞도록 만든 바늘로 바늘 끝 부분의 미늘을 제거함으로써 고기에게 상처가 나지 않도록 고안한 것이다.

속임수바늘 – 인조 어피나 광택 테이프 등을 붙여 가짜 미끼의 기능까지 겸하는 속임수바늘은 넓은 의미에서 루어낚시용 바늘에 포함할 수 있다. 인조어피바늘, 컬러파이프바늘, 식모바늘, 반짝바늘, 주꾸미뽈바늘 등이 이에 속한다.

갓봉돌바늘 – 시울질낚시나 재래식 트롤링낚시에 사용되었던 갓봉돌바늘은 갓봉돌에 허리가 긴 바늘을 꽂아 놓은 형태로 방어, 잿방어, 부시리, 삼치, 농어, 넙치, 갈치낚시에 이용된다. 루어낚시에 많이 이용되는 지그헤드바늘도 이 범주에 속하며 문어나 주구미를 낚을 때 쓰는 쌍갈고리 갓봉돌바늘도 여기에 포함된다.

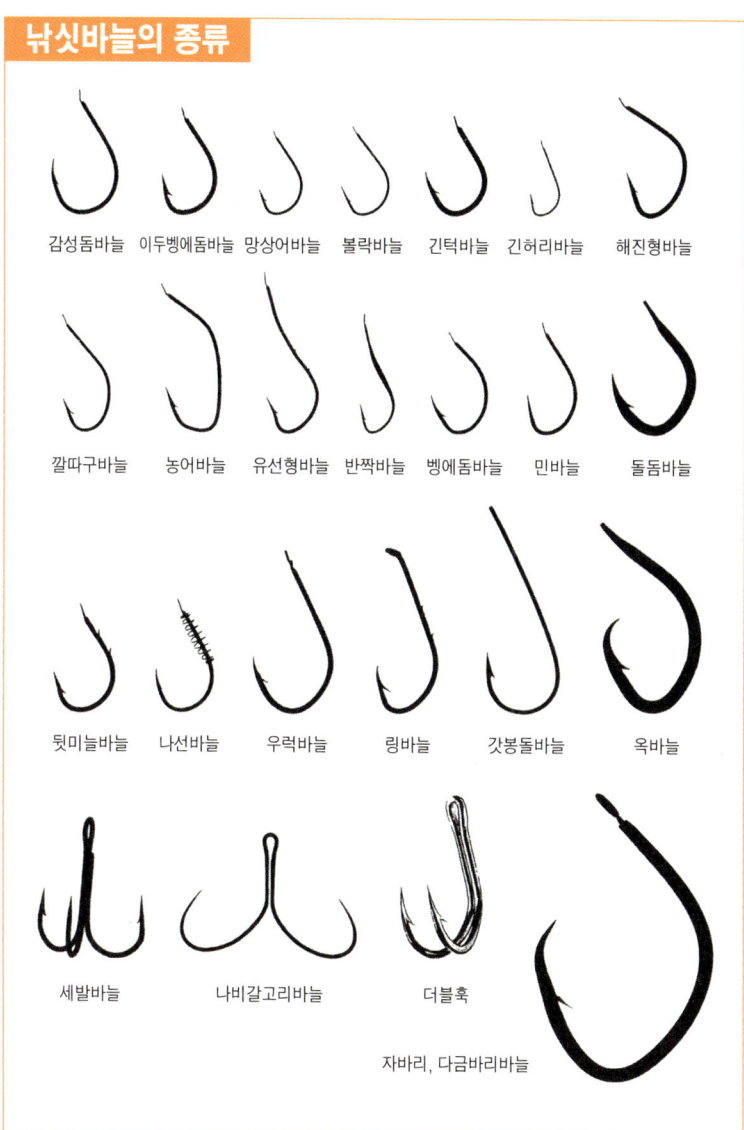

민갈고리바늘 – 은어낚시나 숭어 훌치기낚시에 사용되는 민갈고리바늘은 두개의 바늘을 등을 대고 붙여 놓은 형태의 나비갈고리바늘(쌍갈고리바늘)과 세 개의 바늘은 등을 대고 붙어 놓은 듯한 세발민갈고리바늘이 대표적이다.

세발바늘(트레블훅) – 세발민갈고리바늘과 비슷한 루어낚시용 세발바늘은 미늘이 있다는 차이점이 있다.

더블훅(Double hook) – 60° 정도의 각도를 두고 두 개의 바늘이 겹붙은 듯한 형태의 미늘이 있는 바늘로 트롤링용으로 사용되기도 한다.

지그헤드바늘(Jig head hook) – 루어낚시의 가장 일반적인 바늘이라 할 수 있는 지그헤드바늘은 웜을 비롯한 각종 인조미끼를 끼워 사용할 수 있는 바늘이다.

Fishing TIP!

• **다양한 바늘의 색깔**

트롤링용 바늘은 스테인리스로 만든 것도 있지만 대부분의 낚싯바늘은 피아노선으로 만들어져 도금한 것이다. 이때 도금하는 색으로는 금색이나 은색이 많은데, 일반적으로 어류들이 선호하는 색으로 알려져 있을 뿐 아니라 갯지렁이나 새우를 미끼로 쓸 때 그 색깔이 비슷해 유리하다고 여겨지기 때문이다.

검정색이나 청동색의 바늘은 갯바위 색깔을 닮아서 눈에 잘 띄지 않으므로 어둡거나 야간에 쓰이며, 고패질낚시나 시울질낚시에는 반짝거림이 좋은 금색, 니켈, 아연 등으로 도금된 바늘이 많이 쓰인다.

또한 띄울낚시용으로는 크릴과 비슷한 색깔의 바늘도 쓰이며 백사장 던질낚시용으로 다색(茶色)바늘이 쓰이기도 한다.

바늘 묶는법1

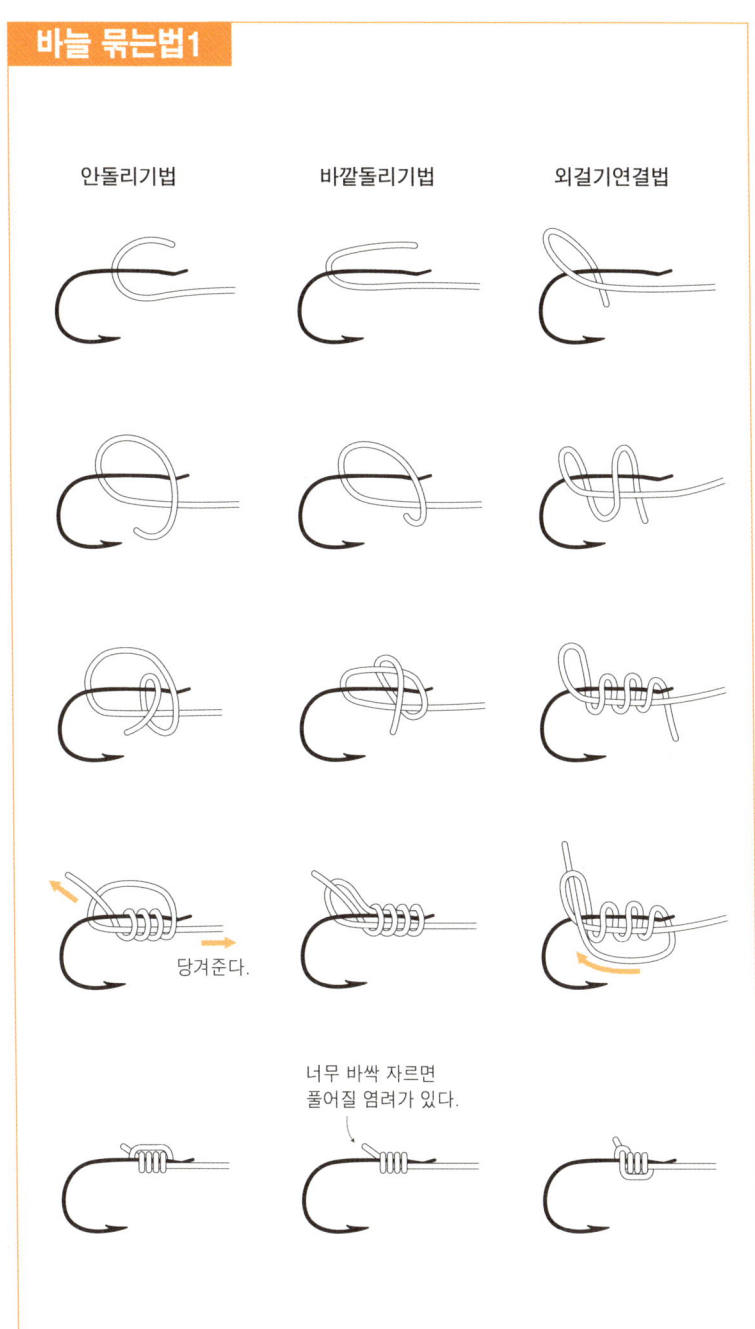

바늘 묶는법2

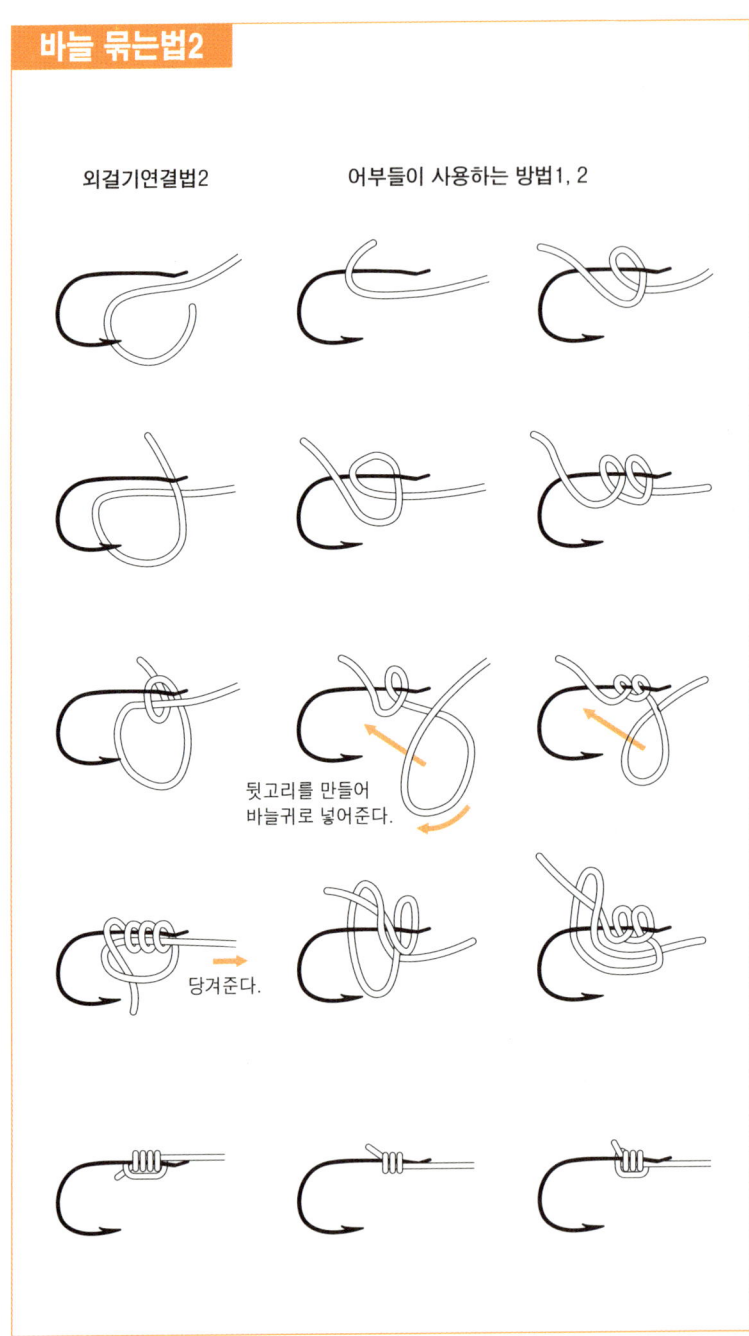

외걸기연결법2　　어부들이 사용하는 방법1, 2

뒷고리를 만들어 바늘귀로 넣어준다.

당겨준다.

찌에 대해서 알아보자

바다 속 물고기가 어떻게 움직이고 있는가를 감지할 수 있는 장치가 바로 찌이다.

찌는 낚고자 하는 물고기의 생태에 따라서 그 모양이나 크기가 다르다. 낚시에 따라서 공통적으로 사용하기도 하지만 물고기의 유인방법, 파도의 변화에 대응하여 조금이라도 더 민감하게 감지될 수 있는 것을 선택해야 한다.

민물이나 바다에서 쓰이는 모든 찌가 갖는 공통된 기능은 대상어의 어신감지이다. 바다낚시에서 쓰이는 찌는 어신의 감지뿐만 아니라 조류의 속도와 방향을 알 수 있게 해주며, 채비가 안착된 후 조류를 따라 고기가 있을 법한 포인트쪽으로 미끼를 유동 시키는 역할도 겸한다.

또한, 던질찌는 채비가 가벼워 원하는 지점까지 원투가 어려울때 채비가 멀리 날아가도록 하는 역할을 하며, 띄울낚시에서 수중찌는 채비를 자연스럽게 유동시키면서 고기의 경계심을 낮추어 주고, 대상어의 미세한 입질까지도 알려 주곤 한다.

• 찌의 종류와 기능

구멍찌 – 원형, 또는 타원형 몸통 가운데에 구멍이 나있는 바다낚시용 찌로서 이 구멍에 원줄을 통과시켜 낚시를 한다. 채비를 다루기 쉽고 다양한 테크닉을 구사할 수 있어 대다수의 바다낚시꾼들이 애용한다.

감성돔낚시와 벵에돔낚시에 많이 사용되며, 갈수록 다른어종을 대상으로 하는 낚시에도 활용도가 높아지고 있다. 현재 바다낚시 찌의 대명사로 통하고 있으며 그냥 '찌'라고 하면 구멍찌를 지칭하는 것으로 이해하면 무리가 없다.

막대찌 – 길다란 막대 모양의 찌로서 구멍찌가 등장하기 전에는 이 형태의 찌가 주종을 이뤘다. 채비를 빨리 가라앉힐 수 있기 때문에 깊은 수심을 공략할 때 활용도가 높으며, 구멍찌에 비해 예민하다는 장점이 있다.
막대찌는 찌 하단에 있는 고리를 통해 원줄이 빠져나가므로 구멍찌에 비해 채비가 빨리 가라앉는다는 장점이 있다. 구멍찌에 비해 채비 조작성은 조금 떨어지지만 예민함에서 우위를 보이기 때문에 아직도 많은 사람들이 애용한다.

기울찌 – 전유동낚시를 할 때 많이 사용하는 찌로서 구멍이 경사져 있어 원줄이 부드럽게 빠져나간다는 게 가장 큰 장점이다. 몇년 전까지만 해도 상당한 인기를 끌었지만, 일반 구멍찌를 이용한 전유동낚시가 보편화 되면서 최근에는 일부 모델을 제외하고는 거의 사용되지 않고 있다.

역광찌 – 태양이 정면에 있을 때 수면에 빛이 반사되는 상황에서도 보이도록 만든어진 찌로서 찌톱 내부에 반사판을 부착한 종류와, 표면도장을 거칠게 처리해 찌 자체의 반사광을 없앤 종류가 있다. 완전 역광인 상황에서도 보이는 찌는 없고, 단지 수면에 비치는 반사광이 어느정도 있는 상황에서 볼 수 있는 찌를 말한다.

원투형 찌(급류찌) – 자체 중량을 무겁게 만들어 멀리 던질 수 있도록 만든 찌로서 찌의 부력과는 상관이 없다. 다만 무게를 무겁게 하기 위해 부피를 키운 경우가 많으므로 감도가 다소 떨어지고, 먼 거리에서도 잘 보일 수 있도록 만들어졌다. 일반적으로 찌보다는 여부력이 조금 더 있다는 특징이 있다.

던질찌 – 입질을 감지하는 기능보다는 채비를 멀리 던지기 위한 기능이 더 중요한 찌이다. 단순히 채비를 좀더 멀리 던지기 위해 다는 경우가 많으며 상층부를 공략하는 낚시에서 주로 사용된다.

잠수찌 – 마이너스 부력을 가지고 있어 물에 가라앉는 찌이다.
수중찌보다 부피가 커서, 조류의 영향을 많이 받고 천천히 가라앉는다는 특징이 있다. 직벽을 노리는 벵어돔낚시나, 제주도 일원의 배낚시에서 많이 사용한다. 감성돔 낚시를 할 때 전유동채비와 비슷한 개념으로 사용하는 경우도 있다.

제로찌 – 부력이 0에 가까운 찌로서 부력이 거의 없기 때문에 도래나 봉돌 같은 소품도 극히 제한적으로 밖에 사용하지 않는다. 상층부를 노리는 벵에돔낚시에 주로 사용되며, 벵에돔을 상층까지 피워 올리기 위해 많은 양의 밑밥이 필요하다. 찌 자체가 매우 예민하기 때문에 벵에돔의 입질이 약할 때에도 위력을 발휘하며, 조류가 없고 수심이 얕은 곳에서 이루어지는 봄, 여름 감성돔 낚시에도 많이 사용된다. 최근에는 잔존부력이 더욱 제한된 00찌 000찌도 나와 있다.

전자찌 – 내부에 전지를 넣어 소형 전구에 불이 들어오도록 만든 밤낚시용 찌이다. 막대찌 형태와 구멍찌 형태가 있으며, 캐미라이트에 비해 빛이 밝기 때문에 채비를 먼 거리까지 흘렸을 때도 가시성이 우수하다.

이단찌 – 2개의 찌를 사용하는 것으로 일반적으로 아래쪽에 다는 찌는 입질을 포착하는 어신찌이고, 위에 다는 찌는 채비를 던지기 위한 던질찌 기능을 한다. 아래쪽에 다는 찌는 소형 막대찌나 소형 구멍찌인 경우가 많고, 위에 다는 찌는 원투형 또는 일반 구멍찌인 경우가 많다.

목줄찌 – 목줄에 달아서 사용하는 극소형의 찌로 목줄 길이가 길어서 공략하기 어려운 최상층과 표층까지도 공략할 수 있기 때문에 벵에돔이 최상층까지 떠 올랐을때 제로찌와 함께 사용하면 효과적이다. 이처럼 목줄찌를 수면에 띄워서 사용할때는 예민한 입질을 간파할 수 있다는 장점도 있다.

수중찌 – 마이너스 부력(침력)을 갖고 있어 물 속으로 가라앉게 만든 낚시용 찌의 일종으로 형태는 찌에 가깝지만 기능은 봉돌에 가깝다. 봉돌에 비해 부피가 크기 때문에 속조류를 잘 탄다는 장점이 있으며, 견제나 당김 같은 유인동작을 할 때 미끼가 부드럽고 자연스럽게 움직일수 있도록 도와준다. 물의 저항을 많이 받기 때문에 원줄이 바람에 밀리는 현상을 어느정도 막아주는 기능도 한다. 같은 침력의 봉돌에 비해 무겁기 때문에 상황에 맞게 선택할 수 있는 폭이 크다. 상부에 색이 칠해진 종류를 사용하면 채비가 꼬이지 않고 잘 가라앉는지 여부와 밑채비가 가라앉는 방향까지도 알 수 있다.

봉돌의 기초 지식

봉돌은 낚시 바늘이 물속에 가라앉는 것을 도와주는 것으로 찌가 적당히 떠오르도록 그 부력을 유지시켜 채비를 일정한 수심에 있게 한다. 또한 봉돌의 무게로 인하여 채비를 멀리 날려 보낼 수 있게 된다.

모래와 진흙으로 된 바닥의 물고기를 잡기 위해서도 봉돌은 가장 필요한 도구가 된다. 봉돌의 무게에 따라 찌의 가라앉음을 조절할 수도 있는데 봉돌의 형태나 그 작용도 어종에 따라 매우 다양하다.

봉돌은 주로 그 형태를 바꾸기 쉽고 작은 부피로 큰 무게를 낼 수 있는 납을 주성분으로 하여 만들어져 있으며 바늘이나 줄과 마찬가지로 호수에 따라 무게가 달라진다. 숫자가 클수록 중량이 무거우며 원거리나 수심이 깊을수록 무거운 봉돌을 사용하게 된다.

봉돌의 역할

① 봉돌은 채비가 먼 곳까지 투척될 수 있도록 하며 운반된 채비가 깊은 수심까지 빠르게 내려가는 것을 돕는다.
② 낚싯줄이 물살을 받아 채비가 포인트를 이탈하는 것도 막아준다.
③ 조류 속에서도 미끼가 일정 층을 유지하며 부유할 수 있도록 해 준다.
④ 물고기 입질시 걸림이 잘 되도록 목줄을 잡아주는 역할도 하게 된다.
⑤ 찌의 부력을 상쇄해 입질시 대상어가 받을 수 있는 이물감을 덜어준다.
⑥ 갓봉돌과 지그헤드는 바늘 끝이 항상 위를 향하도록 하여 채비가 바닥이나 장애물에 걸리는 것을 막아 주며 고기의 위턱에 바늘이 박힐 수 있도록 돕는다.
⑦ 고패질낚시에 쓰이는 키봉돌은 기둥줄과 목줄이 회전하지 못하도록 하여 서로 엉키지 않도록 해준다.

봉돌의 종류

그림의 ①, ②, ③ 봉돌은 낚싯줄을 물리거나 끼우거나 묶을 수 있는 봉돌의 대표적인 세 가지 장치 기본형이다. ④의 종봉돌은 가자미낚시에 쓰이는 바다 고패질용이며 ⑤의 키봉돌은 열기, 우럭낚시에 쓰이는 저층 고패질용이다.

여러가지 봉돌의 종류

⑥의 피라밋봉돌은 맞바람 속에서 백사장 원투낚시를 할 경우에 사용하며 뿔이 모래 바다에 꽂혀 채비의 끌림을 방지해 주기도 한다. ⑦, ⑧의 8면, 15면추는 던질낚시나 고패질낚시용으로 이용할 수 있으며 ⑨의 갓봉돌은 봉돌의 상단에 장축바늘을 꽂는 구멍이 있다는 것이 특징인데, 바늘 끝을 위로 향하게 꽂아야 한다. ⑩의 고무칠봉돌은 줄이 물리는 부분에 고무 코팅이 되어 목줄의 손상을 막아준다. ⑪의 썰망추는 시울질낚시나 고패질낚시에서 집어의 효과까지 함께 노릴 수 있는 봉돌이며 ⑫의 봉돌처럼 조각달, 소뿔 모양으로 만들어진 봉돌들은 시울질을 도와 채비의 움직임을 리듬감 있게 해 준다. ⑬은 대형의 찌를 사용하는 띠울낚시나 릴맥낚시용으로 많이 쓰이는 도래봉돌의 모습이다. ⑭의 고무캡봉돌은 말 그대로 봉돌 위에 고무 뚜껑이 장착되어 있어 채비가 걸렸을 경우 대를 세워 '툭툭' 당기면 고무 뚜껑의 반동으로 채비가 잘 빠지도록 고안 되었다. ⑮의 컬러봉돌은 표면에 적, 황, 오렌지 계열의 페인트나 형광, 야광 도료를 코팅해 납 오염 방지와 부가기능을 유도한 봉돌이며 ⑯의 쿠션봉돌은 대물이 순간적인 입질을 보냈을 때 충격으로 줄이 끊어지는 것을 방지한 것이다. ⑰의 원터치봉돌은 릴맥낚시나 처넣기낚시에서 보다 다양한 무게의 봉돌을 원터치로 교환할 수 있게끔 고안된 탈착식 봉돌이다.

봉돌의 무게가 필요이상으로 무거우면 대상어가 이물감을 느껴 입질을 잘 하지 않는다.

SEA-FISHING TECHNIC

봉돌의 단위와 무게

봉돌의 무게를 나타내는 단위는 전통표기법인 '호'와, 일본식 표기법인 B표기법과 G표기법이 있다.

전통표기법(호)은 1호, 2호 등으로 표시하는데 1호 봉돌의 무게는 3.75g이다. '호' 표기법은 단위와 무게가 정비례해서 증가하는데 이를테면 0.1호는 1호의 1/10 무게인 0.375g이며, 10호는 37.5g이 된다.

B표기법은 1호 이하 소형 조개봉돌이나 좁쌀봉돌의 무게를 나타내는데 B, 2B, 3B, 4B, 5B, 6B 의 6등급으로 표시되며 숫자가 클수록 무겁다는 것을 의미한다. 가장 가벼운 B봉돌의 무게는 0.55g이며, 가장 무거운 6B의 무게는 2.65g이다. 그러나 '호' 표기법과는 다르게 무게의 증가가 일정하지 않고 임의적이다. (B-0.55g, 2B-0.75g, 3B-0.95g, 4B-1.20g, 5B-1.85g, 6B-2.65g)

G표기법은 B봉돌보다 더 가벼운 봉돌(좁쌀봉돌)을 나타내는 단위이며 B표기법과 다르게 숫자가 커질수록 무게는 가벼워진다. G표기법은 8단계로 구분되며 G1부터 G8까지 표시한다. (G1-0.40g, G2-0.31g, G3-0.25g, G4-0.20g, G5-0.16g, G6-0.12g, G7-0.09g, G8-0.07g)

기술이 발달한 현재에도 봉돌의 무게 단위의 통일성과 정밀도의 향상은 아직까지 낚시계나 조구업체가 안고 있는 숙제이기도 하다.

봉돌의 운용은 찌와함께 채비의 움직임을 결정하는 중요한 요소이며, 조과에 많은 영향이 미쳐요!

미끼에 대한 기초 지식

미끼는 낚시미끼와 밑밥으로 나누어진다. 낚시미끼는 한마디로 바늘에 미끼를 꿰어 물고기가 물게 하는 것이고 밑밥은 바다 속의 물고기를 가능하면 한 곳에 많이 모이도록 유인할 때 쓰인다. 밑밥은 물에 뿌리거나 망에 담아 물속에 넣어두는 방법이 있다.

낚시미끼는 그 성분이나 상태에 따라서 여러가지로 나누어지지만 크게 생미끼와 인조미끼로 분류된다.

미끼는 낚시장소 채비와 더불어 낚시의 3대 요소 중 하나로 꼽힌다. 그만큼 미끼의 선택은 낚시에서 중요한 부분을 차지한다.

낚시의 초보자가 알아 둘 일은 물고기의 식성이다. 그러나 어떤 특정 물고기가 늘 같은 입맛을 가지고 있지는 않다. 장소에 따라서 물고기의 식성은 완전히 다를 수도 있다. 갯지렁이를 좋아하는 감성돔이 있는가 하면 지역에 따라선 아예 갯지렁이는 쳐다보지도 않는 감성돔도 있다.

대상어가 좋아하는 미끼의 선택이 그날의 조황을 좌우한다고 볼 수 있으므로 장소에 따른 대상어의 입맛을 알아두는 것이 출조의 필수조건이다.

• 미끼의 종류

물고기 미끼 : 정어리, 망둑어, 미꾸라지 등을 살아 있는 상태로 이용한다. 대상어가 대어일 경우에는 오징어를 통째로 쓰기도 하며 문어다리와 꼴뚜기도 훌륭한 미끼가 된다. 또한 소금에 절인 오징어 창자가 쓰이기도 한다. 그리고 꽁치나 정어리, 전갱이, 고등어의 살을 잘라서 사용할 수도 있다.

새우류 미끼 : 보리새우, 민물새우 등 모든 새우는 낚시의 좋은 미끼감이다. 큰 새우는 껍질을 제거한 후 살을 발라 미끼로 이용하는 것이 좋다.

조개류 미끼 : 모시조개, 소라, 전복 등 모든 조개류 역시 미끼로 사용된다. 특히 갯바위 낚시에서 전복은 빼놓을 수 없는 좋은 미끼감이다.

갯지렁이류 미끼 : 바다낚시의 만능이라고 불리는 갯지렁이를 비롯한 실갯지렁이, 모래갯지렁이, 집갯지렁이 등은 돔과 망상어 등의 낚시에서

최고의 미끼감이다.

그 외의 미끼감으로는 해안의 해초류와 무청 등 집에서 삶아서 가공한 식물성 미끼도 낚시터에 따라서 좋은 미끼가 된다.

• 루어(Lure) 낚시

상어, 복 등의 껍질을 이용해서 고등어, 벤자리 등을 낚기도 하며 새의 깃털이나 비닐 조각, 금속을 미끼로 이용하여 즐기는 낚시를 루어낚시라고 한다. 이처럼 루어낚시는 인조미끼를 달아서 하는 낚시질을 말한다.

루어는 스푼 같은 형태를 한 스푼계와 스푼계가 개량된 스피너계, 그리고 미끼로 쓰이는 작은 물고기나 새우 등을 인조로 만든 플러그계 등이 있다.

PART02
어종별
낚시법

민낚시대 또는 릴낚시대를 사용하는 갯바위낚시는 찌낚시와 맥낚시, 처넣기 낚시와 루어낚시 등 그 장르가 다양하고, 다양한 낚시방법 만큼이나 묘미도 다채롭다. 호쾌하면서도 아기자기한 맛이 있는가 하면, 거칠고도 섬세하기 짝이 없는 갯바위낚시는 그래서 바다낚시의 백미라고도 할 수 있다.

감성돔, 벵에돔, 참돔, 돌돔 등의 도미류를 비롯하여 볼락, 망상어, 벤자리, 농어, 삼치, 방어, 다랑어류 등 사계절 다양한 어종을 노릴 수 있는 바다낚시! 그 매력속으로 들어가 보자.

SEA-FISHING TECHNIC

봄철에 제맛! 가자미

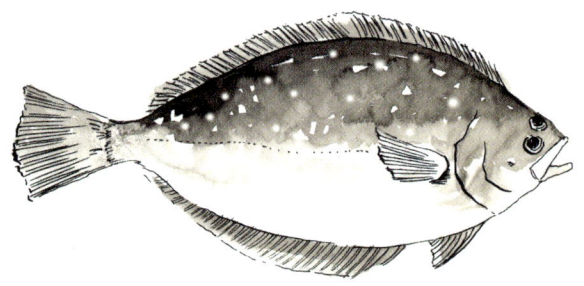

가자미
가자미목 가자미아목 붕넙치과(학명 Kareius bicoloratus)
영어명은 스톤 플런더(Stone flounder)이고, 일본명은 돌가자미란 뜻의 이시가레이 (いしかれい)이다.

평평한 몸과 오른쪽으로 쏠린 눈

가자미목의 붕넙치과에 속하는 가자미는 우리나라 근해에서 흔히 볼 수 있는 바닷물고기다. 몸은 위아래로 납작해서 둥근 타원형에 가깝고, 몸의 빛깔은 등 쪽이 다갈색, 배 쪽은 하얗다.
눈은 '좌광우도'라는 말도 있다시피 오른쪽으로 쏠려 있다.
가자미류는 상당히 종류가 많은데 낚시의 대상이 되는 것으로는 문치가자미, 돌가자미, 참가자미 등이 있다.
이들 가자미류는 원래 태어났을 때부터 눈이 한 쪽으로 쏠려 있는 것이 아니라 다른 물고기처럼 눈이 몸의 양쪽에 달려 있다. 하지만 자람에 따라 차츰 눈이 한쪽으로 몰리면서 옆으로 헤엄을 친다.

가자미류는 멀리 회유하는 습성을 지니고 있지는 않지만 물의 온도가 내려가는 늦가을에서 봄철까지 알을 낳기 위해 깊은 바다에서 차츰 얕은 모랫바닥(사니질(沙泥質))으로 옮겨와서 산다.

많이 잡히는 시기는 11월부터 이듬해 4월 무렵까지지만 던질낚시로는 일년 내내 조금씩 잡힌다.

가지미는 백사장이나 해변에서의 던질낚시와 배낚시의 두 가지 방법으로 주로 낚는데, 배낚시는 일반적으로 양팔편대 또는 십자편대 채비를 사용하고, 던질낚시에서는 중형 스피닝릴을 중경질의 던질낚싯대에 장착, 원투낚시 채비를 사용한다.

가자미 던질낚시

가자미낚시는 그다지 어렵지 않기 때문에 초보자도 쉽사리 할 수 있다. 미끼를 던져 넣고 기다리는 것이 주된 방법으로서 낚시터에 여유가 있다면 2~3대의 낚싯대를 펼쳐두고 어신을 기다린다. 낚싯대를 번갈아가면서 3~4m 끌어놓고 5~6분 있다가 또 3~4m 끌어놓는 식으로 인내심이 필요한 낚시다.

던질낚시는 가자미가 해안 가까이로 붙은 5~6월과 9~10월에 잘 되며, 가자미바늘 8~11호를 단 채비로 원투를 한다. 채비가 물밑 모래 바닥에 떨어져 모래먼지를 일으키게 되면 호기심이 발동한 가자미가 '토독토독' 입질을 하는데, 이때

양팔편대채비에 두 마리의 가자미가 잡혔다. 가지미낚시에서는 다소 천천히 챔질하는 것이 좋다.

어신을 감지하기 위해서 초릿대가 부드럽게 휘어져 있는 상태로 릴줄을 감아준다.

입질이 오면 '토독토독' 하던 입질 뒤에 갑자기 초릿대가 앞으로 처박히거나, 아니면 가자미가 슬그머니 미끼를 들어 올림으로써 팽팽하던 줄이 한 순간 느슨해 지게 되는데, 이때 너무 성급하게 챔질을 하지말고 천천히 챔질하는 것이 요령이다. 가자미는 미끼를 한 입에 넣는 것이 아니라 덥석 문 미끼를 천천히 삼키는 습성이 있기 때문이다.

가자미 던질낚시의 포인트로는 바다의 기복이 심한 모래바닥 가운데 지류대 또는 반류대가 받치는 곳이 좋으며 조류와 조류가 서로 만나서 어우러지는 조목이 가장 좋은 포인트가 된다.

모래바닥이나 매우 잔 자갈바닥 또는 사니질의 골자리라든가 조금이라도 바다에 변화가 있는 곳에 채비를 넣어야 좋은 조과를 기대할 수 있다.

가자미 배낚시

가자미 배낚시에서는 보통 2.1m~3.0m 길이의 배낚시 전용 릴대를 사용하나 민물 릴낚싯대도 사용할 수 있다. 낚싯줄은 4~6호 정도면 충분하며, 채비는 T자형 편대나 일자형 편대 또는 십자형 편대에 가자미 바늘 8~11호 (허리긴바늘은 10~13호 가량) 에 30~50호 봉돌을 단 편대 채비를 사용하는데, 릴대를 들고 미끼를 단 채비를 풀어 주어 봉돌이 바닥에 닿게 한 상태에서 바닥으로부터 20~30cm 정도 반복해서 채비를

동해남부 지역에서는 영등철을 제외하곤 많은 가자미 배낚시가 이루어지고 있다.

들었다 놓아주는 고패질낚시를 주로 한다. 배낚시는 한겨울을 제외한 4~ 5월 이후 부터 11월 경까지 양식장이나 어장 부근에서 주로 이루어지며, 이 시기에는 많은 마리수로 낚는 재미도 적지 않아 낚는 맛과 먹는 맛을 겸하기에 썩 좋은 대상어 가운데 하나이다.

가자미낚시는 보통 4월 말경부터 시작된다고 보면 되나, 포항을 중심으로 한 동해남부 지역에서는 '음력 2월의 영등할매가 가면 곧 돈지가 나온다.'는 말이 어부들 사이에서 전해지고 있는데, 돈지란 가자미를 가르키는 방언이다.

가자미낚시는 뚜렷한 시간대가 따로 있는 것이 아니라 조류의 흐름이 멈추지 않고 계속되는 밀물 또는 썰물 시간대가 된다.

미끼는 보통 갯지렁이나 청갯지렁이를 사용하는데, 참갯지렁이가 가장 좋은 조과를 보인다.

성어기때의 가자미 배낚시에서는 가자미들이 집단서식하며 미끼를 따라 중층까지도 올라오므로 다획식채비에 여러마리의 가자미를 낚을 수 있다.

조류의 변화가 있는 지류대나 반류대, 조목 등은 큰 고기들이 몰려있는 좋은 포인트가 됩니다.

Fishing TIP!

• 지류대

바닷물의 큰 조류가 갯바위나 여에 부딪쳐서 갈라지며 방향이 바뀐 작은 조류를 말한다. 주류(主流)가 되는 바닷물이 섬이나 여 등에 부딪히거나 바닥지형의 변화로 인해 흐름이 바뀌면서 나타나는 것으로 바다 찌낚시에서 이와같은 지류대는 좋은 포인트가 된다.

• 반류대

흐름의 방향이 주류대와 반대로 흐르는 물을 말하며, 조류와 조류 또는 조류와 장애물이 만나서 물흐름이 살짝 죽으면서 생기는 역류현상이 주로 많다.

• 조목(潮目)

조류를 맞받는 갯바위나 여의 후면에도 반전류가 인다.

조류의 주류대와 주류대, 주류대와 지류 또는 반류대가 만나는 합류점을 말한다. 이것을 '물목' 이라고도 하는데, 갯바위나 곶부리 섬, 수중여, 간출암 등에 조류가 부딪히면서 본류와 지류 또는 지류나 반류 등의 조류 변화가 있는 곳으로서 이들이 낚시 포인트이다. 조목에서는 서로 다른 조류가 만나면서 조류의 방향과 유속이 바뀌게 되며 큰고기의 먹잇감이 되는 작은 물고기나 기타 먹이생물이 모여들게 된다. 물밑 지형이 복잡할수록 조목지대의 조류는 더욱 다양해진다.

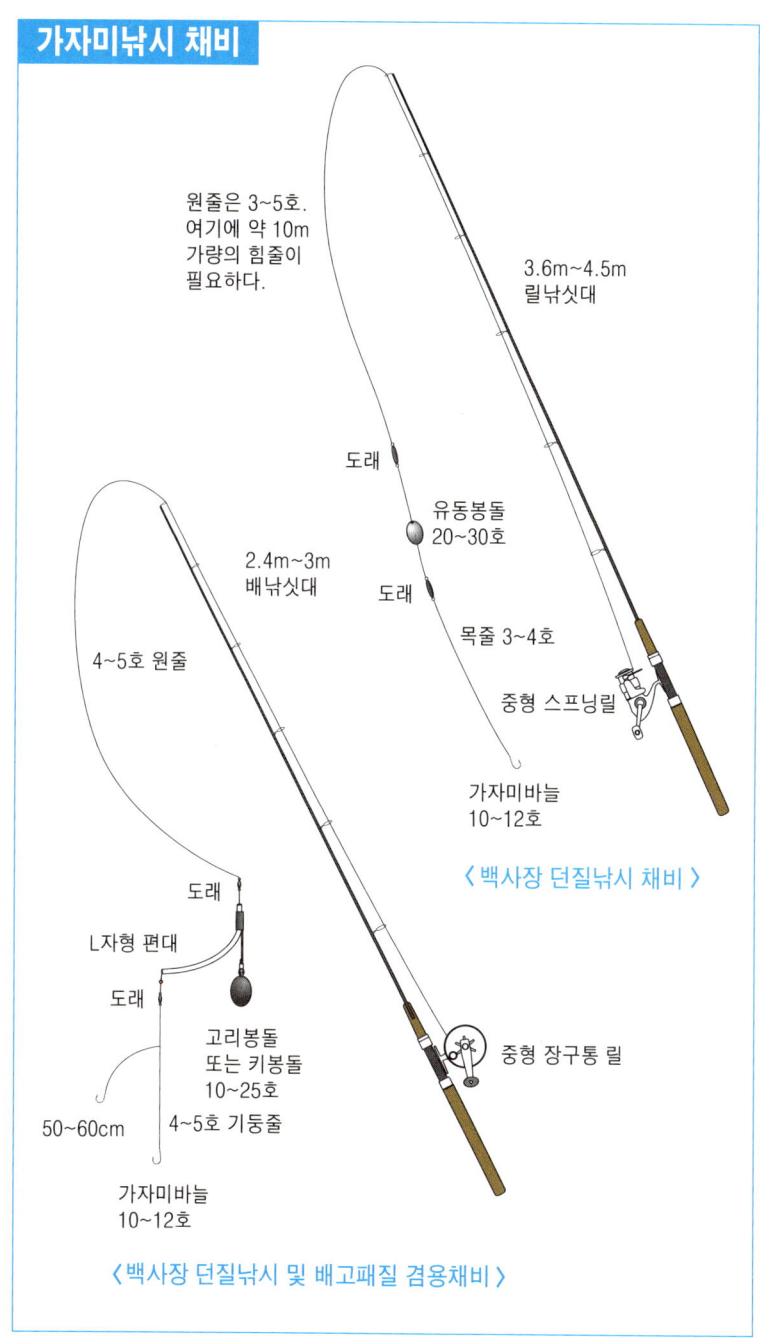

가자미낚시 포인트

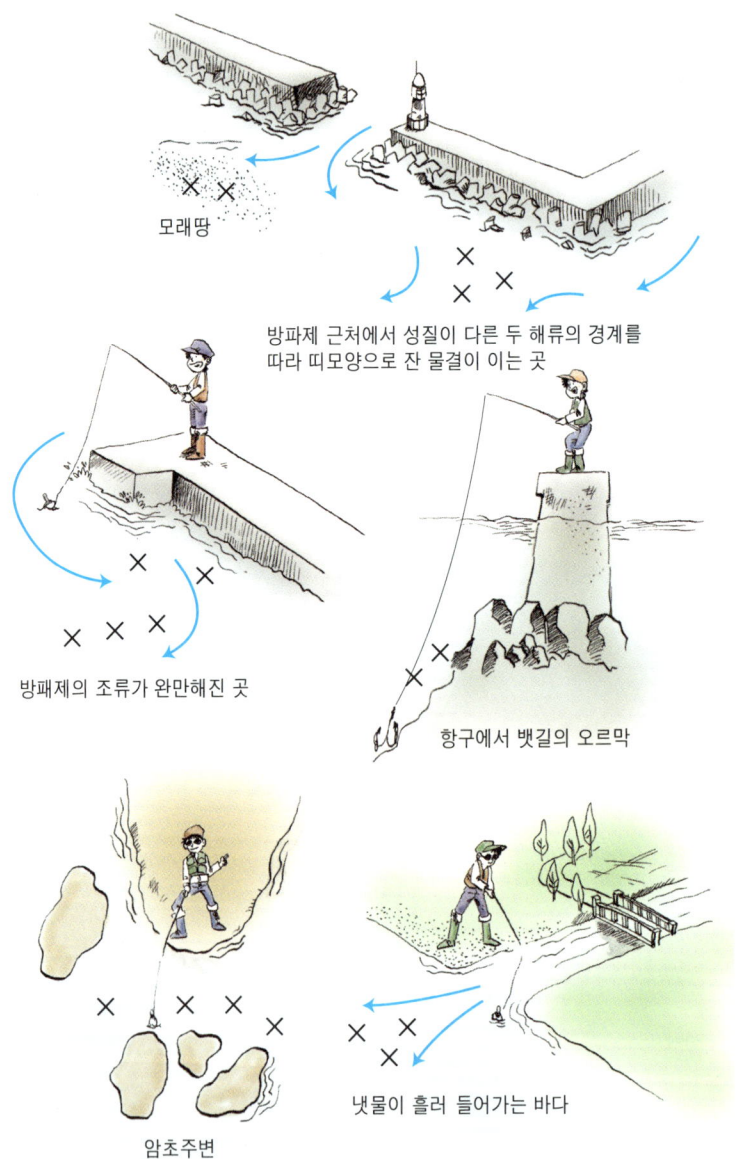

모래땅

방파제 근처에서 성질이 다른 두 해류의 경계를 따라 띠모양으로 잔 물결이 이는 곳

방패제의 조류가 완만해진 곳

항구에서 뱃길의 오르막

암초주변

냇물이 흘러 들어가는 바다

※ 포인트는 주로 모래바닥에 형성되는데 산란기엔 내만 가까이로 몰려들기도 해 백사장 원투낚시로 쉽게 낚을 수 있다.

가자미 낚는법

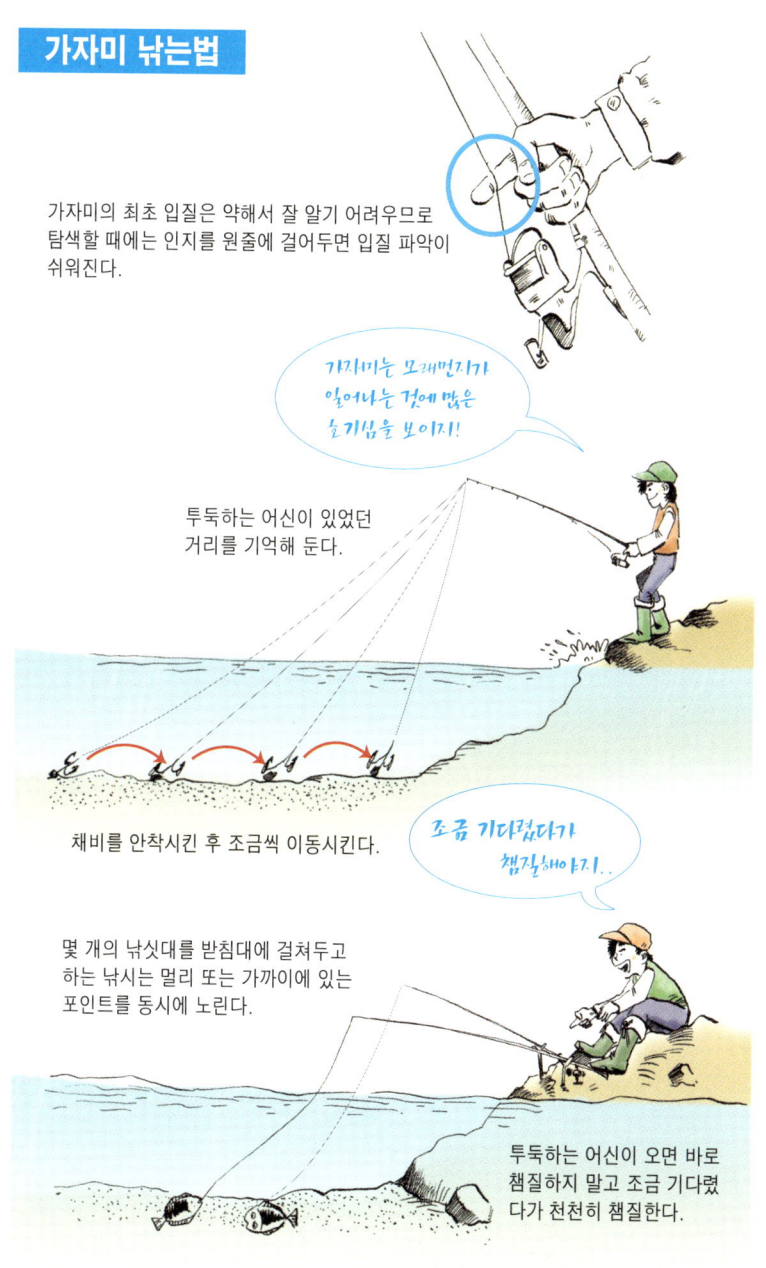

가자미의 최초 입질은 약해서 잘 알기 어려우므로 탐색할 때에는 인지를 원줄에 걸어두면 입질 파악이 쉬워진다.

가자미는 모래먼지가 일어나는 것에 많은 호기심을 보이지!

투둑하는 어신이 있었던 거리를 기억해 둔다.

채비를 안착시킨 후 조금씩 이동시킨다.

조금 기다렸다가 챔질해야지..

몇 개의 낚싯대를 받침대에 걸쳐두고 하는 낚시는 멀리 또는 가까이에 있는 포인트를 동시에 노린다.

투둑하는 어신이 오면 바로 챔질하지 말고 조금 기다렸다가 천천히 챔질한다.

가자미배낚시 채비

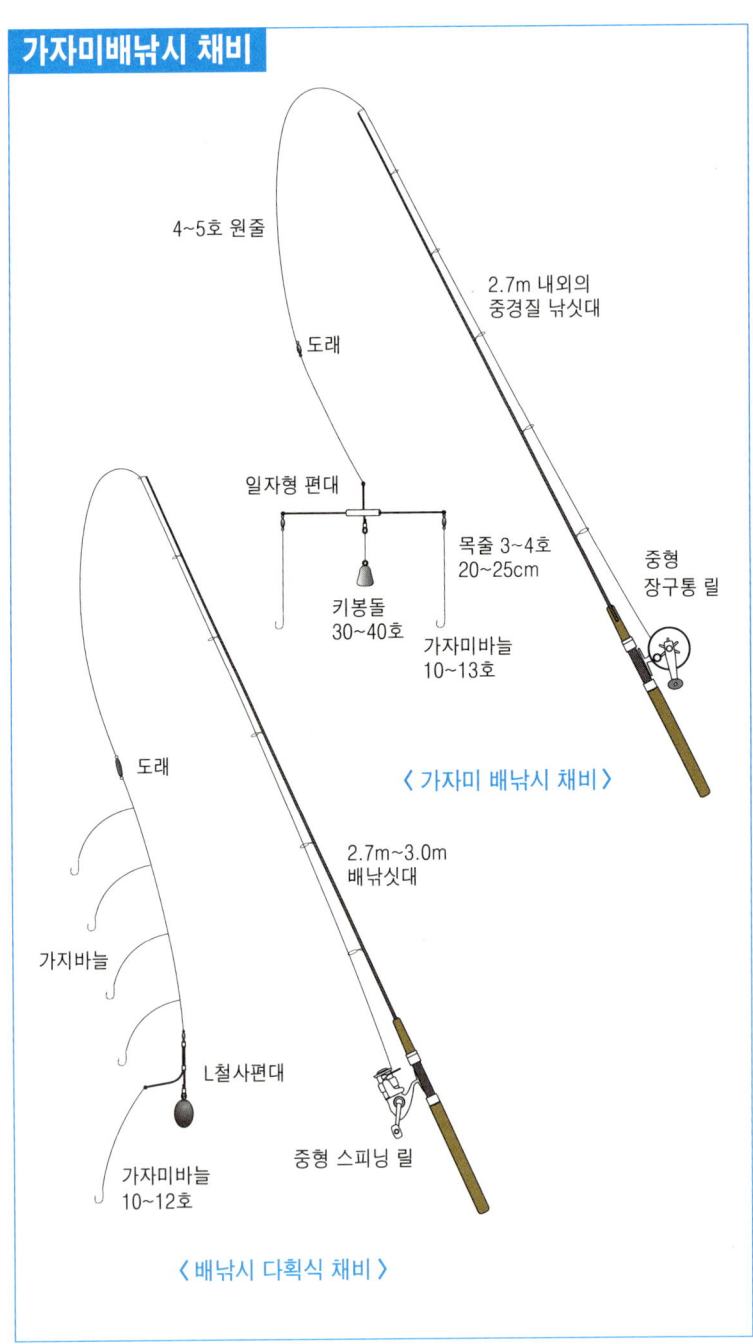

〈 가자미 배낚시 채비 〉

〈 배낚시 다획식 채비 〉

바다의 은빛보석! 갈치

SEA-FISHING TECHNIC

갈 치

농어목 갈치과(학명은 Trichiurus lepturus)
영어명은 커틀래스 피시(Cutlass fish)이며 일본어로는 '다찌우오'인데, 큰 칼을 의미하는 다치(太刀)와 물고기라는 뜻의 우오(うお)를 합쳐서 만든 말이다.

성어기는 여름부터 추석까지

갈치는 몸이 무척 길고 몸체는 얄팍해서 마치 긴 허리띠처럼 생겼다. 몸에는 비늘이 없으며 은빛 광택이 나는 가루 같은 것이 덮여 있다. 이것은 인조 진주를 만드는 데 쓰이는 은가루로도 이용된다. 배지느러미와 꼬리지느러미가 없고 대신에 등지느러미가 발달해서 머리 뒤쪽에서 꼬리 부근까지 한 줄로 뻗어 있다. 갈치의 구개골에는 억센 이빨이 있으며 특히 양 턱의 앞쪽에 있는 송곳니 끝은 갈고리처럼 날카롭다.
우리나라 모든 연해에서 잡히지만 특히 서남해안이 주산지가 되고 있다.

비교적 원해성(遠海性), 난해성(暖海性) 어류인 갈치는 보통 해안 가까이 회유하는데, 하루 중에 낮에는 바다 밑에 있다 밤이 되면 떠올라 먹이를 잡아먹는다. 이 물고기는 수평으로 유영하지 않고 아래위로 상하 이동을 하는 점이 특이하다.

갈치의 산란기는 5~8월인데 우리나라 서해안과 남해안 일부지역 등이 산란장이다. 갈치의 서식수온은 7~25℃인데, 그중에서도 갈치가 살기에 가장 좋은 적수온은 18~20℃ 정도이다.

갈치 찌낚시

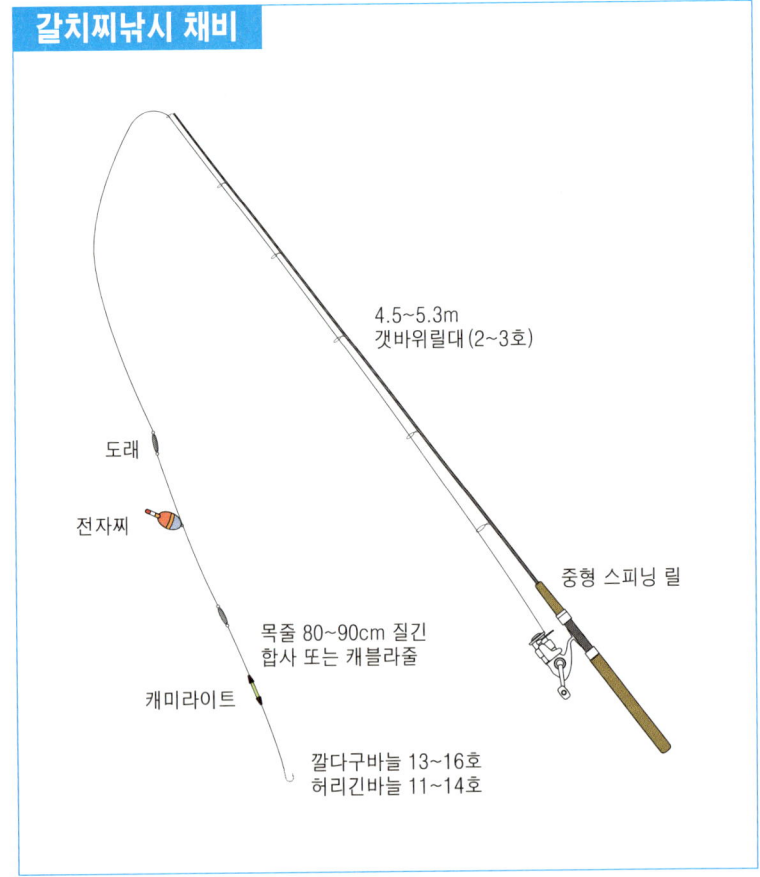

갈치찌낚시 채비

갈치낚시는 불과 몇 시간 동안에 몇 십 마리를 낚을 수 있어서 실익도 겸해 여름철 낚시로 해볼 만하다.

갈치는 야행성이 강해서 밤낚시 위주로 행해지며 미끼는 전갱이, 고등어살, 갈치살, 빙어, 미꾸라지, 루어 등으로 낚는다.

갈치낚시는 7월이면 서서히 시작되는데 특히 8~10월은 갈치낚시의 최고 시즌이다. 제주도를 포함해서 목포 인근의 서남해 일원에서 한여름철 이후 갯바위나 방파제에서 밤낚시로 이루어지기도 하고, 밤 배낚시에서 마리수 재미를 보기도 한다.

갈치낚시의 채비를 살펴보면 중형 스피닝 릴과 릴대에 5~6호 원줄을 사용한다. 바늘은 허리긴바늘 10~13호를 쓰며, 갈치는 이빨이 날카롭기 때문에 15~20cm 길이의 와이어줄로 묶은 바늘을 도래로 연결하여 쓰는데, 바다용 케미라이트찌를 고정찌로 달아 사용하면 갈치의 호기심을 자극하여 집어효과가 배가된다. 주로 초들물부터 만조 때까지의 들물시간이 찬스이며 해질녘의 초들물 시간대는 더욱 좋다.

채비를 멀리 던진 다음 천천히 감아들이면서 입질을 기다리는데 처음에 입질이 와서 미끼를 톡톡 건드릴 때 챔질을 하게 되면 거의 대부분 헛챔질로 끝나게 되며, 톡톡 건드리다가 완전히 끌고 들어갈 때까지 기다렸다가 챔질을 하는게 요령이다.

갈치는 일단 입질을 하면 거칠게

야광윔을 단 루어(물결채비)를 물고나온 갈치

찌를 물고 들어가는 경향이 있다. 갈치는 이빨이 날카롭기 때문에 바늘에서 뺄때 주의해야 하며, 롱노우즈나 바늘빼기를 이용해서 빼야한다.

갈치 배낚시

밤낚시를 하는 경우, 집어등을 켜놓으면 갈치들이 불빛이 있는 쪽으로 모여든다. 배낚시의 경우에도 집어등을 켜놓아야 조과가 좋으며 알맞은 지역을 아래층부터 탐색해서 잘 낚이는 층을 노리는데, 미끼로는 갈치살 및 고등어살, 미꾸라지, 빙어 등을 쓴다.

낚싯대는 통상적으로 2.4~3.7m 정도의 연질 낚싯대를 사용하는데 갈치의 입질을 쉽게 파악하기 위해서이다.

릴은 깊은 수심을 노릴 때에는 중·대형 장구통 릴을 쓰지만, 일반적인 연근해 배낚시에서는 2500~3000번 정도의 스피닝 릴에 원줄은 4~6호 정도를 쓰면 된다.

루어로는 야광용 스푼루어나 야광웜에 트레블 훅을 단 갈치전용채비도 시중에서 구해 쓸 수 있지만, 중요한 것은 갈치는 물 속에서 수면을 보고 수직으로 선 상태로 밑에서 윗방향으로 먹이활동을 하므로 지그헤드를

갈치는 주로 밤낚시로 이루어지는데 바늘을 물고 나온 갈치가 불빛에 반짝일때의 모습은 왜 '바다의 보석' 이 라 불리우는지를 알게끔 해준다.

사용한 루어낚시에서는 바늘이 밑으로 향해 있어야 훅킹이 될 확률이 높아지게 되며, 조과를 높일 수 있다.

갈치배낚시 채비

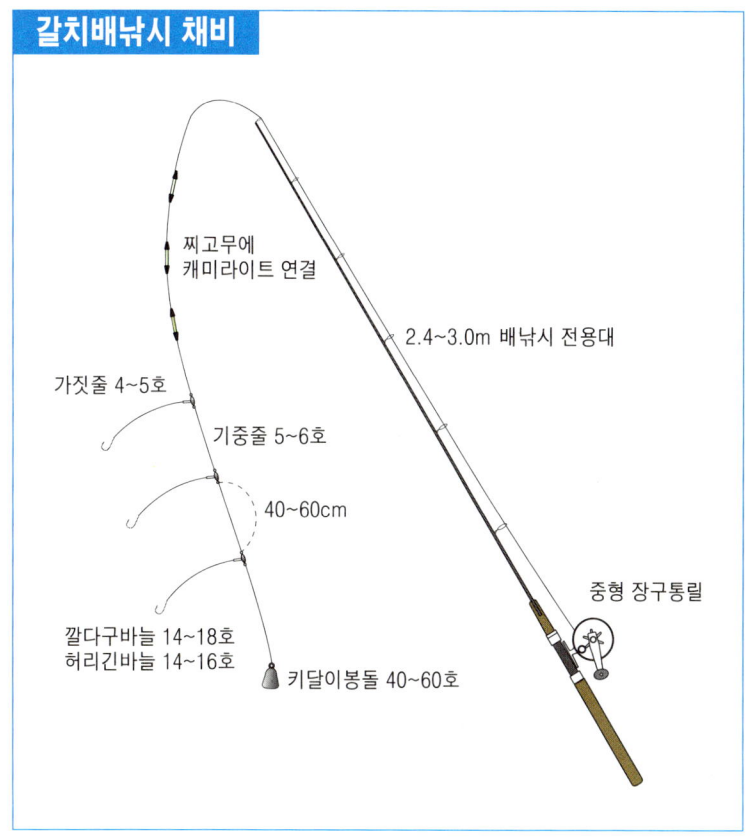

03 SEA-FISHING TECHNIC
바다낚시의 최고봉, 감성돔

감성돔
농어목 도미과 감성돔속(학명 Acanthopagrus schlegeli)
영어로는 블랙 브림(Black bream), 일본에서는 '구로다이'라 하는데, 『자산어보』에는 흑어(黑魚)로 기록 돼 있다.

갯바위낚시의 대표적인 어종

감성돔은 다른 이름으로 먹돔이라고도 불리는 감성돔속에 딸린 바닷물고기로서 낚시인들의 사랑을 받고 있는 갯바위낚시의 대표적인 어종이다.
우리나라에서는 중부 이남의 동·서·남해에 널리 분포하는 근해 어종으로서 기수(汽水)역에도 살고 있다. 기수란 하구나 바다 근처에 있는 호수와 같이 바닷물과 민물이 혼합해서 소금기가 적은 물을 말한다.
감성돔은 몸길이가 40cm 안팎으로서 몸은 타원형이며 입은 뾰족하고 아가미 뚜껑에는 작은 톱니가 있으며 등 쪽은 솟아 있다.

감성돔은 처음엔 숫놈이었다가 자라면서 암놈이 되는 웅성선숙(雄性先熟)의 물고기이다. 감성돔은 만의 안쪽이나 뭍에 가까운 암초대에 정착해 있는 무리도 있지만 대체로 회유하는 성질을 지니고 있다. 감성돔이 돌아다니는 경로를 살펴보면 봄철에는 얕으며 울퉁불퉁하고 김, 갯지렁이 등 먹이가 풍부한 암초대, 또는 암초대 부근에 산란하기 알맞은 곳에 옮겨와서 4~6월 경에 산란을 마친다. 산란을 마친 돔은 몸이 여위며 맛도 떨어진다.

늦가을이 되면 수온이 떨어지는 겨울철에 대비해서 얕은 암초대를 이리저리 누비면서 왕성한 식욕으로 스태미너를 비축한다.

봄철에 남해의 먼 섬에서 산란을 위해 내만이나 연안 가까이의 얕은 곳으로 올라오는 감성돔을 '오름감성돔'이라하며, 9월 이후 내만이나 연안으로부터 남해의 수심깊은 지대나 섬 낚시터 주변의 수온이 높은 곳으로 멀리 빠져나가는 놈들을 '내림감성돔'이라고 한다.

감성돔은 시력이 좋아서 경계심도 매우 강하며, '그물을 만나면 뒤걸음질 한다'고 알려져 있을만큼 시력이 뛰어나고 후각도 발달돼 있으므로 될 수 있으면 목줄을 가늘게 쓰는것이 감성돔의 경계심을 늦출 수 있는 방법이다.

감성돔은 경계심이 강하고 예민한 성질을 가지고 있기 때문에 가급적 가벼운 채비로 공략하는 것이 유리하다.

아울러 낚시미끼를 꿸 때에도 바늘끝이 밖으로 나오지 않게 꿴다는 것도 알아둬야 할 점이다.

포인트에서는 조용히 해야 하며 아침·저녁이 가장 좋은 찬스이다.

찌가 물에 착수할 때의 소음을 최소화 하기위해 찌도 필요 이상으로 큰 것은 삼가해야 한다.

감성돔은 악식가로서 무엇이든 잘 먹으며, 게나 조개 등도 튼튼한 이빨로 부숴 먹는다. 바다 밑바닥의 돌이나 암초 또는 갯바위벽 가까이에서 유영하며 만조시에는 특히 갯바위나 해안 가까이 나타나 먹이를 취하다가 썰물 때는 깊은 곳으로 들어간다. 밤에는 특히 얕은 곳으로 나오는데, 식성은 잡식성이어서 게, 새우, 곤충류 등은 물론 어육(魚肉)이나 내장, 번데기나 김, 파래와 같은 각종 해조류 등 식물성 미끼까지 광범위하게 섭취한다.

감성돔 갯바위낚시

갯바위에서의 감성돔낚시는 9~10월 이후부터 이듬해 2월 경까지 가장 활발하게 이루어지는데, 낚시인구의 증가로 연중 갯바위낚시가 행해지고 있다고 할 정도가 되었다.

감성돔은 경계심이 강하고 예민하기 때문에 항상 정숙을 유지해야 하며, 밤에는 불빛이나 소음 등이 생기지 않도록 해야한다.

감성돔낚시 포인트 – 감성돔은 해조류가 많고 조류가 잘 통하는 곳을 좋아하므로, 바윗돌이나 암초대, 수중여, 직벽밑 등에 주로 서식한다. 이런 지형적 조건을 갖추고 있는 곳으로서 다양한 종류의 패류가 있으며, 감성돔이 은신하기 좋은 조건을 갖추고 있다면 더욱 좋은 포인트가 된다.

조류가 부딪혔다가 약해지는 장애물 지대로서 수심은 3~8m 전후에 포인트가 형성되는데, 조류가 장애물에 부딪혀 살짝 약해지거나 약해진 조류의 일부가 지류로 갈라져 나가는 곳, 그리고 그 지류가 반류로 반전하여 별도의 반류대를 형성하는 곳, 반류, 지류와 주류의 경계지역인 조목에 포인트가 형성된다고 보면 틀림없다.

감성돔은 봄 산란기에는 2~3m의 얕은 곳까지도 나온다.

감성돔낚시 포인트

산란기 감성돔 포인트는 내만의 수심이 얕은 지역으로 회유하며 해초가 있거나 모래가 섞인 바닥 등, 수심이 다소 얕은 곳을 찾아야 한다.

직벽이나 급경사면의 갯바위벽 근처도 감성돔의 포인트가 되는데, 흔히 직벽낚시 또는 벽치기낚시가 이런 포인트에서 이루어진다.

감성돔낚시 주변조건 – 감성돔낚시는 수온과 물색깔, 햇빛 및 바람과 파도 등의 날씨여건에 따라 포인트는 변하게 된다. 파도가 적당하고 조류 또한 완만한 보통의 조건이라면 3~5m 안팎의 수심에 포인트가 형성되지만, 파도와 바람이 셀 때에는 좌우로 파도와 바람막이가 되어주는 후미진 지역이 포인트가 되는데, 감성돔은 파도가 적고 조용한 곳을 좋아하기 때문이다.

감성돔낚시에 있어 수온은 절대적인 요소 중의 하나이다.

수온이 내려가면 감성돔도 수심깊이 내려가는데, 수온이 오르는 봄철의 포인트보다 수온이 내려가는 늦가을의 포인트가 깊은 곳에 형성되는 것도 마찬가지 이치이다. 특히 한겨울 수온이 낮아지면 6~7m 이상 수심으로 감성돔이 내려가는데, 연중 해수온이 가장 낮은 3월, 이른바 영등감성돔 낚시철에는 갯바위에서 먼 거리, 깊은 골바닥 암초대에 포인트가 형성되는 것도 수온에 따른 결과이다.

물고기는 조류를 거슬러 조류의 기점 방향으로 향하면서 먹이를 취하는 향류성(向流性)이 있으므로 조류가 흐르면서 만들어낸 '조류의 벽'을 찾는 것이 우선이다. 이런 곳에서는 조류에 찌와 채비를 태워 보냄으로써 물고기를 낚는 흘림낚시를 할 수 있으며, 발밑에 채비를 내려 조류에 흘리는 발밑낚시나 원거리 흘림낚시 또는 처넣기낚시 등 여러가지 방법의 낚시를 구사할 수 있다.

어느 어종이든 바다낚시는 대체로 물흐름이 없을 때에는 낚시가 잘 되지 않는데 다소간의 조류가 있어야 물고기의 이동이나 활동이 활발해지며 낚시도 잘 된다. 그것은 대부분의 물고기들이 조류가 있는때를 서로간의 먹이사슬에 의해서 공격하고 먹고 먹히는 섭이활동 시간으로 충분히 활용하는 습관을 가졌기 때문이다.

감성돔 갯바위낚시 장비 및 도구 – 갯바위 릴대는 손잡이에 '호수-낚싯대의 길이'가 표시되어 있는데, 보통 1-450, 1-540, 2-630 등과 같이 표기되어 있다. 여기서 앞자리의 숫자는 낚싯대의 호수를 나타내며 뒤의 숫자는 길이를 의미한다.

감성돔 낚시에 사용되는 릴낚싯대는 보통 0.6호, 0.8호, 1.0호, 1.2호, 1.5호, 2호 정도까지이며, 0.6호나 0.8호대는 초릿대와 휨새가 매우 약하고 낭창하며 2호대는 다소 투박한 느낌을 갖는다.

갯바위용 민장대는 보론, 카본 등 우수한 재질의 낚싯대가 많이 나와 있으며, 길이별로는 4.5m, 5.4m, 6.3m, 7.2m, 8.1m, 9.0m 짜리 등이 시판되고 있으므로 자신에게 맞는 낚싯대를 골라 쓸 수 있다. 맥낚시나 기타 잡어낚시에서도 사용되는 것이 이 민장대이다.

자립구멍찌를 사용하는 릴찌낚시는 원투를 할 경우 부력이 큰 0.5호 이상 3호까지의 찌를 사용하며, 근거리낚시를 할 때에는 0.5호 이하 B부력의 자립찌를 주로 쓴다.

낚싯줄은 3~4호 원줄에 목줄은 1~3호줄을 1~3m 길이로 쓰며, 미끼로는 크릴, 참갯지렁이, 민물새우, 청갯지렁이 외에 잡어의 성화가 심할때는 현지에서 채취한 게를 쓰기도 한다.

겨울철 파도가 1~3m 가량 다소 높게 치는 날에는 백사장에서 원투낚시로 감성돔낚시가 이루어지는데, 이 때는 7~8호 감성돔바늘에 청갯지렁이나 오징어내장 또는 홍합 등을 꿰어 낚시를 한다.

근년에는 감성돔 릴낚시가 자립구멍찌를 사용하는 띄울낚시 위주로 이루어지므로, 기본적인 장비 및 채비는 자립구멍찌낚시 채비와 장비의 범위를 크게 벗어나지 않는다.

기타 준비물로는 릴, 낚싯줄, 목줄, 쿠션고무, 도래, 찌스토퍼, 반달구슬, 찌고정핀, 봉돌, 태클박스, 바늘, 핀온릴, 니퍼, 낚시칼, 갯바위가방, 밑밥바구니, 밑밥혼합봉, 뜰채, 밑밥주걱, 아이스박스, 힙커버, 갯바위신발, 구명조끼, 낚시모자, 장갑, 살림망, 우의, 케미라이트, 랜턴, 집어제 등 준비물을 꼼꼼하게 점검하고 나서야 한다.

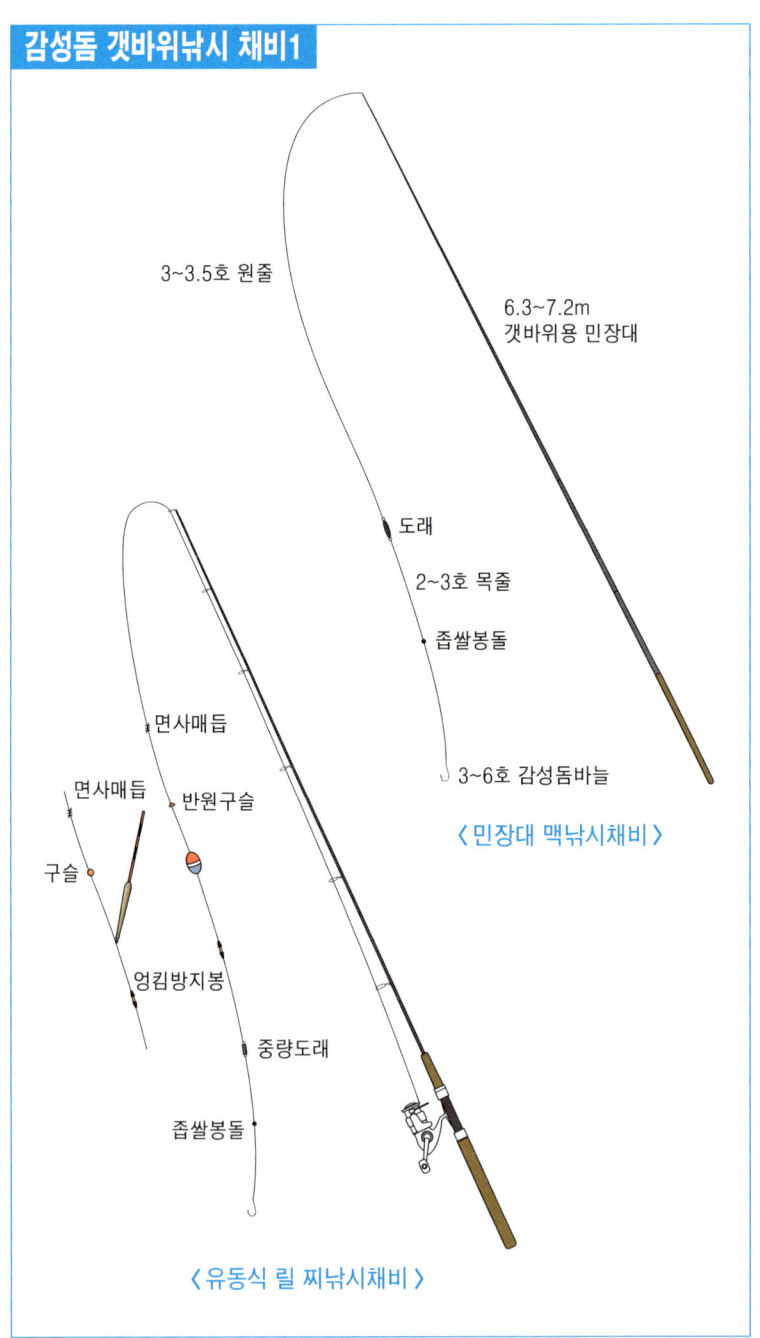

감성돔 갯바위낚시 채비2

〈던질찌 채비〉

〈수중찌 채비〉

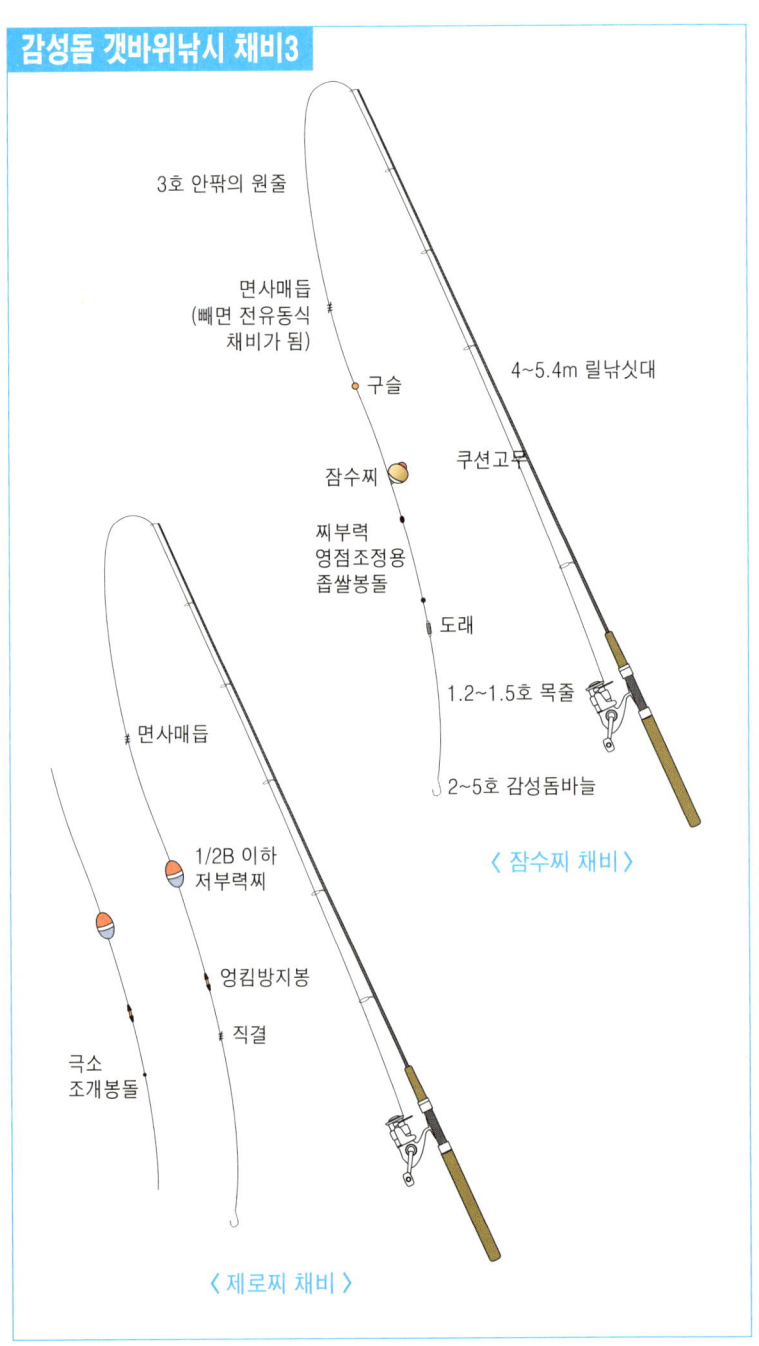

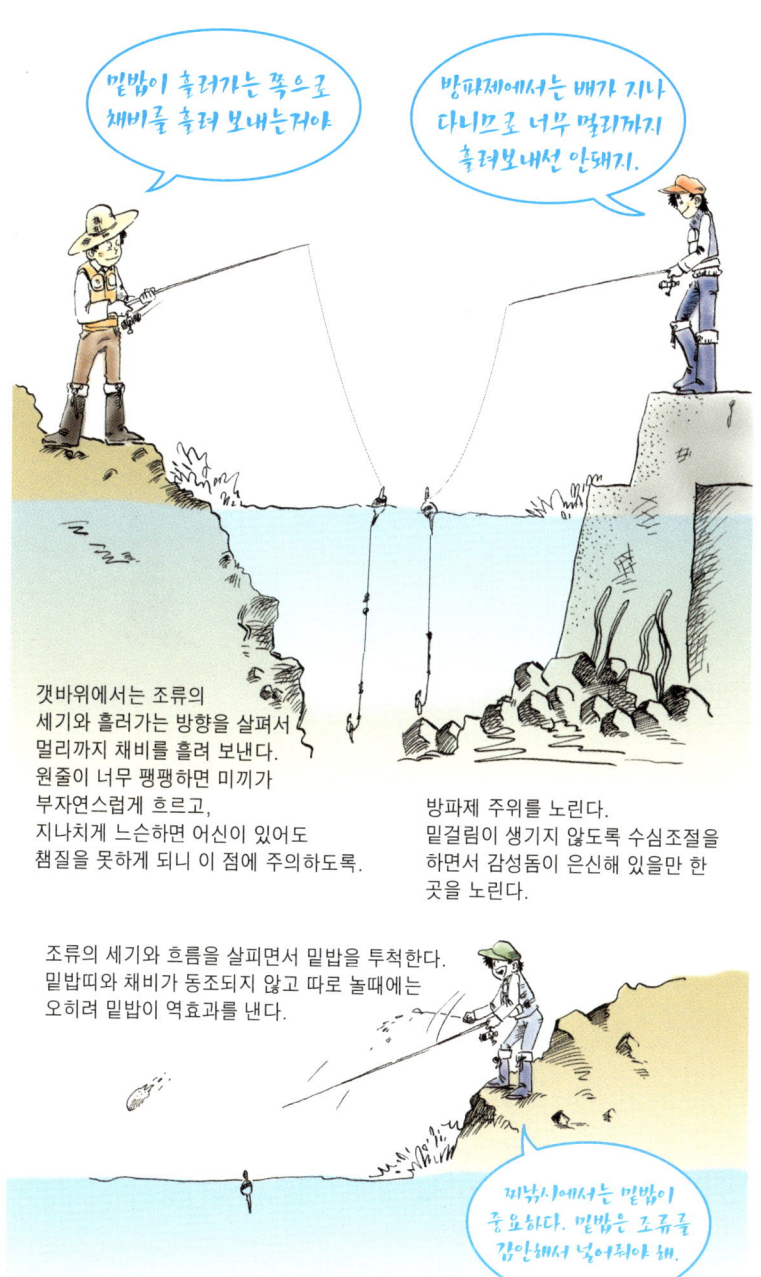

해안에서 던질낚시를 할 때에는?

포인트가 먼 경우에는 던질낚시가 유리하다. 앞바다의 수면 아래에 숨어서 보이지 않는 암초나 하구의 가운데 쯤, 또 항구의 바닥이 경사져서 오르막으로 되어 있는 곳 등을 주로 노리는 것이 좋다.

파도가 일어서 조수가 흐린 때에는 낮에도 낚이지만 보통은 밤낚시를 하는 편이 잘 낚인다. 채비를 던져 놓은 다음에는 줄을 알맞게 팽팽하게 해서 어신을 기다리기만 하는 방법인데, 되도록 장애물 가까이에 미끼를 가져가서 기다리도록 한다.

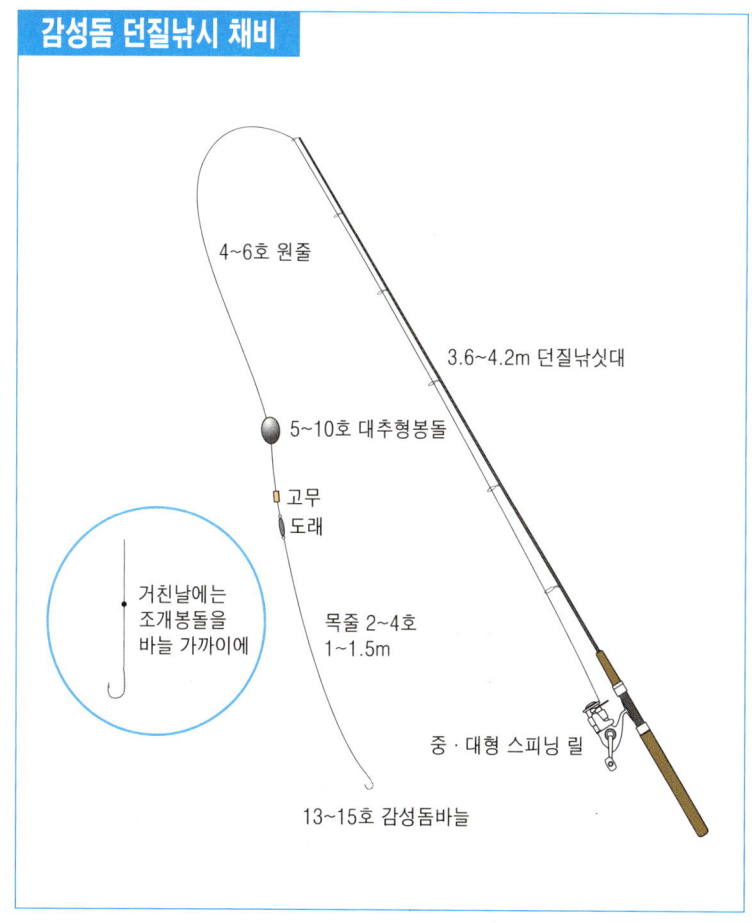

감성돔 던질낚시 채비

- 4~6호 원줄
- 3.6~4.2m 던질낚싯대
- 5~10호 대추형봉돌
- 고무 도래
- 거친날에는 조개봉돌을 바늘 가까이에
- 목줄 2~4호 1~1.5m
- 중·대형 스피닝 릴
- 13~15호 감성돔바늘

- ### 이런 때에는 던질낚시가 유리하다

■ 물가에서 먼 곳까지 얕은 해안에서 포인트가 앞바다의 암초 사이 같은 곳에 있을 때.

■ 낚시하는 곳이 깊고 감성돔이 바닥에 있을 때.

■ 바람과 파도가 세어서 다른 방법으로는 낚시가 어려운 때.

50cm급 감성돔의 모습.
감성돔은 손맛은 물론 회맛이 뛰어나 갯바위꾼들이 가장 좋아하는 대상어 중 하나이다.

SEA-FISHING TECHNIC

손맛, 입맛 모두 만족! 고등어

고등어
농어목 고등어과(Scombridae) 고등어속
『자산어보』에는 벽문어(碧紋魚)로, 그리고 그 속명으로 고등어(皐登魚)라 기록하였다.

낚시 시즌은 봄에서 가을

고등어는 우리가 흔히 볼 수 있는 어종으로서 몸은 방추형이고 몸길이는 약 30~40cm이다. 등에는 검푸른 반점이 있으며 입은 의외로 크다.
우리나라의 동서남 모든 연해에 분포하는데 동해의 방어진, 구룡포, 서해의 흑산도, 남해의 제주도 연안 등이 고등어 잡이의 주요 어장이다.
산란기는 거의 2~8월 무렵이며 남쪽으로 갈수록 빨라진다. 그러므로 낚시 시즌도 봄에서 가을까지가 일반적이다. 이 무렵이 되면 중·표층에 떠올라서 낚시하기에 좋다. 해수온이 10~22℃의 따뜻한 바다를 좋아하는 난류성 회유어로서 2~3월이면 제주도 연안에 나타나서 차츰 북상하여 동해안 및 남해안에서 여름을 지내고 늦가을 찬바람이 불기 시작하면 남하하기 시작, 겨울철에는 제주도 이남에서 월동한다.

물이 맑고 플랑크톤 등 먹이가 풍부한 곳이 낚시터로 제격이다. 하지만 밤낚시는 해안보다 방파제나 호안 주위 등이 더 잘 낚인다. 떼를 지어 헤엄쳐 다니기 때문에 한 마리가 잡히면 나머지도 재빠르게 잡아내는 속전속결의 낚시를 해야 한다.

고등어 갯바위낚시

9~10월 동해안의 방파제를 비롯, 남해안의 갯바위에서 많은 마리수로 낚을 수 있다.

고등어는 떼를 지어 살아가며 새우나 갑각류 또는 멸치류 등을 먹고 살며, 중상층을 떠다니면서 전갱이떼와 섞여서 놀기 때문에 한번 낚이기 시작하면 삽시간에 많은 마리수로 낚는 재미가 쏠쏠하다.

장비와 채비 – 감성돔낚싯대를 그대로 사용하면 된다. 1~1.5호대 정도의 연질 릴대에 자립구멍찌는 반유동식 또는 고정찌로 사용하면 되는데, 속전속결식 낚시를 할 생각이면 2.5~3칸의 민장대에 3호 낚싯줄, 목줄은 2호를 쓰면 무난하다. 민물낚시 채비를 그대로 써도 되며, 찌만큼은 길지 않고 부력이 작은것이면 좋다. 낚싯바늘 또한 크지 않은 것이라야 한층 조과를 높일 수 있다.

바늘은 감성돔바늘 1~2호 크기 정도면 적당하고, 미끼는 크릴이나 갯지렁이 외에 오징어살, 새우 등을 쓰는데

고등어는 가을철 동남해안 갯바위 및 방파제에서 마리수로 낚을 수 있다.

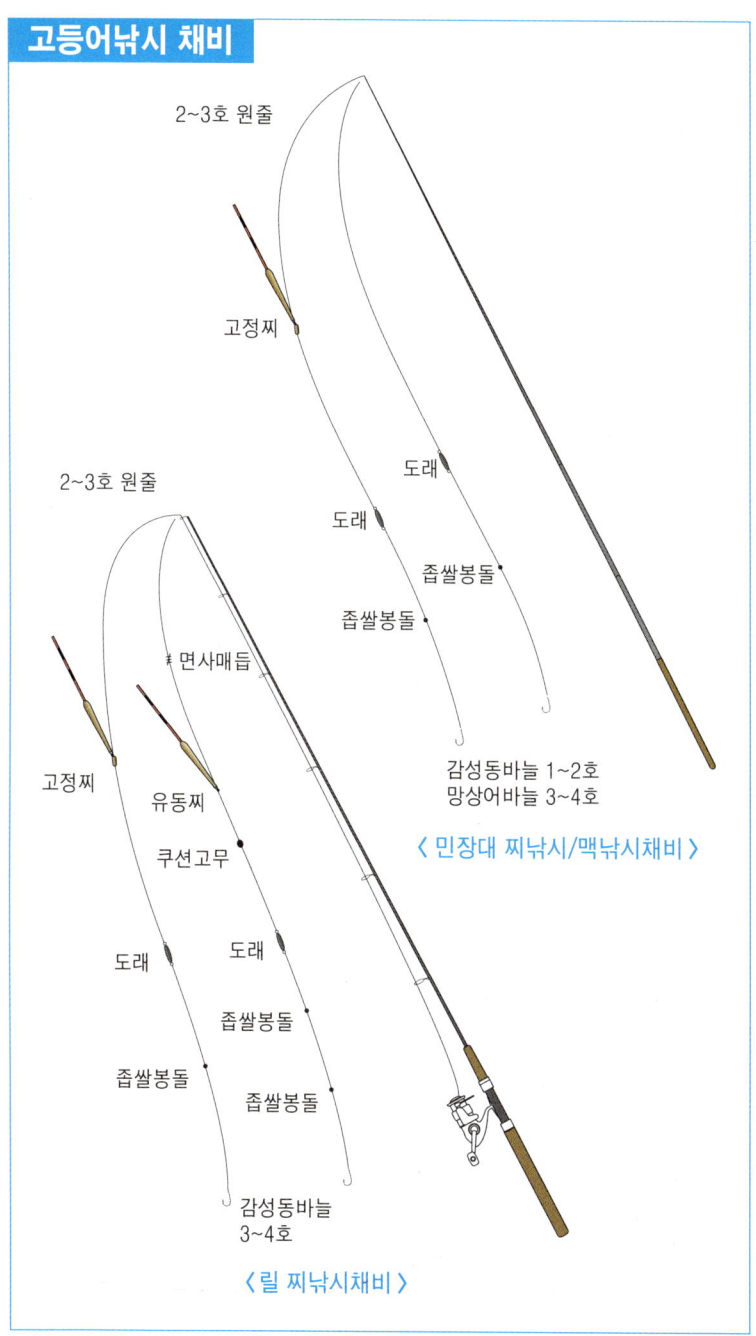

전갱이, 고등어의 제살미끼도 곧잘 물어준다.
고등어는 루어낚시로도 낚을 수 있는데, 7~8피트 스피닝릴대에 10~12파운드 줄을 갖춘 다음, 스푼루어나 플러그 계열의 미끼를 쓰기도 하고, 마릿수 조과를 올리기 위해서 카드채비도 많이 쓰인다.

고등어는 한순간 폭발적인 입질을 보이다 어느순간 입질이 끊어지는 현상을 보이는데 낚시중에 크릴 밑밥을 가끔씩 던져주어 고등어떼가 쉬 흩어지지 않도록 하는것이 한 요령이다.

고등어 선상낚시

고등어 선상낚시에서는 크릴 등을 미끼로 써도 되지만, 속전속결로 한꺼번에 많은 조과를 올릴 수 있는 카드채비를 많이 사용한다.

카드채비는 바늘끝에 비닐 같은 것이 달려있는데 물속에서 고등어가 새우 등으로 착각하고 바늘을 물게 되는 것이다.

고등어는 떼로 몰려 다니는 어종이라 물속에 먹이가 보이면 가리지 않고 덤벼들어 먹이 경쟁을 벌이게 되는데, 이럴때 바늘이 여러개 달린 카드채비의 위력이 발휘된다. 카드채비 낚시

방법은 한쪽은 도래를 연결한 원줄에 묶고, 다른 한쪽은 봉돌(약 10호정도)을 달아서 물속에 넣고 천천히 아래위로 흔들어주는 방식으로 낚시를 하는데, 수심은 표층권으로 1~3m정도 넣어주면 되나 조금 씨알이 큰 녀석들은 조금더 깊이 넣어주어야 나오는 경우가 많다. 하지만 채비가 너무 깊이 들어가면 입질이 없어지니 고등어가 입질하는 유영층을 잘 파악해야 한다.

SEA-FISHING TECHNIC

손맛보다 입맛! 주꾸미

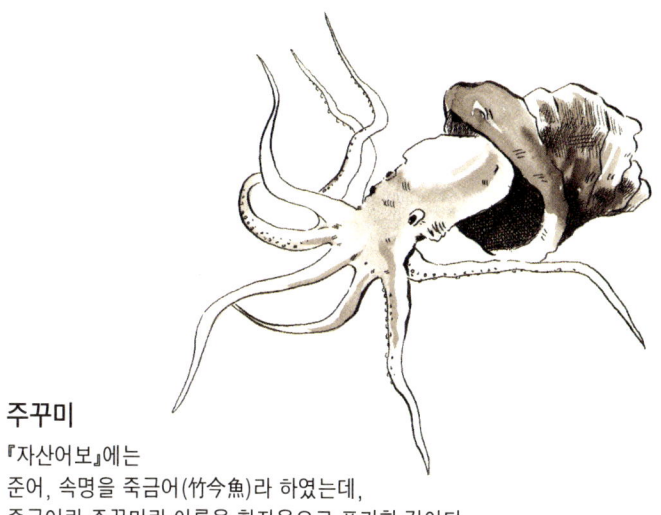

주꾸미
『자산어보』에는
준어, 속명을 죽금어(竹今魚)라 하였는데,
죽금어란 주꾸미란 이름을 한자음으로 표기한 것이다.

인기가 높은 주꾸미 낚시

주꾸미는 문어과 두족류, 팔완류이므로 엄밀하게 말하자면 물고기가 아닌 연체동물이다.
우리나라에서는 서해에 많이 살고 있으며 몸길이가 다리 끝까지 20cm 정도이고 낚기가 쉬워 특히 초보자에게 인기가 높다.
몸에 둥근 혹모양의 돌기가 촘촘하며 8개의 다리에는 2줄의 흡반이 있다.
몸 빛깔은 변화하는 보호색이며, 12월부터 이듬해 3월에 걸쳐 몸통 속에 밥알 모양의 많은 알을 지니고 있다.

가을철이 되면 서해안, 특히 인천을 중심으로 하여 경기만 일원의 배낚시에서 누구나 쉽게 낚을 수 있는 어종으로, 뻘과 모래가 적당히 섞인 사니질대에 산다.
주로 야행성이며 작은 물고기나 새우 등을 먹고 산다.

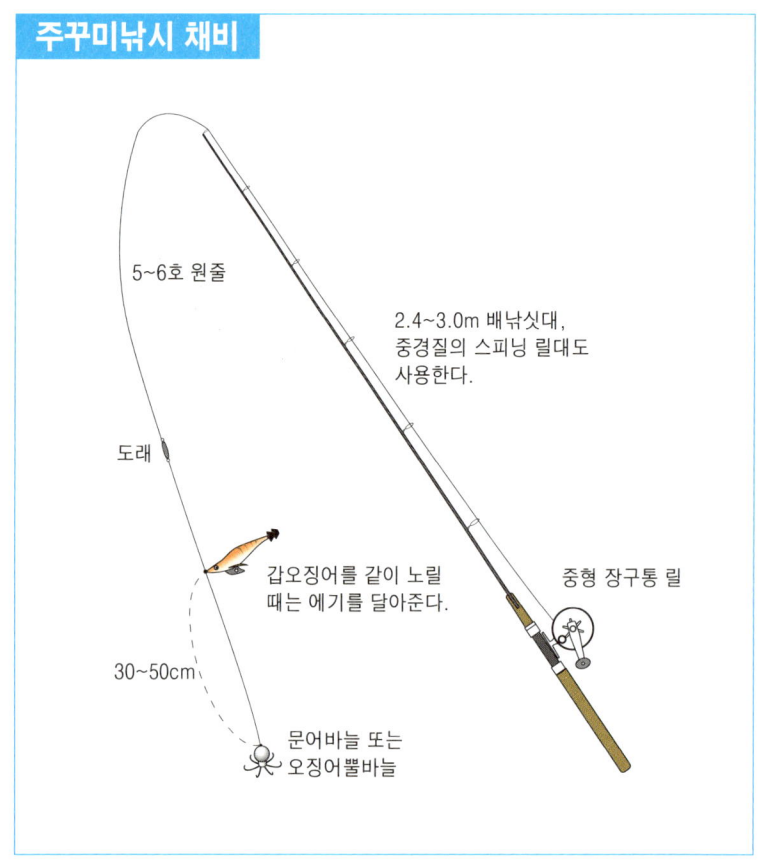

낚시철은 9월 중순 이후부터

주꾸미의 산란기는 5~6월 정도이며 이때는 산란을 위해 뻘에서 서식하기 때문에 소라껍데기를 이용한 통발로 수확될 뿐 낚시로는 좀처럼 잡기가 힘들다.

여름이 끝나고 10월경부터 시작되어 고장에 따라서는 1월 무렵까지도 낚이지만 성어기는 10~11월이다.

포인트는 바닥이 울퉁불퉁한 비교적 얕은 사니질대이며, 또 조류가 빠른날 보다 조금 전후가 낚시의 찬스다.

주로 서해안권에서 이루어지는 주꾸미낚시는 가을철 망둥이낚시에 겸해서 낚시를 많이 하게 되는데, 우럭 배낚시용 채비에다가 오징어바늘을 달아 고패질해서 낚는다.

미끼는 일반 청갯지렁이를 많이 쓰나, 요즘은 오징어낚시 전용의 갈고리 바늘(쭈꾸미 볼)로 많이들 낚시를 한다.

서해안에서는 배낚시로 주꾸미를 많이 낚을 수 있는데, 오징어뽈바늘을 달고 채비를 지긋이 들어오렸다가 내리는 동작을 반복하다 보면 무언가 묵직한 느낌이 온다. 이때가 바로 주꾸미가 뽈바늘에 올라탄 순간이므로 살짝 챔질하여 감아들인다.

또한 서해안에서 많이 잡히는 갑오징어를 주꾸미 낚시와 병행할 수 있는데, 오징어뽈바늘 위 30~50cm 정도에다 오징어 에기를 달아서 낚시를 하면 갑오징어도 곧잘 잡힌다.

06 SEA-FISHING TECHNIC
회맛이 일품! 넙치(광어)

넙치(광어)
가자미목 넙치과
영어명은 '왼쪽눈의 가자미'란 뜻으로 레프트아이 플런더(Lefteye flounder)이며, 한자명은 화제어(華臍魚) 또는 비목어(比目魚)이다.

넙치(광어)의 두 눈은 왼쪽에

몸은 납작하고 등은 갈색 계통의 보호색을 띠고 있으며 바닥에 닿는 배 쪽은 흰색이다. 입이 크고 날카로운 이를 지니고 있다.

가자미는 눈이 오른쪽에 있는데 비해 넙치는 두 눈이 왼쪽으로 쏠려 있다. 우리나라의 모든 연해 및 일본, 중국에 분포하고 있는 넙치는 주로 수심 30~100m 이상의 연안 사니질 지대에 산다.

여름철에는 얕은 곳으로 나왔다가 겨울이 되면 100m 이상의 깊은 곳으로 이동해 간다.

입은 가자미류에 비해 매우 큰 편이며 양턱에 한줄로 줄지어 있는 이빨은 송곳니로서 강한데, 바늘에서 고기를 뺄 때 손을 다치지 않도록 주의해야 하며 초보자들이 광어를 잡았을 때 어찌할바를 몰라 하다가 날카로운 이빨에 목줄이 터진다든지 해서 어렵게 잡은 고기를 놓치는 실수를 종종 범하곤 한다.

등지느러미 줄기는 68~84개이며 1m 이상 자라는 대형어종인데, 40cm 가량 자라면 비로소 성어가 되며 봄이 되면 산란하기 위해 연안 가까이 다가온다.

산란기는 2~6월이며, 30~40m의 얕은 곳에 부유성 알을 낳는데, 산란수온은 11~17℃로서 잔자갈이나 모래가 섞인 진흙바닥에 산란한다.

멸치, 까나리, 고등어나 전갱이 새끼, 보리멸 등을 잡아먹는 육식성 및 어식성 어종으로 루어낚시에도 잘 잡힌다.

4~5월 부터 늦은 가을까지가 시즌

우럭 배낚시나 가자미 배낚시에서 손님고기로 낚이는 고급어종으로서 일반적으로 우럭, 노래미 또는 가자미낚시용 채비로 낚는데, 미꾸라지, 오징어, 참갯지렁이, 청갯지렁이를 미끼로 쓴다.

목줄을 길게 쓰고 미꾸라지는 죽은 것이라도 괜찮으며 모래, 자갈밭이 포인트가 된다. 넓은 모래밭에서도 바닥의 변화가 있는 곳이 좋으며, 일출 전의 이른 아침이 낚시시간대로서는 최고이다.

웜 계열의 루어낚시에도 잘 낚이며, 스푼이나 미노우을 사용하기도 한다. 넙치만을 노리는 넙치 전문의 낚시는 거의 행해지지 않으며, 끌낚시나 루어낚시 또는 멸치, 미꾸라지, 새우 등의 생미끼를 처넣기 식으로 바닥에 내려주는 낚시를 하다가 손님고기로 낚게 되는 경우가 대부분이다. 물론 해변에서의 던질낚시에도 낚이는 때가 있다.

쫄깃한 회와 더불어 값비싼 물고기라는 인식 때문에 상당히 인기가 있는 어종이며, 초들물부터 초썰물까지의 시간대가 찬스이다.

넙치는 대형어로서 바늘에 걸렸을 때 처음에는 둔중하게 끌려오다가 수면

왜 입질이 없는거야?

넙치는 암초나 은폐물에 몸을 숨기고 있다가 작은 물고기가 지나가면 덮친다.
활성도가 좋을때는 중·상층부까지 떠올라서 미끼를 먹기도 하지만 대부분 바닥권에서 입질이 온다.

모래땅에 흩어져 있는 암초 주위

암초의 가장자리

밤이 되면 움직이기 시작해서 활발하게 작은 물고기 등을 잡아먹는다.

낮 동안에는 거의 모래 속에 파묻혀 있다.

가까이에 올라와 심하게 요동을 치는데, 놈이 가까이 오면 뜰채로 신속하게 끄집어 내야한다.
올라와서도 바늘을 빼기 위해 절대로 입 속에 손가락을 넣어서는 안되며, 롱노우즈나 바늘뽑개를 사용해서 바늘을 빼야한다.

난바다에서 배낚시를 할 때에는?

봄에 난바다에서 보리멸을 낚시하고 있을 때 갑자기 강한 어신이 전해지는 일이 있다. 바늘에 걸린 보리멸을 순간적으로 넙치가 습격한 것인데, 보리멸과 넙치는 같은 장소에 있기 때문에 낚시 시즌 중에는 이런 일이 가끔 일어나서

넙치는 1m 이상까지 자라는 대형어종이다.
강한 턱과 날카로운 이빨로 무장한 넙치는 잡은 후에도 조심스럽게 다루어야 한다.

뜻밖의 횡재를 하기도 한다. 하지만 넙치를 전문으로 낚으려면 가지바늘낚시, 흘림낚시, 편대를 사용한 딸꾹낚시 등이 대표적인 낚시법이다.

SEA-FISHING TECHNIC

갯바위의 폭군! 농어

농 어

농어목 농어과 농어속(학명 Lateorabrax japonicus)
영어명은 씨배스(Sea bass)이며, 『자산어보』에는 농어 새끼를 보로어 또는 걸덕어(乞德魚)라 했는데, 걸덕어는 지금의 농어새끼를 이르는 방언인 '깔따구'의 음차로 여겨진다.

여름 갯바위를 달구는 농어

농어과에 딸린 바닷물고기인 농어는 몸길이가 1m쯤 되는 대형어다. 몸은 방추형이며, 입은 크고 아래턱이 조금 튀어나와 있다. 몸 빛깔은 등 쪽이 검푸르고 배 쪽은 은백색. 어릴 때에는 등과 등지느러미에 검은 갈색의 작은 점이 많이 보인다. 또 이때에는 '깔따구'로 일컬어지다가 자라나면 농어로 불린다.

우리나라에서는 서해 중남부와 남해 일원에 서식하고 있는데 주로 서해안에서 농어낚시가 이루어지고 있다.

5월이면 낚시 시즌에 들어가며 6~10월을 본격적인 낚시시즌으로 한다. 산란기는 수온이 찬 11~4월의 겨울에 하는데, 바닥의 암초대에 산란을 하며, 치어는 곤쟁이나 새우 등을 잡아 먹는다.

농어를 낚아보자

농어는 연안의 조수가 드나드는 곳을 헤엄쳐 다니며 바닷물과 민물 양쪽에서 생활할 수 있다.

40cm 쯤 되는 작은 농어는 5~6월에 방파제나 연안의 갯바위에서 낚인다. 7~8월에는 수심이 깊은 곳에서 낚이며 9~11월에는 서해의 일부지역에서 60~80cm 급의 대형어도 낚인다.

농어는 낮 동안보다도 밤 또는 아침·저녁시간에 잘 낚이는 물고기다.

또 파도가 거칠어지는 전후도 찬스로서 파도가 잔잔한 때보다 다소 거친 때가 농어낚시에는 알맞다. 조수가 많이 움직이는 사리전후도 농어를 낚는 데 좋은 조건이 된다.

여름 갯바위 루어낚시의 대표어종이라 할 수 있는 농어.
사이즈만큼이나 호쾌한 손맛으로 많은 매니아들을 불러 모으고 있다.

농어는 방파제나 갯바위 등에서 찌울낚시, 던질낚시, 맥낚시, 처넣기낚시 루어낚시 등의 방법으로 낚을 수 있다.

릴 찌낚시의 경우 원줄은 대형급이 낚일 경우를 감안해 7호 이상 10호까지도 사용하며, 농어는 중층어이기 때문에 채비를 그에 맞춰 띄워준다.

밤낚시가 좋으며 찌밑 수심을 2m 이내로 주어 전자찌 또는 케미라이트 찌를 사용한다.

근년에는 루어낚시 인구의 증가로 농어 루어낚시를 전문으로 하는 꾼들도 많이 늘었는데, 민물과 바닷물이 만나는 기수역으로서 하구나 갯바위 또는 자갈밭으로 이루어진 해변가 또는 방파제와 갯바위 등이 농어 루어낚시 포인트가 형성된다.

농어 루어낚싯대는 미디엄급 이상의 중·경질 낚싯대로 3m 길이에서부터 5.4m에 이르기까지 다양하게 생산·시판되고 있다.

〈다양한 루어의 모습〉

릴은 5~7호 정도의 낚싯줄을 감은 중형 스피닝 릴이면 되는데, 대형급을 노리는 이는 8~10호줄 까지도 사용한다.

루어는 스푼루어에서부터 멸치 플러그와 같은 플러그류와 웜계열 등 폭넓게 사용하는데 이들 중에서도 멸치나 작은 학꽁치 등을 본떠 만든 플러그계열이 많이 쓰인다.

농어는 경계심이 강해서 떠들거나 소음이 심하면 입질이 뚝 끊어지는 모습을 자주 보이며, 날씨와 수온 그리고 루어의 색상이나 타입에도 많은 영향을 받으므로 낚시터 현장의 조건에 맞는 루어의 선택이 중요하다.

예를 들어 갯바위낚시 도중에 멸치떼들이 수면위로 튀며 정신없이 도망가는 모습을 발견 했다면, 그것은 농어나 부시리 등이 멸치떼를 쫓아 먹이활동을 하고 있기 때문이다.

이럴때는 가능한 멸치와 비슷한 색깔과 크기를 가진 루어를 사용하는 것이 좋은데, 주의할 점은 먹이활동이 이루어지고 있는 포인트에다 직접 캐스팅 하는것이 아니라 포인트를 넘겨서 채비를 던진 다음 포인트라 여겨지는 곳을 자연스럽게 지나치도록 해야 입질 받을 확률이 높아진다. 농어는 날카로운 이빨과 같은 위험은 없으나 등가시나, 특히 농어의 아가미부분은 면도날처럼 날카롭기 때문에 조심스럽게 다루어야 한다.

농어는 특히 아가미가 면도날처럼 날카롭기 때문에 맨손으로 잘못 만졌다간 큰 상처를 입기 쉬우니 조심하세요.

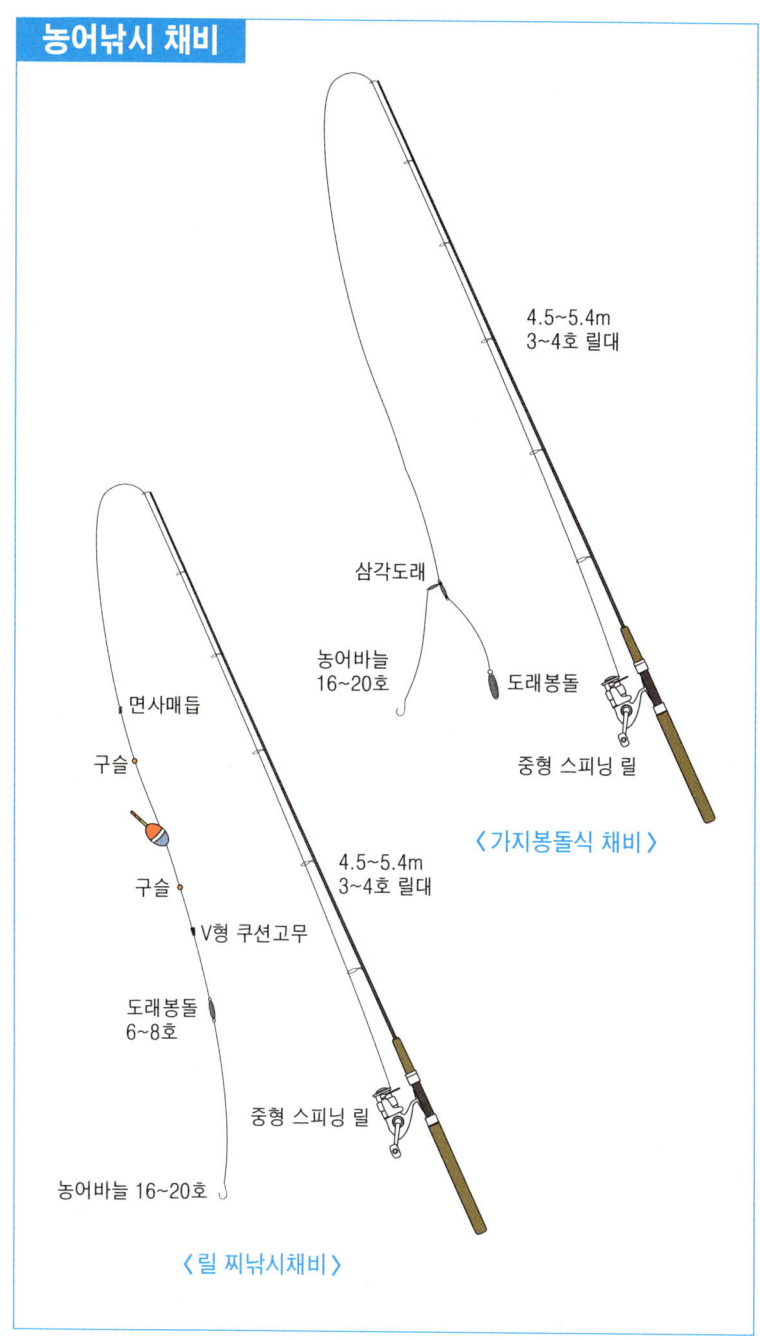

루어는 포인트를 넘겨 던져서 은신처에 숨어 있는 농어들이 경계심을 품지 않게 해야한다.

포인트 넘어로 되도록 멀리 던지자.

포인트를 넘겨 멀리 던진다.

농어가 숨어 있을만한 곳으로 루어를 움직여 줘야 하며 암초 같은 곳을 루어로 툭툭 건드리면 농어들이 호기심을 갖게 된다.

될수 있으면 대를 낮춰서 감아들이자.

대를 수면위로 낮춘다.

루어를 감아들이는 속도나 액션을 주는 방법은 그날의 여건에 따라 달리 해야하며, 농어가 루어를 물었을 때 소위 '바늘털이'를 하는데, 가급적 낚싯대를 수면 가까이로 낮추어 감아들이면 털림이 덜하다. 농어는 떼로 몰려 다닐때가 많은데, 이렇게 바늘털이를 한 두번 당하고 나면 갑자기 입질이 끊어지는 영리함 마저 보인다.

스푼루어에 반응한 농어의 모습.
농어는 포식성이 강해 플러그계열이나 웜계열에도 좋은 반응을 보인다.

08 SEA-FISHING TECHNIC
바다의 호랑이, 다금바리

다금바리
학명은 Niphon spinosus. 다금바리과
영어명은 쏘에지드 퍼치(Sawedged perch)이며, 일본명은 아라(あら)이다.

갯바위낚시의 초대형급 어종

몸은 등쪽이 청자색이며 배는 은백색에 가깝다. 주둥이가 뾰족해서 농어를 닮았는데, 어릴 때에는 암회색 가로띠가 눈으로부터 꼬리까지 이어져 있다가 성장하면서 퇴색한다.

갯바위낚시의 초대형급 어종인 다금바리는 깊은 바다의 험한 암초대 또는 동굴 속에서 지내다가 초저녁, 새벽녘에 그들의 행동 구역에 가까이 오는 꽁치, 고등어 등 먹이를 사냥한다.

우리나라에서는 남해의 제주도, 다도해, 마라도 등 주변의 해역에 분포하고 있으며, 그밖에 일본, 필리핀 근해 등에도 살고 있다.
온대성 어류인 다금바리는 외해의 100~140m나 되는 깊은 바다에서 사는데 바닥이 모래로 된 암초가 있는 곳을 좋아한다. 붙박이성 어종으로 거의 옮겨 다니지 않는데 산란 시기는 5~8월이며 깊은 바다의 암초 틈새 등에 알을 낳는다.

장비와 채비

낚싯대 : 길이 4.5~5.4m, 무게 1.3~1.8kg의 다금바리 전용낚싯대 또는 경질의 돌돔낚싯대.

릴 : 대형 캐스팅 릴.

낚싯줄 : 본줄(릴줄) 20~30호(초대형을 노린다면 30~50호), 목줄은 32~35번 와이어.

바늘 : 다금바리 바늘 30~40호 또는 돌돔 바늘 18~20호.

미끼 : 꽁치나 고등어, 낙지 등. 밑밥으로는 꽁치나 멸치 또는 생선 내장, 생선머리.

받침틀 : 튼튼한 것을 사용하지 않으면 낚싯대를 잃어버리거나 부러뜨리게 된다. 그밖에 갸프(쇠갈고리), 갯바위신, 구명대, 망치, 호루라기, 뒷줄, 밤낚시를 하는 경우에는 전등, 톱라이트, 비상식량, 음료수 등.

다금바리 낚시

다금바리 낚시는 크게 갯바위낚시와 배낚시의 두 가지 방법으로 낚시를 하는데, 다금바리는 야행성이 강한 어종으로 수심 70~100m 이상의 깊은 암초대에 사는 어종으로 조류가 원활하게 통하는 바위틈이나 바위굴 또는 거친 암초밭이 주포인트가 된다. 수심이 깊으면서 울퉁불퉁한 바위벽 근처의 바위굴이 있는 조건은 너할나위 없이 좋은 포인트이다.

다금바리는 덩치에 비해 먹이를 먹을때는 다소 조심스럽게 먹으므로 입질이 다소 약하게 나타나기 쉽지만, 곧이어 갑자기 대끝이 처박히는 몹시 거친 입질로 뒤바뀌므로 작은 입질에도 신경을 곤두세워야 한다.

일단 대를 끌고 들어가는 큰 입질이 오면 힘으로 챔질한 다음 제자리로 돌아가려는 놈에게 맞서 초기제압을 해야 제대로 끌어낼 수 있다. 다금바리는 조류가 비교적 세차지 않은 구석진 곳의 동굴을 좋아한다. 그러므로 갯바위의 U자로 휘어진 곳을 택하며 발밑으로 15m 이상이나 깊이 패어진 곳을 노리도록 한다.

하지만 갯바위의 첨단부이더라도 그 주위에 떨어져 나간 암초대가 있어 세찬 조류를 막아주고 있는 곳은 괜찮다.

물때는 조류의 움직임이 심한 사리 때보다 중물(10~12물)인 음력 3~6일, 18~21일과 음력 11~14일, 26~29일인 때가 좋다. 그 가운데서도 9~12일 (음력 3~6일, 18~21일) 때의 이른 새벽이나 초저녁 때가 조수의 흐름이 알맞다.

바닷물의 온도는 17℃ 이상이 되는 늦봄에서 여름, 특히 왕성하게 먹이를 찾아다니는 7~10월이 낚시를 하는 데 적기다.

다금바리 낚시는 혼자서 하기 곤란하다. 특히 밤낚시는 발을 디디고 있는 곳이 위험한 경우가 있거니와 힘 좋은 다금바리가 당기는 바람에 물속으로 끌려들어갈 수도 있기 때문이다.

또 초대형급이 걸렸을 때에 동료의 도움을 받지 못한다면 모처럼 찾아온 행운을 놓치게 된다.

안전한 포인트를 찾아 자리를 잡으면 받침대를 장치한다. 피톤을 박을 자리가 마땅치 않거든 받침대를 사용하지 말고 자연적으로 생긴 마땅한 자리를 찾아보도록 한다.

전갱이나 벵에돔 등 산 미끼를 사용하는 경우에는 외바늘에 등만 살짝 꿰어 쓰고 고등어나 낙지 등 미끼를 쓰는 경우에는 두 개의 바늘로 된 겸장바늘을 사용하도록 한다.

장애물이 많아 바늘이 바위틈에 걸릴 위험이 있는 곳에서는 반드시 바늘 끝이 안으로 굽어 있는 옥바늘을 써야 한다. 다금바리가 미끼를 물면 처음에는 낚싯대 끝이 10cm 안에서 움직이다가 단숨에 휙 끌려 간다. 그러므로 방심하지 말고 기다리다가 다금바리와의 싸움을 벌여야 낚을 수가 있다. 다금바리가 걸려들면 끄는 힘이 무척 세어서 혼자 힘으로 감당하기 어렵다. 여러 사람이 힘을 모아 끌어올려 가까이 올라오거든 갸프로 찍어 올린다.

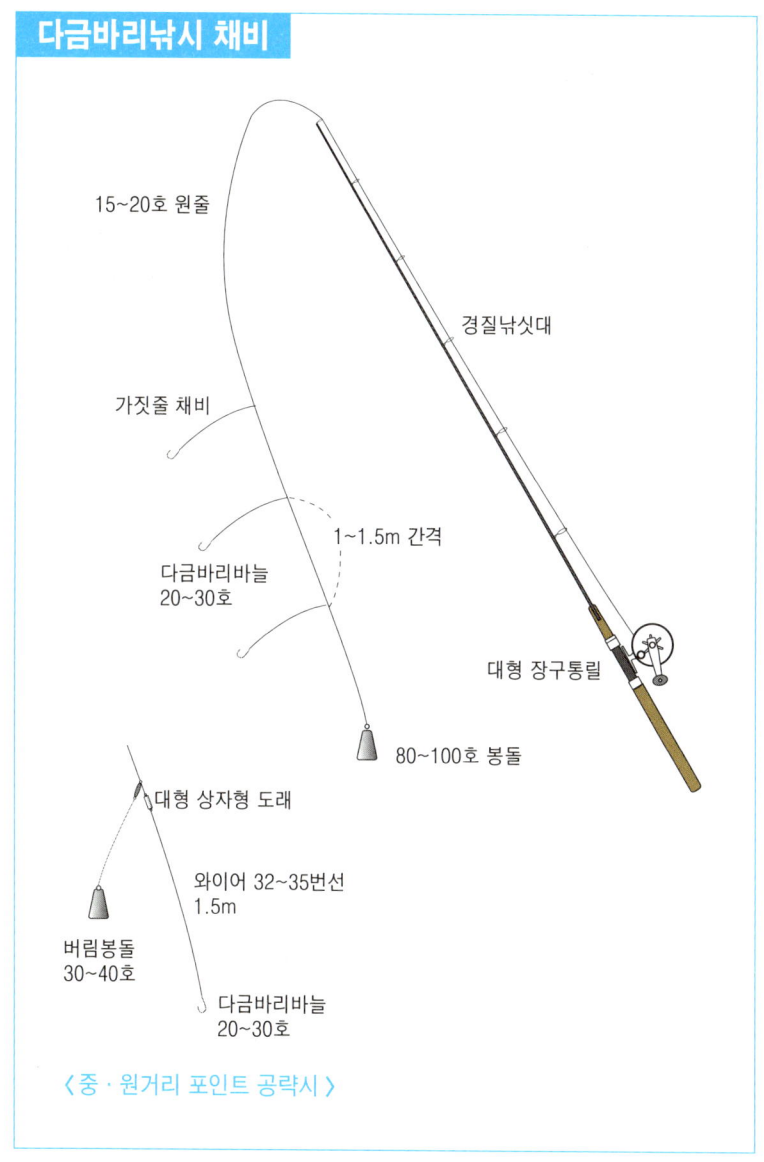

다금바리낚시 채비

- 15~20호 원줄
- 경질낚싯대
- 가짓줄 채비
- 1~1.5m 간격
- 다금바리바늘 20~30호
- 80~100호 봉돌
- 대형 장구통릴
- 대형 상자형 도래
- 와이어 32~35번선 1.5m
- 버림봉돌 30~40호
- 다금바리바늘 20~30호

〈 중 · 원거리 포인트 공략시 〉

SEA-FISHING TECHNIC

조심, 조심! 독가시치

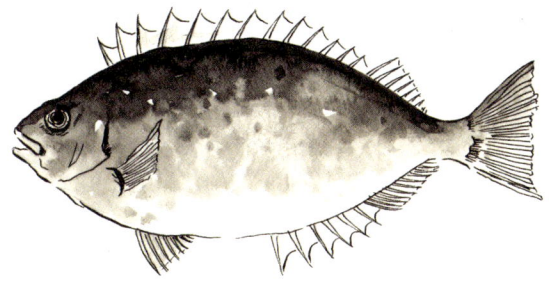

독가시치
농어목 독가시치아목 독가시치과(학명 Siganus fuscescens)
영어명은 래빗 피시(Rabbit fish) '토끼고기'라는 뜻을 가지고 있고, 일본명은 아이고 (あいご)이다.

지느러미의 독가시에 찔리지 않도록 조심

독가시치의 몸은 달걀 모양으로 둥글납작하며 몸의 빛깔은 등 쪽이 녹색을 띤 짙은 갈색, 배는 은백색이다. 그리고 입이 아주 작은 것이 이 물고기의 특징이다.

등지느러미와 배지느러미 그리고 뒷지느러미에는 각각 독가시를 가지고 있다. 이 독가시에 찔리면 몇 시간 또는 몇 십 시간이나 팔을 못 쓸 정도로 고통을 당한다. 그러므로 독가시치를 낚았을 때에는 어설프게 손을 대지 말고 조심스럽게 도구를 써서 빼내어야 한다.

독가시의 독은 물고기가 죽어도 독성이 사라지지 않는다. 그러므로 낚았거든 딱딱한 독가시를 잘라두는 것이 좋다. 독가시치는 난류계의 물고기이므로 따뜻한 바다를 좋아해서 우리나라에서는 남부와 제주도 등에서 낚이며 그밖에 일본, 동지나해, 필리핀, 동인도제도 등에도 분포하고 있다.
산란기는 7~8월이며 낚이는 시즌은 바닷물의 온도가 높은 6월에서 10월까지이다.
독가시치는 10℃ 이하의 수역에서는 살지 않으며 해조류를 즐겨 먹는다.

독가시치 낚는 법

독가시치는 손맛이 좋은 고기로서 근년에는 독가시치 낚시만을 즐기는 낚시인도 꾸준한 증가추세를 보이고 있다.
입이 작아 미끼를 도둑질하여 잘 따먹기로 유명한데, 해조류나 새우 등을 좋아하는 잡식성 물고기이다. 치어 때는 갑각류를 먹고 자라며 성장하면 잡식성으로 바뀌게 된다.
낚시시즌에 낚아내어 배를 가르고 내장을 꺼내어 보면 80~90% 이상이 해초를 먹은 것을 알 수 있고, 약간은 고약한 냄새가 난다.
등지느러미나 배지느러미의 독가시에 찔리면 통증이 매우 심하므로 가시에 찔리지 않도록 조심해야 하며, 가시에 찔리면 그 찔린 부위를 자꾸 누르면서 될 수 있으면 오래 많은 양의 피를 흘러나오게 해야 빨리 통증을 멈출 수 있다. 가장 좋은 방법은 뜰채로 받아내는 것인데 가능하면 몸통을 발로 살짝 밟은 상태에서 바늘빼기로 바늘을 빼는것이 안전한 방법이다.
낚시는 배낚시(선상 찌낚시) 및 갯바위낚시로 이루어지며 제주도 해역에서는 감성돔이나 벵에돔낚시를 하다가 간혹 손님고기로 낚이는 놈인데, 보통은 30cm급이 잘 낚인다. 손맛도 좋아서 낚는 맛도 꽤 좋으며 8~10월에는 제주권에서 마리수로 타작을 하는 사례도 흔하다.
미끼로는 갯지렁이나 새우 등을 쓰며, 입질은 매우 약하나 바늘에 걸리면 앙탈은 당차다. 감도가 예민한 막대찌로 고정찌낚시를 하면 낚기가 쉬우며, 찌를 세심하게 관찰하여 어신을 파악하고 챔질까지 이루어져야 한다.

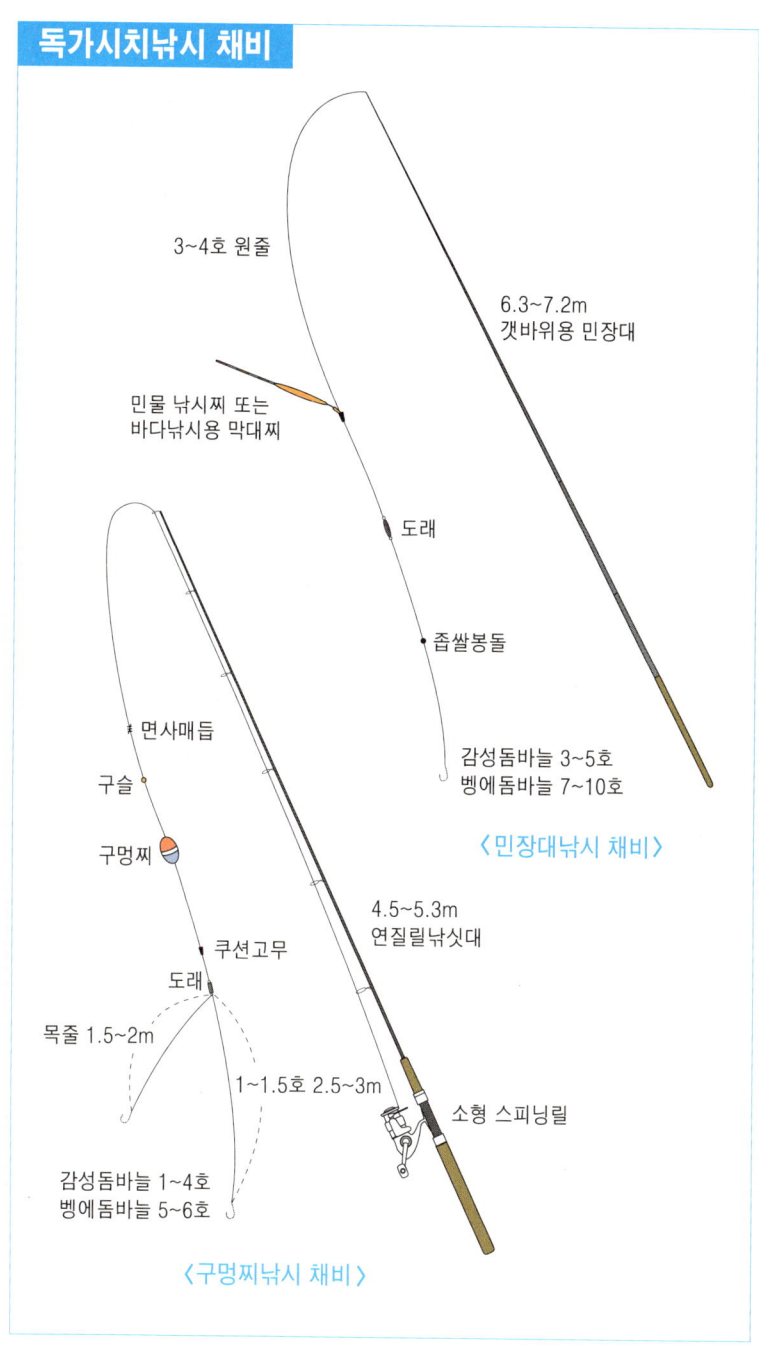

일단 바늘에 걸리면 심하게 반항하므로 신속하게 끌어내는 동시에 포인트에 밑밥을 뿌려줌으로써 다른 놈들이 그 자리에 계속 머물러 있게 끔하는 전략이 필요하다.

해조류가 밀생한 곳이 좋은 포인트가 되며 크릴가루+과자가루+밀가루 등을 섞은 떡밥을 바닷물로 개어 마치 붕어 떡밥낚시와 같이 사용하면 마리수 낚시가 가능하다.

독가시치는 생김새와는 다르게 살이 쫄깃하고 회맛과 구이맛이 좋아 전문 낚시꾼들 중에는 벵에돔보다도 독가시치를 선호하는 사람도 있을 정도이다.

보기보다 손맛이나 회감으로 맛이 좋아서 인기있는 어종인 독가시치. 제주도에서는 '따치' 라고도 부른다. 독가시치 낚시에서는 무엇보다 독가시에 찔리지 않도록 주의 하는게 급선무인데, 한 번 찔리면 적어도 한 두시간은 팔을 못쓰게 되는것은 기본이거니와 심한 사람은 1~2일 이상 통증이 지속될 수도 있으니 항상 주의해야 한다.

SEA-FISHING TECHNIC

바다의 난폭자! 돌돔

돌 돔

돌돔과(학명 Oplegnathus fasciatus)
영어명은 패럿 피시(Parrot fish)인데 '앵무새 고기' 라는 뜻으로 돌돔의 입모양이 앵무새를 닮아 그리 부르는것 같다.

갯바위 대어낚시의 왕자

돌돔은 그 이름에서 받는 선입감만큼이나 단단한 입과 몸매를 지닌 돌돔과의 바닷물고기다. 입은 작고 그 앞쪽 끄트머리는 마치 새의 부리처럼 날카로우며 어금니로 단단한 조개껍질 따위를 씹어 으깬다. 몸의 높이가 아주 높고 감청색의 가로띠가 있는데 이것은 성장함에 따라서 엷어지나 암컷의 경우는 오래까지 남아있다.

치어 때에는 작은 새우 등을 먹지만 이빨을 완전히 갖추면서는 껍질이 단단한 갑각류나 게, 성게, 조개류 등을 잘 부숴 먹는데, 해조류도 먹으며 부레로 소리를 낸다.

돌돔의 산란은 4~7월이며, 부화한 치어는 떠다니는 조류에 숨어 지내다가 최대 60~70cm까지 자란다. 낚시에 걸려 나오면 부레로 '구욱구욱' 소리를 내기도 하며, 정치망 어업에도 곧잘 잡힌다.

돌돔은 바다밑 골이나 바위굴을 좋아하므로 결국 이런 곳이 포인트가 되는데, 채비를 던져보아 급격히 깊게 들어가는 곳을 찾아내는 것이 일반적인 방법이나 현지민이나 선장, 낚시점주 등을 통해 미리 정보를 알아두고 출조를 하는것이 더 나을 수도 있다.

돌돔은 생김새도 갯바위낚시의 왕자다운 모습을 하고 있거니와 당기는 힘이 무척 세다. 돌돔낚시는 파도가 치는 갯바위의 끄트머리나 난바다의 암초 등에서 노려야 하므로 안전을 위해 모든 준비를 갖추어서 위험에 대비해야

40cm급 돌돔의 모습.
돌돔은 그 생김새도 그렇지만 파이팅력은 가히 상상을 초월한다.

한다.
갯바위에서는 미끄러지지 않는 장치가 된 갯바위용 신발을 단단히 신고, 구명조끼 같은 것도 잊지 말고 착용한다.

돌돔을 낚아보자

돌돔낚시의 시즌은 대략 5월 중하순부터 11월 경까지이며, 돌돔낚시에 적합한 수온은 16~23℃ 사이이다. 이 수온에서 각종 먹이나 플랑크톤이 많아지면서 물빛이 적당히 흐려진 때, 물이 서로 맞닿는 조목을 찾으면 좋은 포인트가 된다.

다른 물고기와 마찬가지로 이른 아침이나 저녁 무렵 또는 일몰 후에 낚시가 잘 되며, 날이 흐린 때에는 한낮에도 입질이 활발하나 발밑이 급수심을 이루는 곳으로서 바닥이 울퉁불퉁한 암초지대나 바위틈에 주로 노닌다. 물밑 바위굴은 돌돔이나 혹돔의 주된 거주지 가운데 하나인데, 물밑 여뿌리에 조류가 부딪혀 끓어오르는 곳, 물살이 있는 골바닥 등 험한 수중 암초대를 좋아하는 것이 돌돔이다.

이런 곳에서 돌돔을 끌어 올리려면 입질 직후 서로의 힘 겨루기에서 기선을 뺏기지 말아야 하는데, 찬스를 놓치거나 힘을 제어하지 못하면 바위굴이나 바위틈으로 쑤셔박히게 되고, 그렇게 되면 원줄이 갯바위에 쓸려서 낚싯줄을 터트리게 되는 결과를 낳는다. 이런 점에서 돌돔낚시의 목줄은 탄탄하게 써야 한다.

통상 성게미끼를 꿸 때는 한꺼번에 성게 2~3마리를 꿰는 것이 보통이므로 적당한 길이로 목줄을 묶어서 쓰는 것이 좋으며 낙지발이나 갯지렁이, 소라나 전복의 살만을 썰어서 꿰어 쓸 때는 목줄을 다소 길게 쓰는 것이 좋다.

돌돔낚시의 초반시즌인 5~6월에는 릴낚시가 민장대낚시보다 다소 유리한데 아직은 갯바위 가까이의 비교적 얕은 곳으로까지 나오지 않았기 때문이다. 이 시기에는 봉돌 부하 20~30호 정도인 4.5~5.3m 길이의 돌돔낚시 전용 릴대에 중형 또는 대형 장구통릴 및 스피닝릴을 사용한다.

그러나 한여름에 들어서면 9~10m 전후의 갯바위 가까운 곳에 올라붙기 때문에 민장대낚시가 속전속결식 마리수 재미에 월등한 경우가 많다.
특히 참갯지렁이를 미끼로 쓸 때는 바닥에 채비를 가라앉히는 것보다 민장대를 사용해서 직벽지형을 공략하면 월등한 조과를 기대할 수 있다. 이는 돌돔을 건 순간부터 여유줄을 주지 않고 돌돔을 적절히 제어할 수 있기 때문인데, 돌돔낚시용 민장대는 9m, 9.9m, 10.8m대 까지 시판되고 있다.
낚싯줄은 릴낚시의 경우 8~10호 까지도 사용하며, 목줄은 38~40번 와이어나 5~10호 케블라줄을 사용한다. 낚싯바늘은 돌돔낚시 전용 12~16호 안팎의 바늘을 주로 사용한다.
돌돔낚시는 6월 중·하순 이후 부터 10월 말경까지의 기간에 이루어지나 이 기간 중에서도 물이 맑고 수온이 높은 시기가 돌돔낚시의 진짜 시즌이 되는데, 돌돔은 낚싯대 끝이 까딱까딱 움직이는 예신으로부터 쿡쿡 처박히는 본신까지 대체로 2단 또는 3단의 단계별 입질을 하는게 보통이다.
이것은 첫 입질부터 먹이를 완전히 삼키기까지 시간이 걸린다는 얘기인데, 결국 처음 예신을 보고 그대로 두었다가 낚싯대 끝이 완전히 처박힐 때 챔질을 해야 바늘걸림이 확실하다.
미끼는 참갯지렁이나 성게, 게, 오분자기, 전복 등이 쓰이는데, 참갯지렁이엔 잡어의 성화가 따르기 쉬우므로 2~3번 겹쳐꿰기로 뭉쳐 꿰듯이 꿰어서 사용해야 한다. 이에 반면 성게, 전복, 소라 등의 미끼에는 잡어의 성화가 거의 붙지 않는데, 성게는 직경 2~3cm 크기로 한꺼번에 두 세마리를 꿰어 쓴다. 소라는 바닷가 어디를 가나 쉽게 접할 수 있어서 크게 비싸지 않은 가격으로 구입할 수 있는데, 미끼로 쓸 소라는 망치로 껍질을 깬 다음, 살에 붙은 뚜껑을 칼로 떼어내고 바늘에 꿰어쓴다. 다소 불편하다고 생각될 수도 있지만 미끼로서의 효과는 의외로 좋은데 돌돔이 소라를 매우 좋아하기 때문이다.
전복, 오분자기나 쏙(갯가재)도 돌돔낚시용 미끼로 효과가 아주 좋다.
이 외에도 돌돔은 게나 조개 등을 좋아해서 왠만한 것이면 강한 이빨로 부숴 먹는데, 전복은 크기가 작은 직경 2~3cm 안팎의 것을 사용하는 것이 좋다.(전복은 7cm 이내의 것은 채포금지 체장이므로 썰어서 사용)

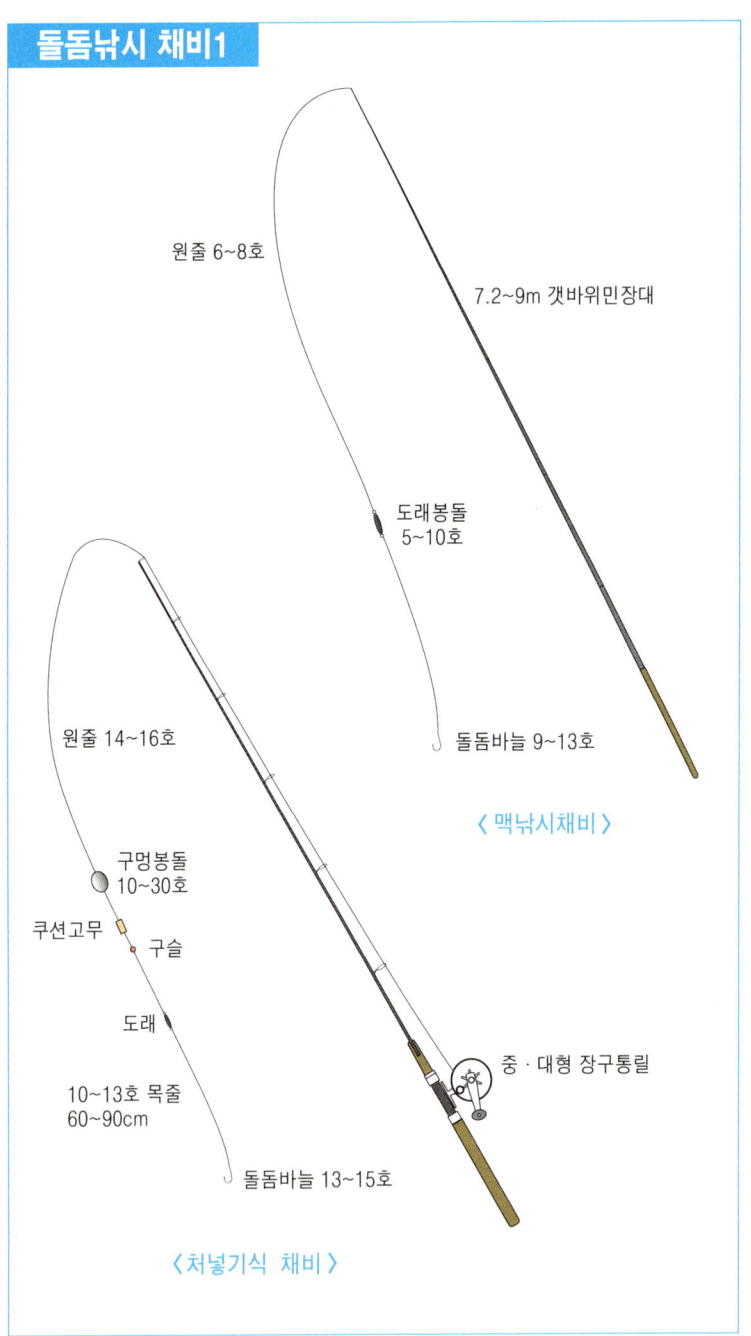

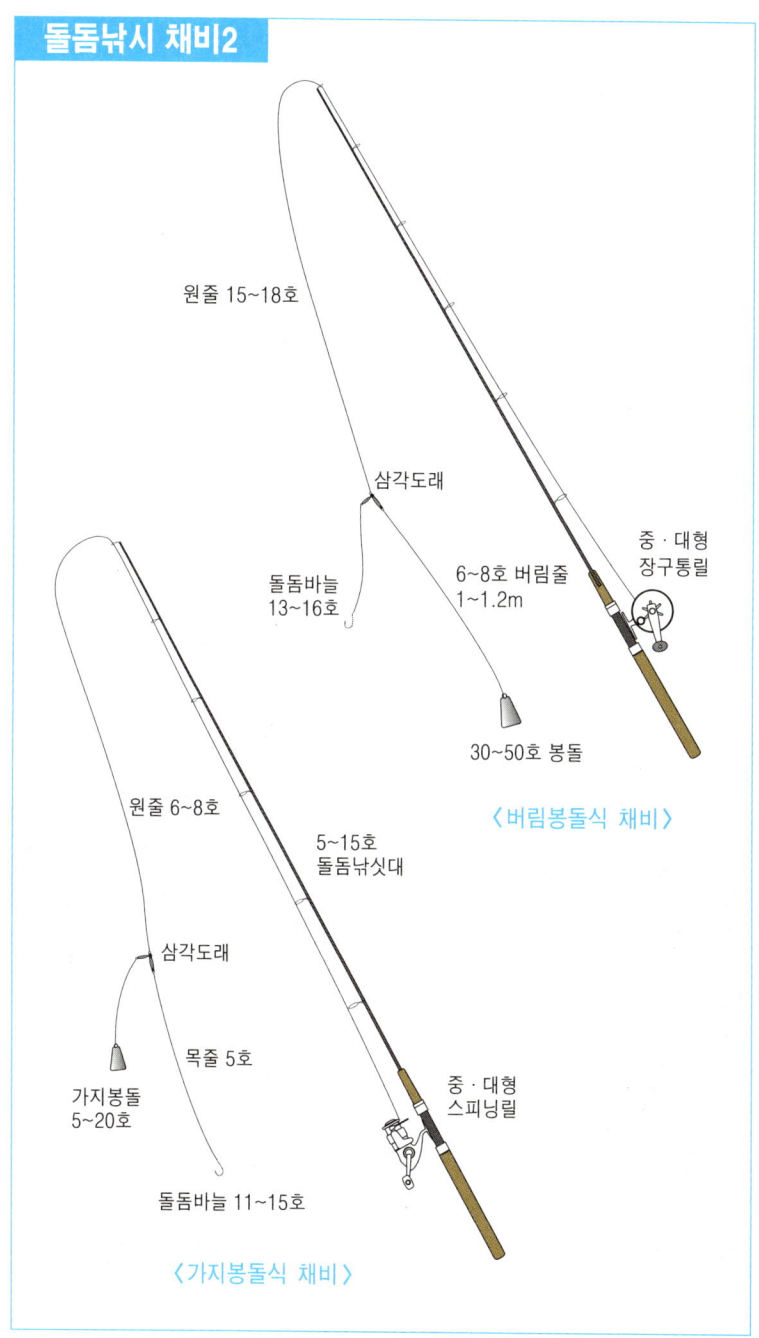

〈버림봉돌식 채비〉

〈가지봉돌식 채비〉

'쏙'이라고 하는 갯가재가 돌돔낚시용 미끼로 쓰이는데 껍질을 깨고 게의 집게발을 잘라낸 다음 바늘에 꿰어쓰며, 갯바위에서 채취한 게도 집게발을 잘라내고 쓴다.

돌돔은 물밑 지형이 수중여나 기타 복잡한 암초대를 주서식권으로 하기 때문에 바닥지형이 암초대로서 매우 울퉁불퉁하고 험한 곳일수록 돌돔 대형이나 작은 놈들이라도 여러마리가 몰려있다.

돌돔낚시에서도 포인트의 선정은 매우 중요한 요소이며, 좋은 포인트에서는 돌돔 마릿수 낚시도 가능하다.

잡은 돌돔의 처리

잡아올린 돌돔은 감성돔 등과 마찬가지로 일단 아가미를 칼로 찔러 피를 빼내어 살의 선도가 신선하게 유지되도록 한다. 피를 빼지 않으면 나중에 회를 떠 놓았을 때 돌돔의 살속에 피가 맺혀있어 보기에도 좋지 않다.

돌돔회는 참돔회보다도 담백하고 쫄깃쫄깃한 맛이 있으므로 미식가들 사이에서는 상당한 고급고기로 통하는데, 매운탕은 물론 백숙도 해먹는다. 매운탕이나 백숙을 할 때 살과 뼈를 무르게 하려면 술을 약간만 첨가하면 된다.

돌돔은 소금구이로도 좋으며, 돌돔껍질도 끓는 물에 살짝 데쳐서 초장에 찍어 먹으면 그 맛이 아주 좋아 버릴것이 하나 없는 고급 어종이다.

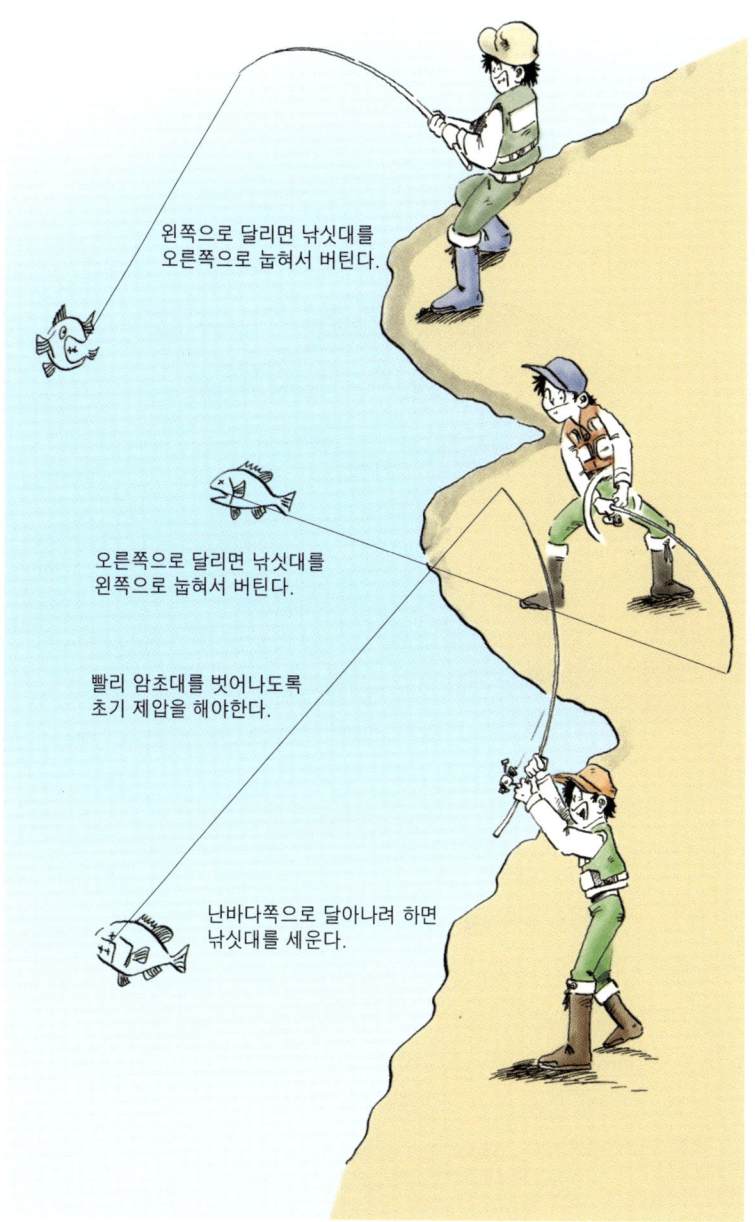

SEA-FISHING TECHNIC

바다의 붕어, 망상어

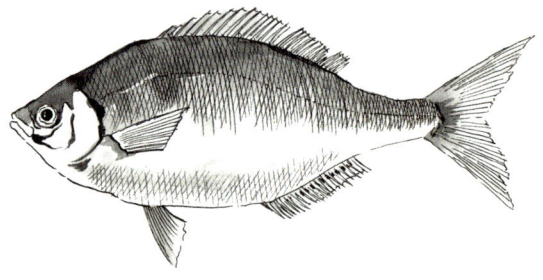

망상어
농어목 망상어아과 망상어과 (학명 Ditrema temmincki)
영어명은 서프 퍼치(Surf perch)이며 『자산어보』에서는 소구어(小口魚)라 적고 속명을 망치어(望峙魚)라 기록했다.

새끼를 낳는 태생어

망상어는 몸이 납작하며 입이 작다.
연안에서 사는 것의 몸빛은 등 쪽이 자흑색이나 회갈색에 광택을 지니고 있다. 아가미 뚜껑 끝에 흑점이 뚜렷하고 등지느러미 끝부분은 검다.
이에 비해 해조가 무성한 곳에 사는 것은 담록색을 띠고 있으며 근해의 깊은 암초지대에 사는 것은 적갈색이다.
눈 위로부터 위턱까지 흑갈색 선 두 줄이 있으며 아가미 뚜껑에는 흑색점 하나가 있다.

다른 물고기들은 대개 알을 낳지만 망상어는 새끼를 낳는 태생어(胎生魚)라는 점이 특이하다. 몸 안에서 알을 부화시켜 부화된 새끼가 어미 뱃속에서 나올 때는 거꾸로 나오는데, 새끼를 거꾸로 낳는 바닷고기라서 남해안의 아낙네들은 재수 없는 고기라고 하여 먹지도 않는다.
잉태하는 기간은 5~6개월인데 보통 10~30마리를 낳는다.
우리나라에서는 중남부 해역에 분포하고 있으며 특히 부산, 다도해 해역에 많이 서식하고 있다. 망상어는 온대성 연안 물고기로서 수온이 5~27℃의 범위에서 생존할 수 있는 물고기이며 물의 온도가 섭씨 12도 이하로 내려가면 먹이를 찾는 활동이 둔해진다.

갯바위낚시 · 방파제낚시가 쉽고 재미있다

낚시철은 11월부터 이듬해 5월까지인데 가장 재미있고 낚기 쉬운 것은 갯바위낚시와 방파제낚시다. 망상어를 본격적으로 낚으려면 밀물 썰물에 따라 얕은 갯바위를 옮겨가면서 밑밥을 사용하는 방법이 흥미로우며 또 성적도 좋다. 그렇게 하려면 필요한 물품은 모두 몸에 지니고 가벼운 차림을 해서 이동하기 쉽게 하는 것이 좋다. 또 안전에 대해서 유의해야 함은 물론이다.
입이 작기 때문에 작은 바늘에 예민한 찌를 사용해야 하며, 수온에 민감하여 물이 맑고 수심이 얕은 곳에선 밑밥을 넉넉히 뿌려줘야 한다.
'바다의 붕어'라고 할만큼 붕어와도 닮은 데가 있으며, 전날의 수온보다 조금이라도 낮은 날에는 잘 낚이지 않는다고 알려져 있다. 대개의 경우 찌낚시를 하며 일반 붕어낚시 채비로도 낚는다.
해조류가 많은 5~6m 수심의 암초대 또는 자갈 · 암초가 뒤섞인 사니질대를 좋아하며, 미끼는 크릴새우 또는 깐새우 외에 청갯지렁이도 잘 먹는다.
채비는 구슬찌를 3~5개 매단 연주채비가 좋은데 이렇게 하면 미끼가 아주 자연스러운 상태로 흐르며 어신도 파악하기가 쉽다. 망상어는 떼를 지어 헤엄쳐 다니기 때문에 한 마리가 걸리면 다른 물고기가 놀라지 않도록 재빨리 처리하는 것이 요령이다.

망상어낚시 채비

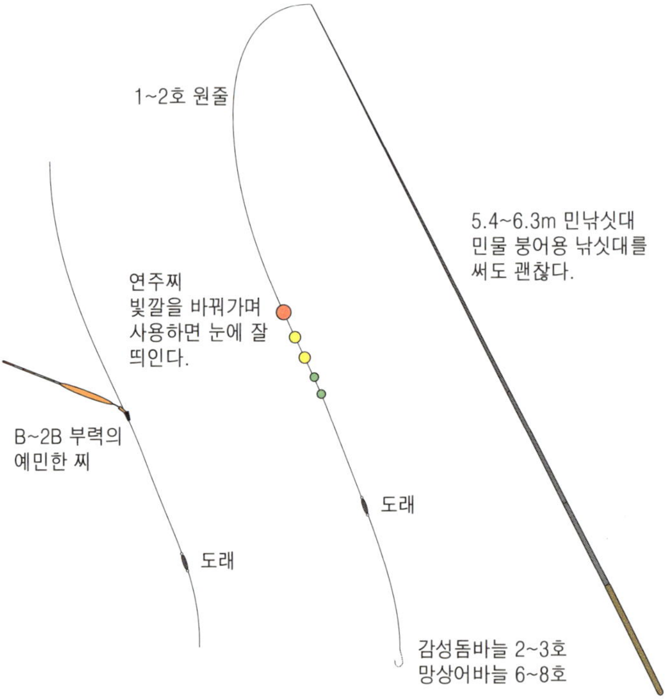

1~2호 원줄

5.4~6.3m 민낚싯대
민물 붕어용 낚싯대를
써도 괜찮다.

연주찌
빛깔을 바꿔가며
사용하면 눈에 잘
띄인다.

B~2B 부력의
예민한 찌

도래

도래

감성돔바늘 2~3호
망상어바늘 6~8호

'바다의 붕어'라 불릴 정도로 생김새도 많이 닮은 것은 물론, 채비도 민물낚시 할때 쓰던 채비를 그대로 가져와 써도 잘 잡힌다.

12 쉽게 즐기는 낚시, 망둥어

SEA-FISHING TECHNIC

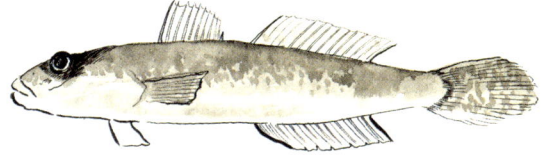

망둥어
문절망둑과 풀망둑(학명 Acanthogobius flavimanus)
영어명은 커먼 브래키시 고비(Common brakish goby), 일본명은 마하제(まはぜ)이다.

대중적인 낚시의 대상

경기·충남지역에선 망둥이, 호남에선 문절이, 영남지방에서는 꼬시래기로 부르는 망둥이과에 속하는 물고기로 전세계적으로 1,600여종 가까이 되는 대형그룹을 이루는 물고기이다.

우리나라의 모든 연안에 분포하는 이 물고기는 연안의 모래뻘 바닥에 살며, 성장이 매우 빨라서 봄에 알에서 깨어난 것이 가을에는 10cm쯤 자라난다. 몸은 방추형으로 생겼는데, 꼬리로 갈수록 옆면이 납작하다. 또 꼬리지느러미 끝머리는 동그랗고 가슴지느러미는 좌우가 연결되어 흡반과 같은 상태로 되어 있다.

문절망둑은 동해남부와 남해지역에 주로 밀집 서식하며 인천만을 비롯, 서해안에서 낚이는 망둥어는 풀망둑으로, 문절망둑보다 풀망둑이 약간 큰 대형종이다.

해마다 음력 8월 보름을 전후하여 10월 보름경까지 서해 전역에서 잘 낚이는 것이 바로 풀망둑으로서, 동태만한 씨알도 낚인다고 할만큼 이 시기에 낚이는 씨알이 크다. 풀망둑의 산란은 3~4월이며, 문절망둑은 2~5월에 한다.

문절망둑은 황색을 띤 회갈색 체색에 배는 희며 머리는 크고 꼬리는 약간 측편돼 있다. 꼬리지느러미에 흑색점이 있으며, 배지느러미는 흡반이 있다.

성어기는 9월부터 11월 중순

해안에서는 성급하게 7월부터 낚이기도 하지만 9월부터 11월 까지가 성어기다. 특히 여름방학을 맞은 개구쟁이들에게는 가까운 곳에서 많이 낚을 수 있어서 좋은 놀이상대가 된다.

문절망둑 낚시는 장비 및 채비가 간단하며 낚시방법 또한 까다롭지 않아서 누구나 쉽사리 낚을 수 있다. 그래서 '문절망둑은 눈 감고서도 낚는다.'는 말이 있지만 늦은 가을에 깊이 들어가고 보면 문절망둑 낚시도 쉽지 않다.

내만이나 하구의 진흙바닥에 살며 조류의 소통이 원활한 외해쪽의 모래밭에는 적다.

8월이 끝나갈 무렵, 하구 부근에 모여 기수역까지 올라오는데, 이 무렵에는 씨알이 잘아 낚는 맛이 떨어지나 가을이 깊어갈수록 대형이 잡히며 추석 무렵 씨알이 가장 굵게 낚이고 맛도 좋다.

인천 연안부두 등을 출항지로 하여 덕적도, 용유도, 장봉도, 승봉도 등지가 주요 낚시권이 된다.

망둥어낚시는 조류의 움직임이 있을 때 가장 잘 낚이므로 들물때를 놓치지 말아야 하며, 썰물 때는 물살을 따라 망둥어가 빠져나가므로 포인트가 밀물 때보다 멀리 형성된다.

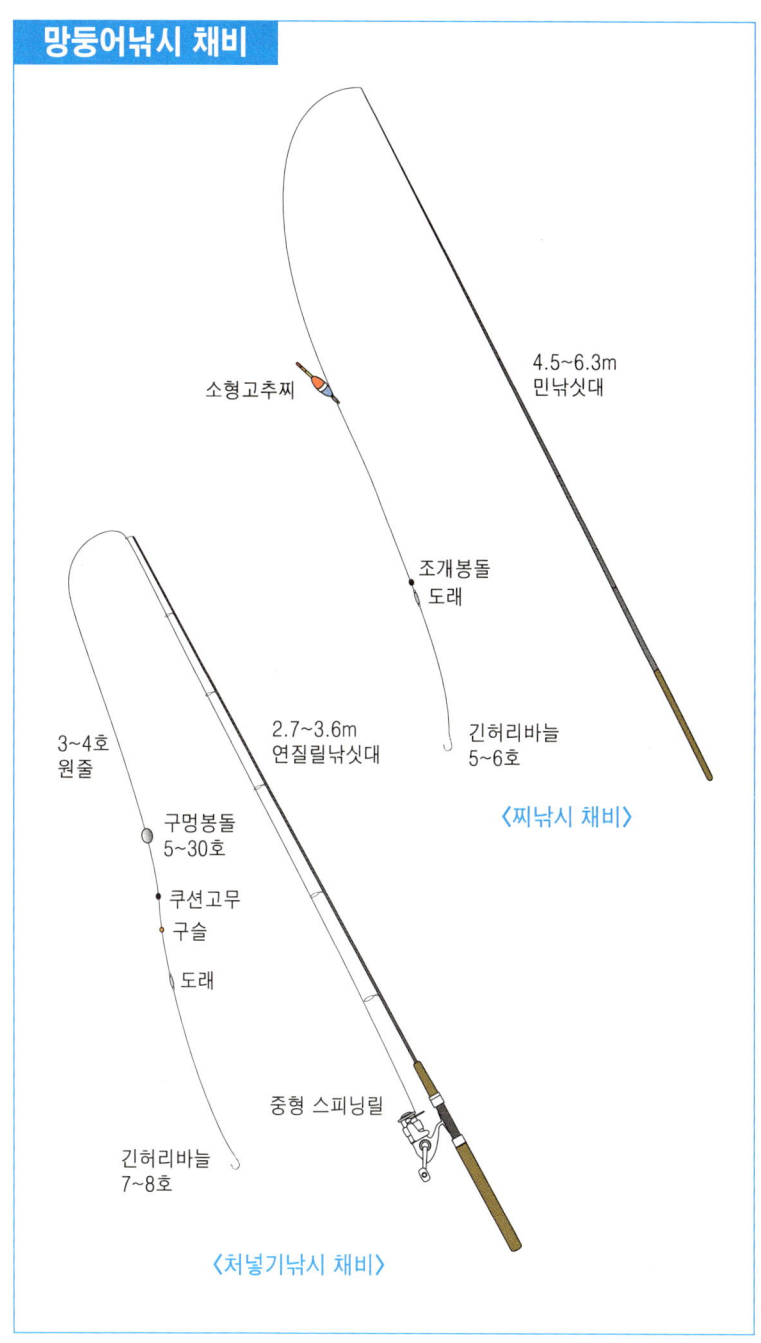

미끼는 갯지렁이를 많이 쓰는데 원체 식성이 좋고, 철부지 아이들같이 날뛰는 놈들이라 청갯지렁이, 크릴 등 어느 것이나 잘 먹지만 편의상 구하기 쉬운 청갯지렁이를 쓴다. 미끼가 떨어진 경우에는 이미 낚아놓은 망둥이의 살을 썰어서 써도 잘 물어준다. 미끼는 바늘 밑으로 너무 늘어뜨려 쓰지 말고 바늘끝 너머로 살짝만 내어 쓰면 된다.

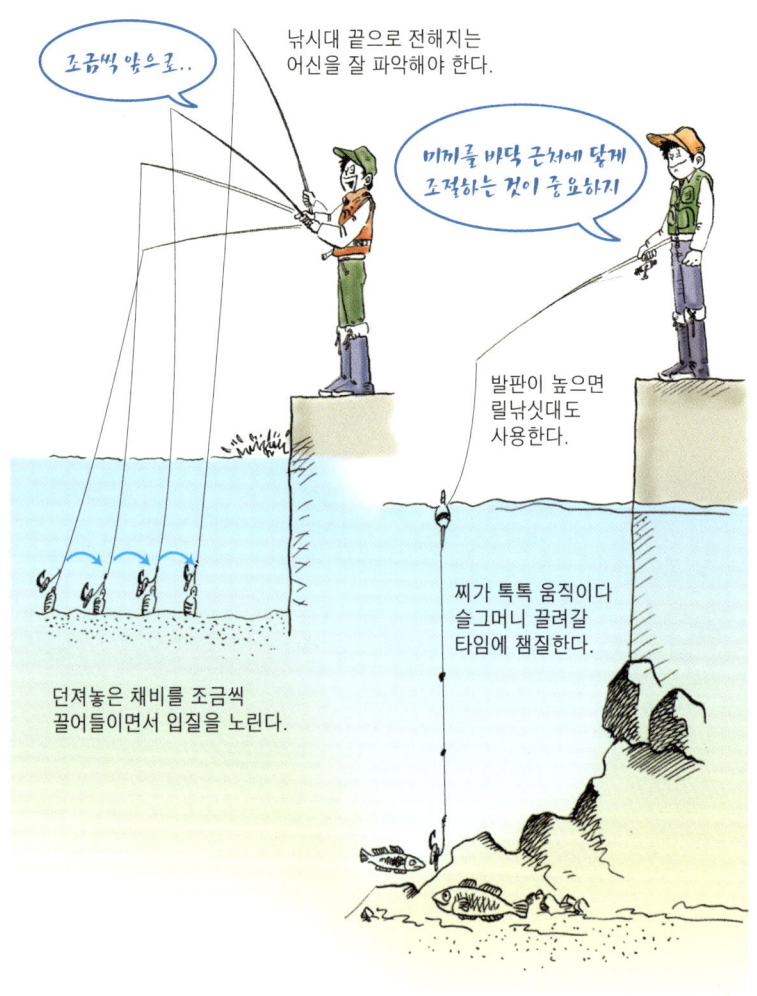

망둥어는 누구나 손쉽게 잡을 수 있어 가족낚시로 즐기기 좋은 대상어이다.

낚은 현장에서 회로 먹기도 하지만 매운탕을 해 먹거나 햇볕에 말렸다가 양념을 해서 쪄 먹어도 그 맛이 일품이다. 마릿수 손맛을 본 망둥이를 배를 갈라 바위에서 건조시키고 있다.

13 한여름밤의 손맛! 벤자리

SEA-FISHING TECHNIC

벤자리
농어목 벤자리과 벤자리속(학명 Parapristipoma trilrneatum)
영어명은 그런트(Grunt)이며, 일본명은 이사끼(いさき)이다.

밤에 떠오르는 벤자리

벤자리는 몸이 가늘고 긴 타원형으로 측편 되어 있다. 농어와 비슷하게 생긴 이 물고기는 어릴 때에 등에 세 줄기의 갈색 줄이 있다.
여름고기로서 여름철 제주도, 여서도를 비롯 부산 홍도, 거제도 등 경남 남해안에서 낚을 수 있으며, 이들 지역은 쓰시마 난류가 닿은 곳으로서 이 가운데서도 특히 거제 홍도(鴻島)는 7~8월 벤자리낚시로 유명하다.
보통 4~9월 무렵까지 벤자리 낚시를 할 수 있지만, 여름이 제철이어서 한여름에 난바다의 낚시나 갯바위의 찌낚시를 흔히 즐긴다.

벤자리는 암초지대의 중층을 무리지어 유영하며 조류가 잘 통하는 곳을 좋아한다. 크기는 약 40cm까지 자라며 맛이 좋은데, 제주 해역에서는 50cm가 넘는 놈도 종종 선보인다.
작은 물고기나 새우를 좋아하며 미끼를 쫓아서 수면 가까이까지 솟아오르는 놈들을 볼 수 있다.
벤자리의 산란기는 6~9월이며, 부화한 벤자리 치어들은 5~10m 수심의 해조류가 많은 내만을 다니며 플랑크톤을 먹고 사는데, 30cm급은 4년 정도 자란 녀석들이다.
한여름철 짧은 기간 동안 제주도 및 남해안의 한정된 지역에서 선보이고는 사라진다.

벤자리를 낚아보자

벤자리낚시는 한여름이 최성기로서 이른 아침이나 저녁 무렵 갯바위 근처로 몰려들기 때문에 이 때가 찬스이다.
무리를 지어 행동하는 습성을 가진 놈들로 달 없는 밤에 벤자리의 유영층을 찾아 채비를 내리면 떼고기 조과를 거두기가 어렵지 않다.
6~8월 여름 밤낚시에 크릴 밑밥이 효과적이며, 제주해역에서는 6월부터 낚이기 시작해서 9월 말이면 끝나는데 벤자리는 야행성이므로 낮에는 수심이 깊은 곳에 머무르다가 밤이 되면 얕은 곳으로 올라와 먹이를 찾는 볼락과 비슷한 데가 많다.
특히 해조류가 많은 암초대가 포인트가 되는데, 벤자리낚시는 장마 직전인 6월 중순 무렵부터 7월이 한창 시즌이 된다. 그것은 벤자리의 산란기와 연관이 있는데, 조류의 소통이 좋고 발밑 수심이 깊으며 물밑의 암초가 잘 발달한 곳에서의 배낚시도 가능하다.
벤자리낚시의 키포인트는 무엇보다도 유영층을 찾아 내는데 있다. 한창 잘 낚이다가도 유영층이 달라지면서 입질이 딱 끊기는 상황이 자주 발생하므로 입질을 받기 시작하면 짧은 시간 안에 마리수로 낚아내는 속전속결의 낚시를 해야 한다.

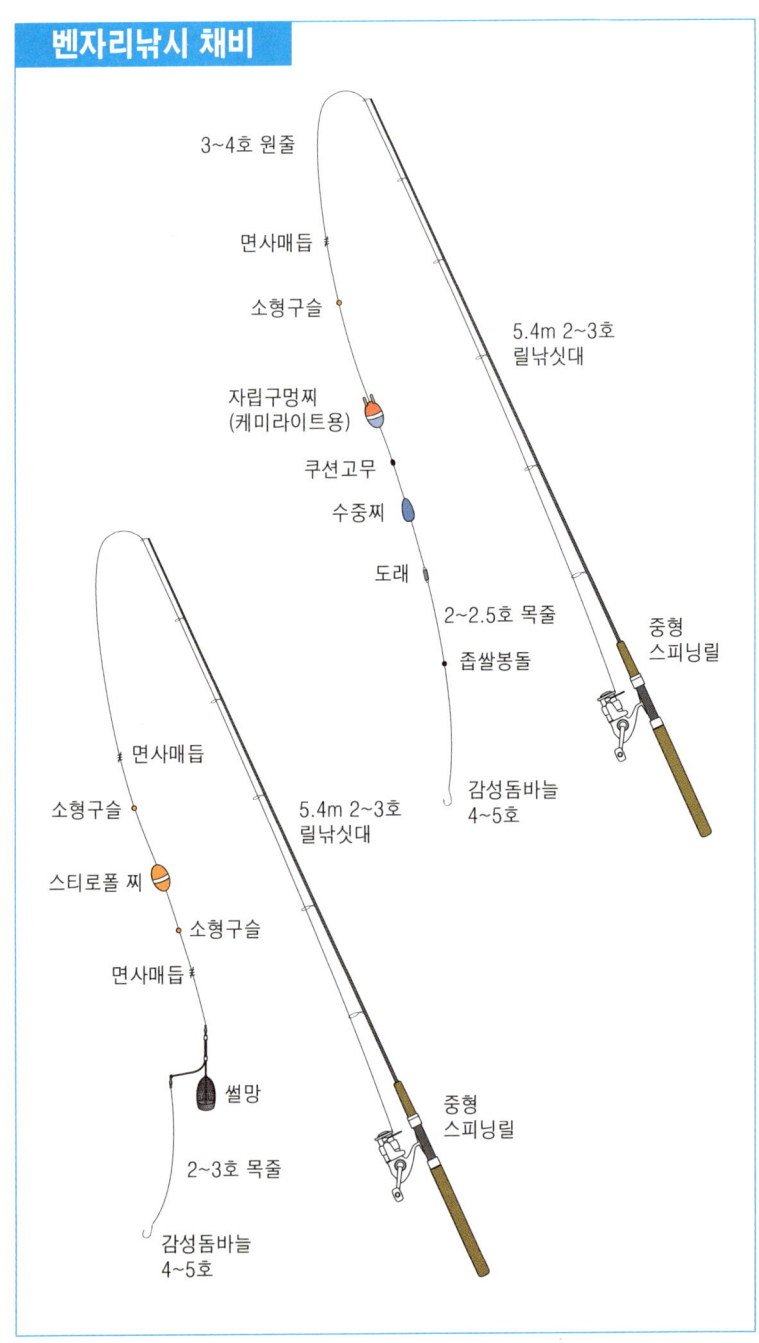

따라서 벤자리가 몰려들면 짧은 시간에 가능한 많이 낚아올릴 수 있도록 능률적인 낚시를 해야 하는데, 크릴이나 곤쟁이 또는 멸치를 으깬 밑밥을 지속적으로 뿌려주면 무리를 보다 오랫동안 포인트에 붙잡아 두고 낚시를 즐길 수 있다.

낚싯대는 5.4m 정도의 길이에 1~3호대 릴대, 또는 6.3~7.2m 민낚싯대를 주로 사용하므로 사실상 벵에돔낚시와 다를 것이 별반 없으며, 보통 찌낚시가 표준이다. 벤자리의 유영층이 깊은 곳에 형성되어 있을 때는 유동찌로, 얕은 곳에 유영층이 있다면 고정찌로 낚는것이 유리하다.

벤자리는 육식성 어식어 이므로 미끼는 참갯지렁이나 새우, 크릴을 사용하는데, 배낚시에서는 오징어, 고등어껍질 또는 어피바늘을 쓴다. 배낚시에서도 밑밥을 준비하는 것은 당연하다. 벤자리는 보기보다 입부분이 약한 편이므로 거친 챔질을 해서는 안되며, 입질이 오면 약간 늦었다 싶게 늦춰서 챔질을 하되 최대한 챔질을 부드럽게 하면서 릴을 감아 들인다.

벤자리낚시터는 부산을 중심으로 한 거제 홍도 및 통영군 일부와 제주 본도를 포함한 마라도, 형제섬, 문섬, 차귀도, 관탈도 등 제주해역이 된다.

벤자리 배낚시 요령

벤자리는 대부분 집단으로 생활을 한다.
한 마리가 낚이면 그 수심

한여름 밤낚시에 벤자리의 유영층만 잘 파악한다면 마릿수 손맛도 노릴 수 있다.

층을 잘 기억해 둬서 입질이 들어오는 층을 집중적으로 노리는 낚시를 하는게 현명하다. 주위에 동료들과도 협력해서 각자 다른 수심층을 탐색하다가 입질층이 파악되면 다른 사람에게도 알려 낚시를 하는 요령이 필요하다.
아울러 벤자리의 무리라 쉽게 흩어지지 않도록 꾸준히 밑밥을 투여하는 것도 중요하다.

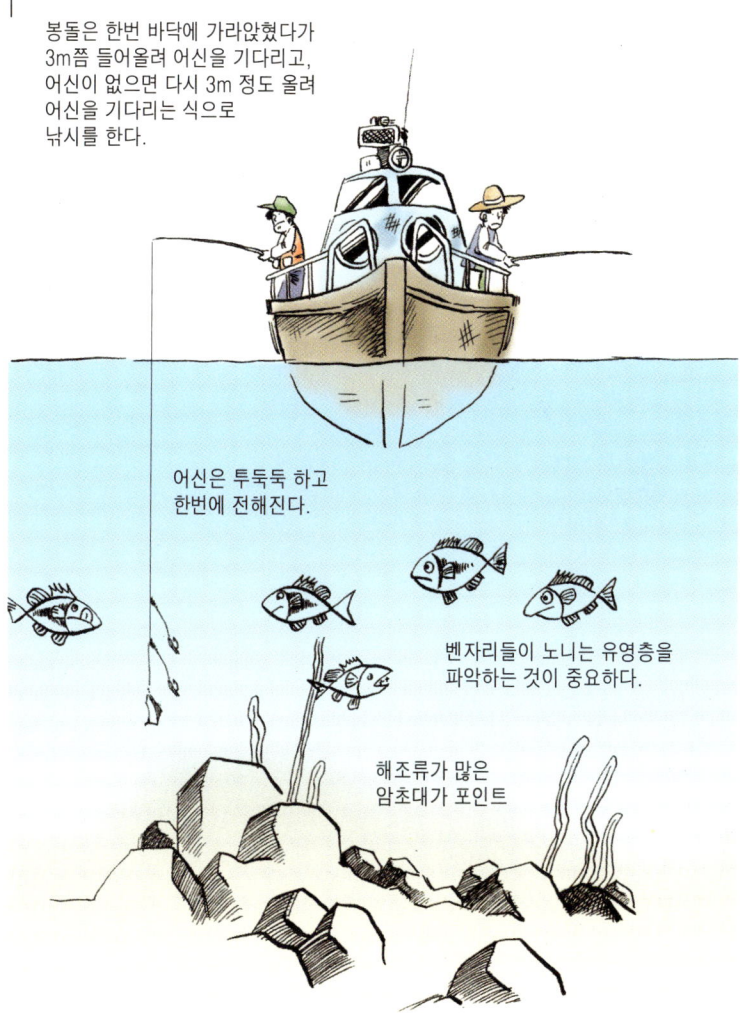

14 바다의 흑기사! 벵에돔

SEA-FISHING TECHNIC

벵에돔
농어목 벵에돔과 벵에돔속(학명 Girella punctata)
영어명은 오팔아이(Opaleye)로 눈이 푸른 벵에돔의 특징을 잘 나타내고, 일본명은 메지나(めじな)이다.

갯바위낚시의 인기 어종

농어목 벵에돔과에 딸린 벵에돔은 따뜻한 바다를 좋아하며 조류가 잘 드나드는 외양에 면한 얕은 바다의 암초 사이를 무리 지어 헤엄쳐 다니는 갯바위낚시의 인기 어종이다.

벵에돔은 탐식성이 강한 어종으로 한국 및 일본 중부이남, 남중국해, 필리핀까지 분포하며 머리가 작고 입도 작으며 위턱과 아래턱에 작고 가는 이빨이 밀생해 있다.

산란기는 1~6월이며, 성어는 연안의 암초지대에 무리로 생활한다.

벵에돔에는 벵에돔 외에도 긴꼬리벵에돔 및 양벵에돔이 있다.

이중에 긴꼬리벵에돔은 아가미뚜껑에 비늘이 있고, 꼬리자루가 더 날렵하며 아가미 끝을 따라 검은 띠가 있으며 꼬리지느러미 끝이 위에서 아래로 거의 일직선에 가까운 모양이어서 꼬리지느러미가 안으로 오목하게 휘어져 있는 일반 벵에돔과 구별된다. 일반적으로 긴꼬리벵에돔이 일반 벵에돔보다 크기가 더 크며, 잡혔을 때 손맛이 좋다.

긴꼬리벵에돔은 제주 해역에서 벵에돔과 함께 잡히는데, 벵에돔보다 더 검은 색을 띠므로 검정벵에돔 또는 흑벵에돔이라고도 한다.

수온이 높을 때는 수심 10m권 안팎의 깊은 곳에 있다가도 수면에 밑밥을 뿌리거나 먹을 것을 보면 2~3m 수심까지 올라와서 먹이를 먹고는 급히 내려가는 행동을 보인다.

연중 낚시가 잘 되는 편이지만 낚시인들마다 알밴 긴꼬리벵에돔을 낚아본 적이 없다는 것으로 보아 제주 해역 이남지역에서 산란한 다음, 회유해 들어오는 것으로 추정된다.

벵에돔의 서식적수온은 18~25℃ 정도로 수온이 따뜻한 암초지대에 주로 산다. 그러나 겨울에도 곧잘 낚이며, 7~8월에 수온이 25℃ 이상으로 올라가면 수면 가까이까지 올라와서 먹이활동을 할 만큼 활동적이고 경계심도 떨어지는 대표적인 갯바위 및 방파제낚시의 대상어종 중 하나이다.

손맛이 좋아 갯바위꾼들이 가장 좋아하는 대상어 중 하나인 벵에돔.

벵에돔 낚시법

벵에돔은 갯바위 띄울 찌낚시의 대표적인 대상어종으로써 일년 내내 낚을 수 있으며 경계심이 무척 강한 물고기이다.

유영력이 매우 뛰어나며 바늘에 걸었을 때의 저항력이 커서 대를 휘는 강한 끌힘으로 꾼들을 매료시키므로 그 인기가 높다.

어린 놈들은 파도가 잔잔한 후미진 곳이나 갯바위 주변 또는 방파제 주변 등에 나와 있는데, 끊임없이 무리를 이루어 갯바위 주변 또는 방파제 주변을 유영하는 것이 벵에돔의 특징이다. 포인트는 일단 파도가 갯바위에 부딪쳐서 하얀 포말이 이는 곳으로 보면 되는데, 이런 곳에 먹이가 많기 때문이다.

오목한 홈통의 포말지대나 조류와 조류가 만나는 조목이 우선되는 포인트이며, 조류의 소통이 좋고 물밑 암초가 많은 곳이어야 좋다. 조류가 흐르는 방파제 주변이나 갯바위 주변에 무리를 지어 있는 때가 많은데 벵에돔은 대체로 감성돔보다 약간 깊은 곳에 산다.

물밑 여나 암초가 잘 발단한 지형이 벵에돔의 주된 서식처가 되고, 이런 곳에서는 자연히 벵에돔을 띄워 올려서 낚을 수 밖에 없기 때문에 다량의 밑밥이 요구된다. 해서 벵에돔낚시는 밑밥을 빼고는 말할 수 없을 정도로 밑밥의 운용이 중요한 낚시이다.

한편 벵에돔은 세찬 조류를 싫어하는데, 조류가 만나 소용돌이치는 곳보다는 조용히 쉬이는 지역을 선호한다.

식성은 잡식성으로 새우나 기타 곤충 등의 작은 동물을 비롯해서 김 등의 해초도 먹고 산다. 먹이를 먹는 모습도 역동적이어서 수중에서의 동작이 민첩하다.

그러나 소심한 어종이라 생각될 정도로 소음이나 기타 색깔 있는 복장에 매우 민감하게 반응하는 특징을 가지고 있는데, 항상 무리를 지어 다니며 혼자 다니는 경우는 거의 없다. 경계심이 많아서 물에 자신의 그림자를 드리우지 않는 것이 유리하다.

산란기는 2~6월 사이로 다 자라면 깊은 수심의 바위지대를 옮겨가며 무리지어 살아가기 때문에 한 마리가 낚이기 시작하면 마리수로 낚이며,

잘 낚이다가도 한꺼번에 입질이 뚝 끊기기도 한다. 특히 한여름철이자 장마를 끼고 있는 산란기의 낚시는 마리수 재미와 더불어 씨알에서도 튼실한 녀석들이 출현하곤 한다.

하루 중에는 아침과 저녁 나절과 해가지고 나서 어두워질 때 잘 낚이는 편이며, 경계심이 강한 벵에돔은 밤에 수면 가까이로 올라와 유영하다가 아침해가 뜨면 점차 깊은 곳으로 들어가는 습성이 있다. 그러다 보니 비가 오거나 흐린 날에도 수면 가까이로 올라오는데, 이런 때 씨알과 마리수 재미의 찬스를 맞는 경우가 많다.

낚싯대는 5.4m의 릴 찌낚싯대가 표준으로 휨새는 1~1.5호대가 적당하다. 릴은 중형 스피닝 릴을 사용하며, 6.3~7.2m의 갯바위 민장대에 막대찌 또는 자립구명찌를 사용하기도 한다. 원줄은 3~4호, 목줄은 1~2호 정도가 적당하며, 바늘은 크기에 따라 벵에돔 바늘이 시판되고 있으므로 벵에돔 전용바늘을 사용하거나 감성돔 3~4호 정도의 바늘을 사용하면 된다.

벵에돔낚시의 키 포인트는 조류에 채비와 미끼를 태워 흘려주는 요령에 있으며 이 과정에서의 숙련도 및 경험에 따라 조과의 차이가 난다. 그러므로 미끼나 밑밥의 사용·낚시방법 및 찌의 역할이 중요한 요소가 된다.

포말이 있는 급수심 지대의 갯바위 주변이 좋은 포인트가 되며, 밑밥의 양을 다소 많이, 그리고 잘 써야 조과가 좋다.

조류를 잘 읽고 밑밥과 채비를 잘 동조시켜야 함은 물론이거니와 채비를 던질 때 첨벙첨벙 소리를 내거나 물가에서 뚜벅뚜벅 소리를 내면서 걷는 것도 주의해야 한다. 조용히 낚시를 하면 벵에돔도 안심하므로 잘 낚을 수 있으며, 가능하면 예민한 찌와 가는 목줄을 사용할 것을 권한다.

벵에돔의 유영층이 깊지 않을 때에는 고정찌낚시 채비로 낚는 것이 무난한 방법이지만, 깊은 곳에 형성되면 유동찌낚시 채비를 사용해서 낚는다.

찌는 막대형이나 구슬형 등을 사용하지만 포인트의 멀고 가까움에 따라 보기 쉽고 채비 투척이 용이한 것을 사용하면 된다.

벵에돔낚시는 조류와 밀접한 관계가 있다. 조류의 방향, 가라앉는 곤충이나 기타 미끼 등의 유무, 수심 등이 낚시에서 고려해야 할 요소들이다.

벵에돔의 입질은 강렬한 편인데, 바늘에 걸리면 좌우로 거세게 내닫는다. 벵에돔낚시용 미끼로는 민물새우나 깐새우 또는 참갯지렁이, 파래새우, 크릴새우 등이 사용되며, 수온이 찬 시기에는 김 또는 정어리 살을 쓰기도 한다.

그러나 모든 낚시에서 그렇지만 벵에돔낚시에서는 특히 밑밥이 중요하며, 감성돔보다 더욱 밑밥을 많이 타는 어종이 이 벵에돔이다.

벵에돔은 경계심이 많은 어종이지만 무리를 지어 다니므로 잘만하면 마리수 조과를 올릴 수 있다.

해초가 있는 암초대 주변 깊숙한 곳에 있는 벵에돔을 띄워올리기 위해 벵에돔낚시용 밑밥은 고운 분말로서 잘 뜨는 성질을 갖는 것이 좋은데, 흔히 가고(かご)라 하는 밑밥망을 붙인 채비를 깊은 곳에 넣어 공략하거나 갯바위 가까이를 쉬지 않고 유영하는 벵에돔을 한 자리에 붙들어 두기 위해서는 한 마리를 낚아낼 때마다 밑밥을 던져주는 세심한 배려를 하지 않으면 안된다. 밑밥은 크릴새우 또는 정어리나 곤쟁이를 다진 것에 집어제를 섞어서 약간 되다 싶게 반죽하여 사용한다.

동해안 지역에서의 벵에돔 낚시는 해마다 쿠로시오 난류의 영향력이 확장되는 5~6월경 울산지방으로부터 시작되어 경북 후포, 울진, 포항 지역에서 본격적인 어신이 전개된다.

벵에돔은 미끼를 발견하면 일단 살짝 물고 자리를 이동하여 다시 씹어먹다가 몸을 숨길 수 있는 곳으로 찾아가려 하므로 입질이 왔다고 해서 바로 챔질을 하게 되면 헛챔질로 끝나기 쉽다. 따라서 찌가 일단 수면 밑으로 들어가 머물도록 잠수를 하면 그때 챔질을 한다.

벵에돔낚시 채비1

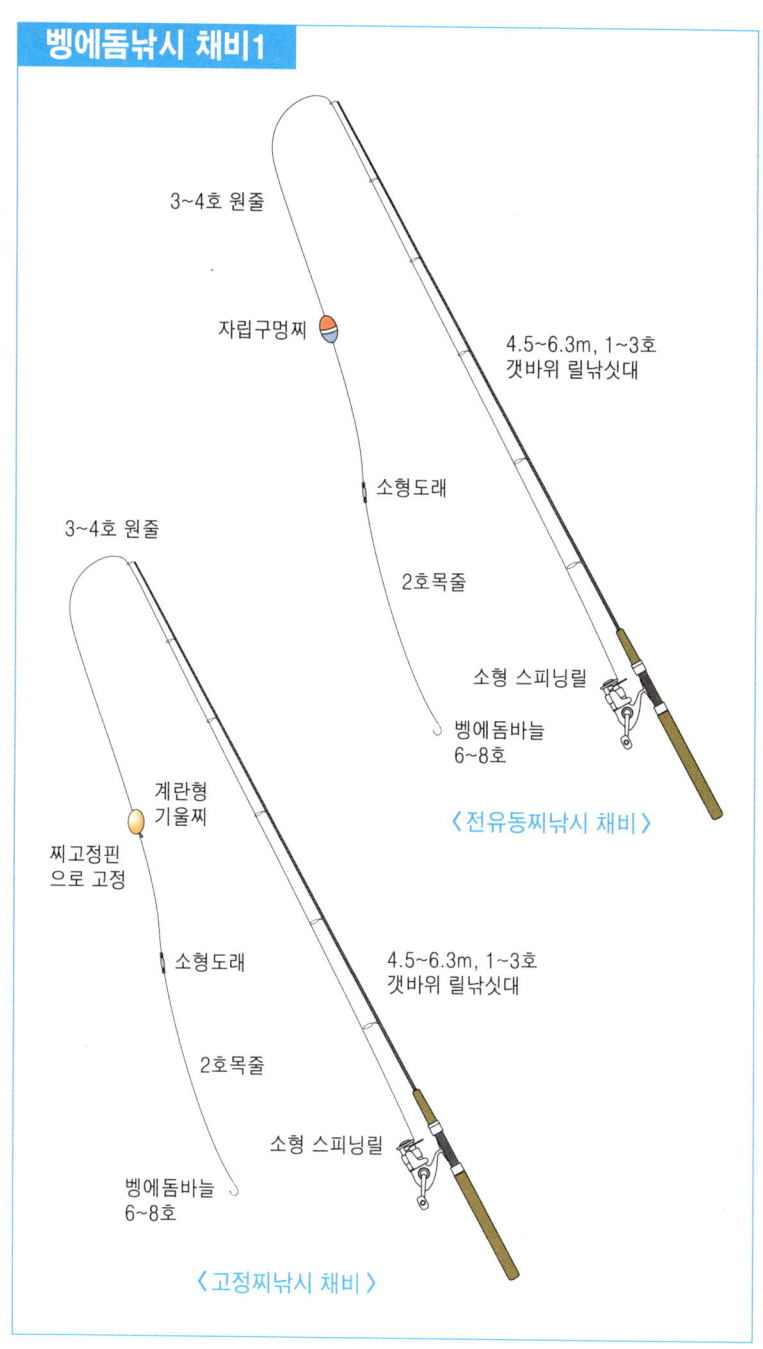

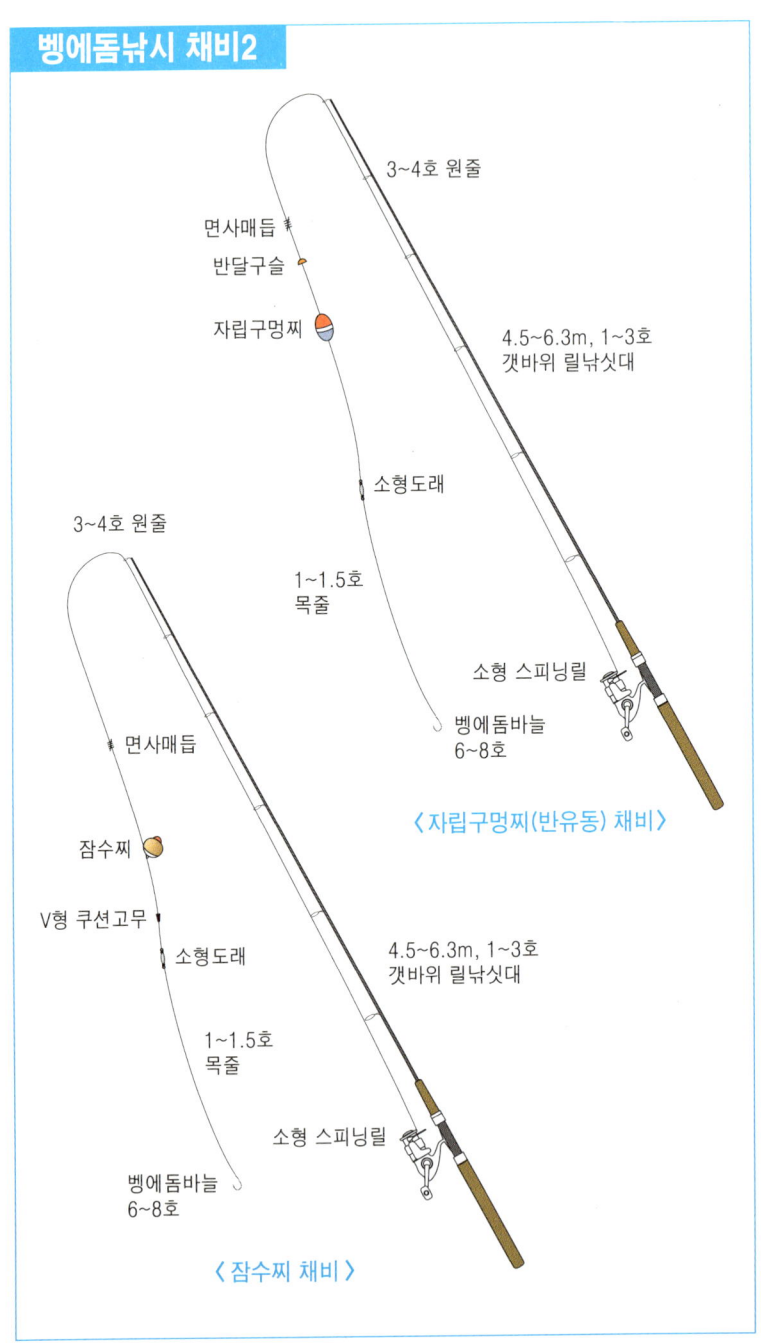

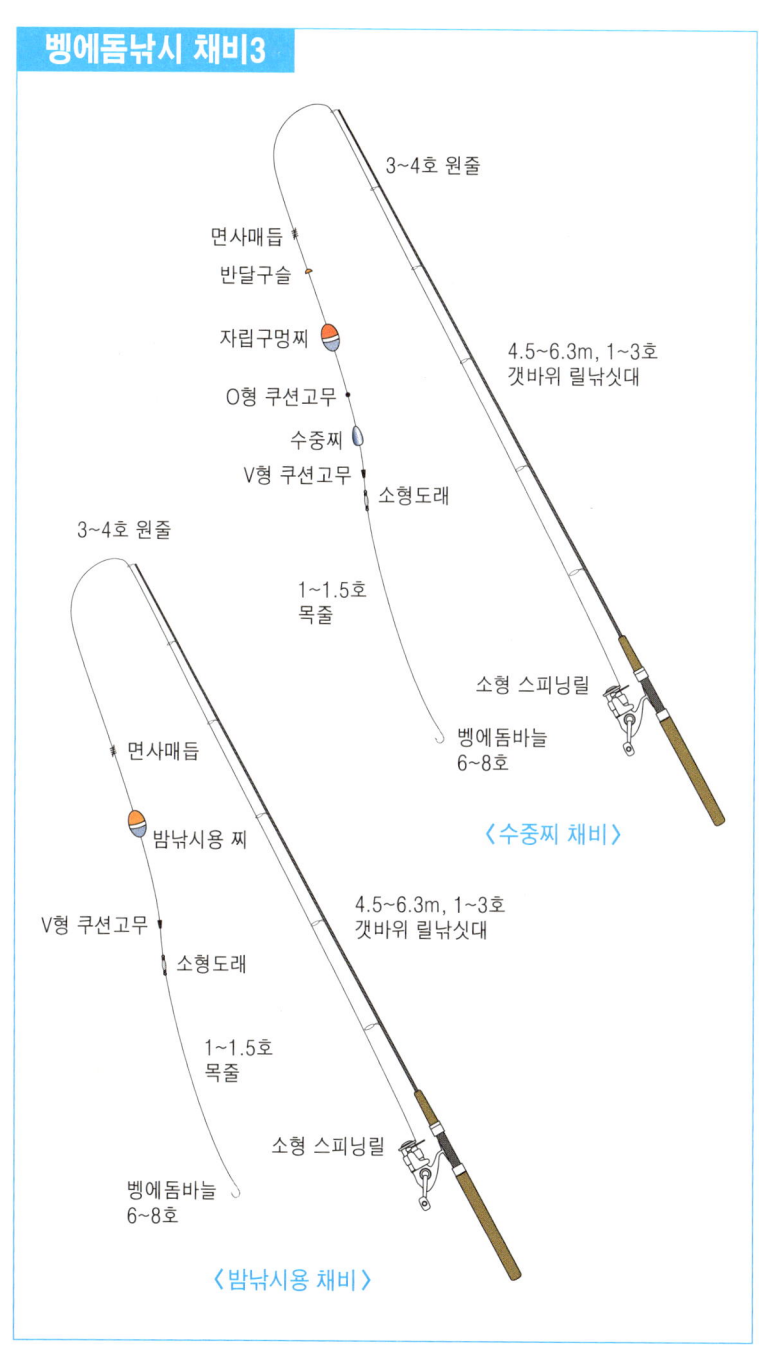

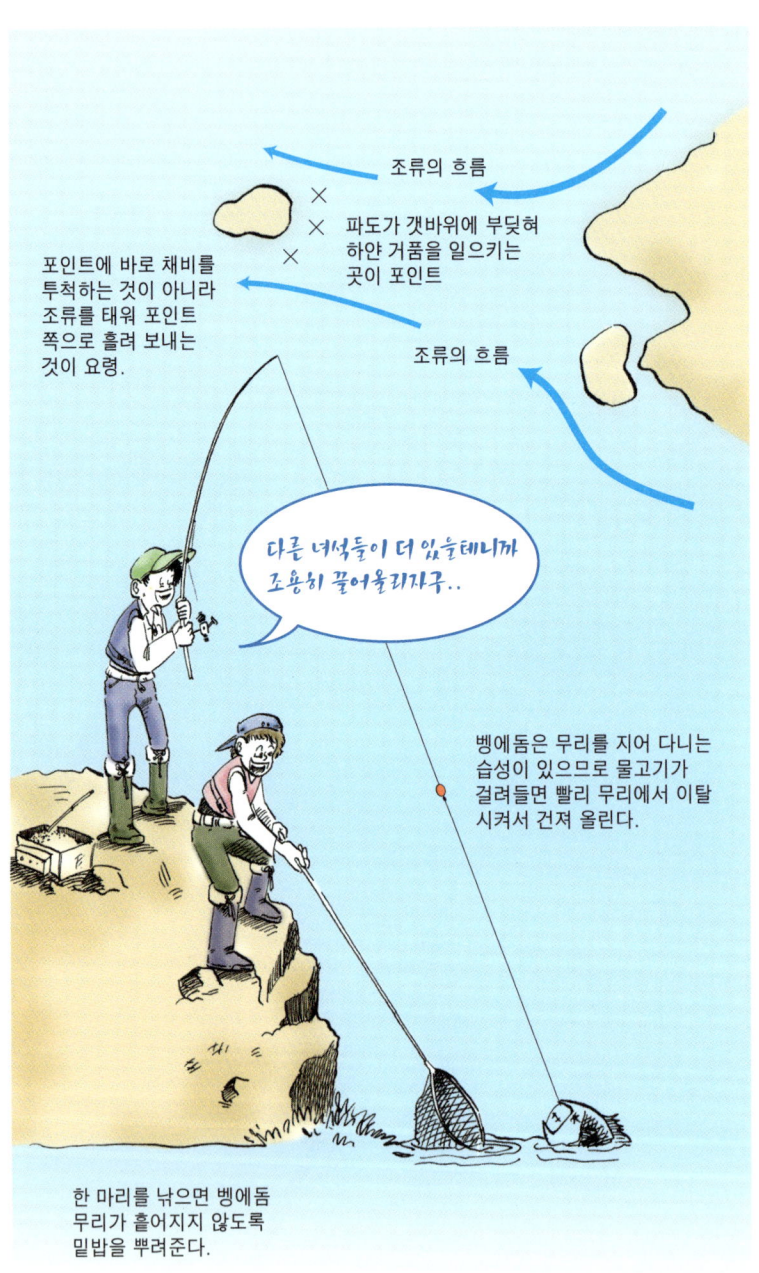

수면에 잡어가 많을 때에는 밑밥을 발밑에 던져서 잡어들을 유인해 놓은 후 포인트에 밑밥을 투여해야 돼.

벵에돔낚시에서는 밑밥의 운용이 매우 중요하다. 밑밥이 없이는 조과가 떨어지기 마련인데, 밑밥으론 곤쟁이, 크릴새우, 정어리, 멸치 등을 주로 쓴다.

우리는 무리를 지어 다닌다구요.

낮에는 벵에돔들이 수심 깊이 들어가 생활하므로 적절한 밑밥투여로 벵에돔들을 수면 위로 뜨게 만들어야 한다. 하지만 일시에 너무 많은 밑밥의 투여는 오히려 역효과를 불러올 수 있으므로 적당한 양을 주기적으로 투여한다.

해조류가 많은 암초지대가 포인트

벵에돔은 매우 민감한 대상어이므로 최대한 채비를 가볍고 예민하게 쓰는 것이 좋으며, 적절한 밑밥의 운용이 조과에 큰 영향을 미친다.

15 보리 익는 5월에, 보리멸

SEA-FISHING TECHNIC

보리멸
농어목 보리멸과 보리멸속(학명 Silago shiama))
보리메레치, 보리멸치 등의 방언으로 불린다.

던질낚시는 보리멸부터

보리멸은 얼른 보기에는 민물의 피라미 비슷한 느낌을 주는 작은 물고기지만 낚싯대를 넘어뜨릴 정도로 입질이 세다. 그래서 '던질낚시는 보리멸부터' 라는 말이 있을 만큼 던질낚시를 좋아하는 사람들 사이에서 인기가 높다. 농어목 보리멸과에 속하는 보리멸은 우리나라에서는 서남부 및 동해 남부, 제주도 등지에 분포되어 있다. 몸은 가늘고 긴 방추형으로서 몸의 빛깔은 등이 누런빛을 띤 갈색이며 배는 흰색이다. 막 낚아낸 직후에는 진주빛으로 약간의 투명성을 띤다.

보리멸은 모래땅을 좋아해서 해저로부터 30cm 쯤 되는 곳을 헤엄쳐 다닌다. 수온이 7~8℃ 이하에서는 먹이활동을 하지 않으며 겨울이 되면 수심 깊은 곳으로 빠져 나간다. 보리멸 낚시는 5월부터 시작해 지역에 따라 12월까지 이어지기도 한다. 던질낚시로는 봄에서 가을에 걸쳐서 일반적인 시즌이 된다. 겨울철이더라도 따뜻한 지방에서 보리멸이 월동하는 장소를 만나면 많이 낚을 수가 있다.

보리멸은 몇 마리씩이라도 무리를 이루는 때가 많으며 소음이나 진동에 매우 민감하게 반응한다.

산란기는 6~9월이며, 최고 25~30cm 정도 자란다.

보리멸에는 보리멸과 청보리멸이 있는데, 청보리멸은 동해와 남해에 서식하며 보리멸보다 약한 청색을 띠는 것이 다르지만 여러가지 습성이나 생태는 보리멸과 비슷하다.

보리멸을 낚아보자

보리멸은 보리가 누렇게 익어갈 무렵에 비로소 잘 낚이는 멸치라는 의미를 가지고 있다.

낚시는 5월 초 무렵부터 9월 말경까지 주로 백사장에서 이루어지는데, 채비는 바늘 3개짜리 채비(3本)를 보통 많이 쓴다.

백사장 던질낚시에서는 미끼를 바늘 아래로 길게 늘어뜨리지 않게 쓰며, 캐스팅 직후 채비가 날아가서 착수하기 전에 검지로 스풀을 눌러서 써밍을 해주는

것이 좋다. 봉돌이 바닥에 닿으면 대를 천천히 세워 채비를 끌어준다.
바다 밑 모래나 자갈바닥으로서 요출형의 돌출된 바닥이나 해조류가 있는 바다 주변, 점점 얕아지는 경사면으로 잔돌이 무더기로 박혀있는 장소 등이 포인트가 된다.
한여름철 수온이 매우 높을 때에는 아침·저녁이 낚시시간대이며, 조류의 움직임이 좋고 파도와 포말이 있어서 먹이가 많이 움직이는 시간대를 노리는 것이 중요하다. 조류의 움직임이 없는 시간대에는 보리멸의 식욕도 떨어지므로 조과도 덜하다.
계절에 따라 차이가 나지만 낚시인이 많은 낚시터에서는 봉돌의 착수음에 보리멸이 놀라서 도망치므로 채비를 멀리 던져서 낚는 원투낚시가 유리하다.
7~8월의 한여름에 백사장에서 이루어지는 원투낚시는 3.6~4.5m 원투용 릴낚싯대에 15~20호 가량의 로케트 봉돌을 달아 쓰며, 8~11호 보리멸 낚시용 카드채비를 걸어서 사용한다.
배낚시는 2.1~3m 가량의 민물 릴낚싯대도 사용하며, 보통은 2.7~3m의 배낚시 전용 릴낚싯대에 L자형 편대채비를 사용한다. 바늘은 보리멸낚시 전용으로 만들어 시판하는 보리멸 카드채비 8~11호를 사용한다.
배를 한 곳에 고정시키고 낚시를 할 때는 채비를 멀리 원투한 뒤, 서서히 릴링하여 바닥의 채비와 미끼를 조금씩 끌어주면 된다.
미끼는 새우나 갯지렁이 외에 간혹 오징어류나 꼴뚜기 새끼를 미끼로 사용하는데, 보통은 청갯지렁이면 무난하다
보리멸은 회도 맛있으며, 튀김또한 일미이다.
보리멸국도 이름난 요리이며, 약한 불에 소금구이를 해도 별미이다.

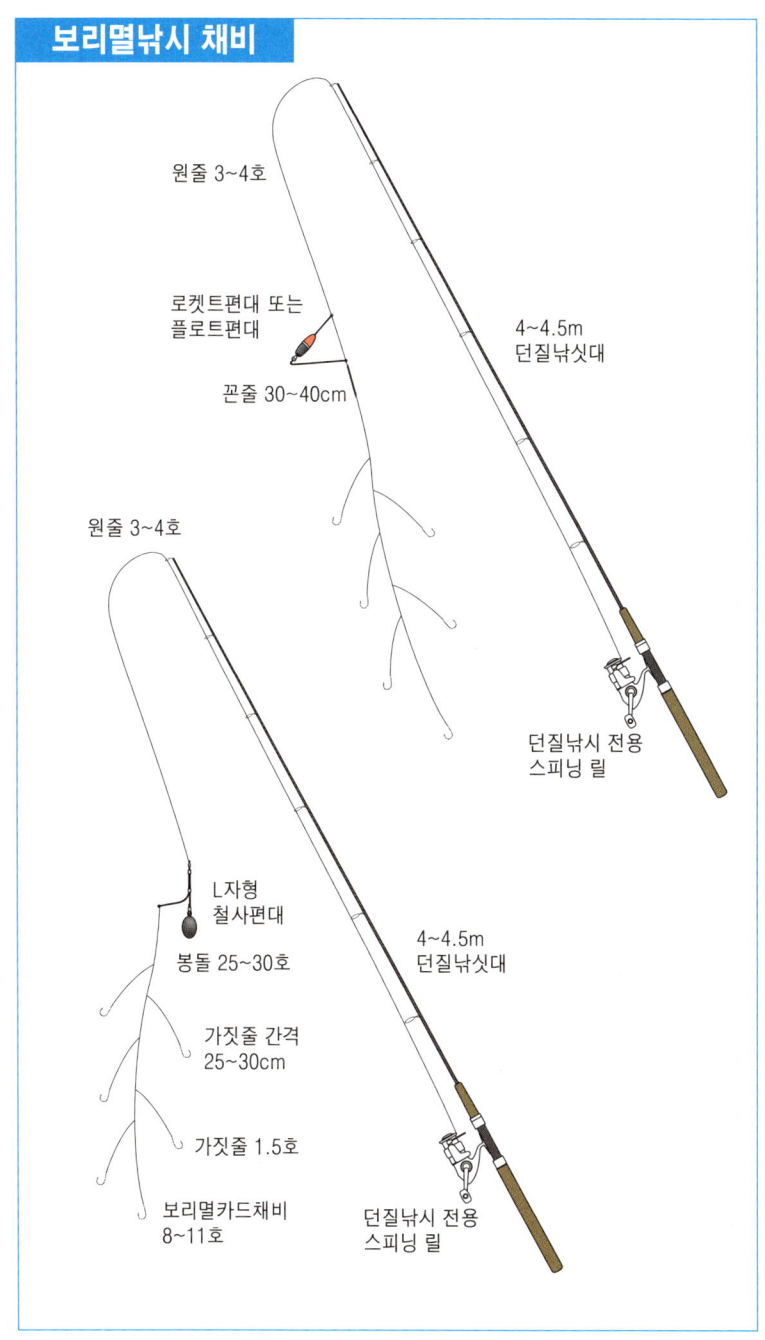

보리멸은 이렇게 1년을 지낸다

봄

바닷물의 온도가 올라가면 깊은 곳에서 겨울을 나고 있던 보리멸이 슬슬 얕은 곳으로 이동한다. '봄 보리멸'이라고 해서 큰 것이 잡히는데, 바닷물의 온도가 불안정하기 때문에 암초 주위 등 따뜻한 곳을 노리도록 한다.
거리는 80~150m 정도에 있다.

여름

초여름이 성어기로서 얕은 모래가 깔린 해변에서 잘 낚인다. 다만 한여름의 낮 동안에는 해수욕을 하는 사람들이 들끓는다든지 바닷물의 온도가 너무 높아 아침, 저녁 무렵에 낚도록 한다. 거리는 30m 이상이다.

가을

가을은 초심자들이 보리멸 낚시를 하기에 좋다. 봄에 태어난 새끼 보리멸이 얕은 곳에서 잘 낚인다. 또 월동하기 전의 큰 보리멸이 깊은 곳으로 들어가기 전에 암초 주위나 경사진 곳에서 먹이를 탐식한다. 월동에 들어가기 전의 큰 보리멸은 30~120m, 가을에 낚이는 보리멸은 5~30m 정도에 있다.

겨울

겨울형 기압 배치로 따뜻한 바닷물을 좋아하는 보리멸도 깊은 곳에 들어가 월동을 한다. 하지만 따뜻한 지방에서는 그 모이는 장소를 찾아내면 이 계절에도 낚인다. 거리는 100m 이상 된다.

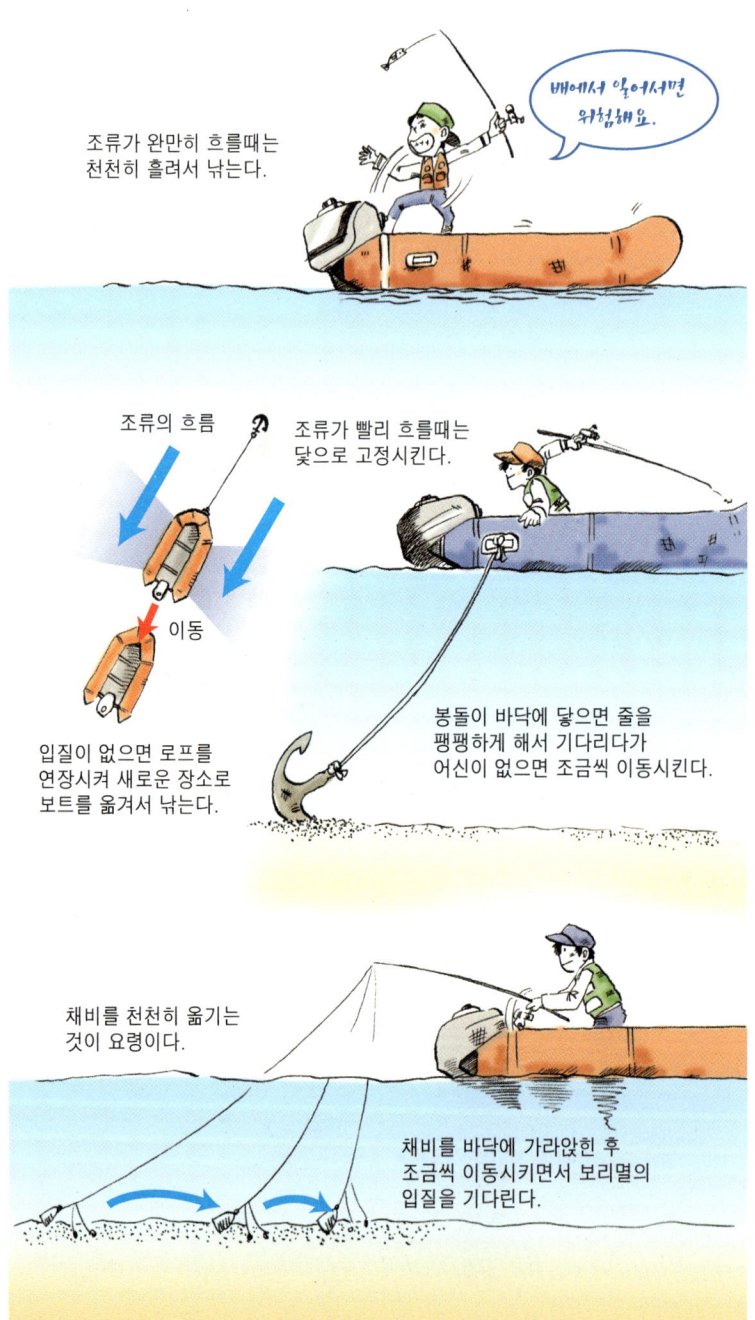

16 날씨박사, 볼락(열기)

SEA-FISHING TECHNIC

볼 락

횟대목 양볼락과 볼락속(학명 Sebastes inermis)
영어명은 락 피시(Rock fish)이며, 일본명은 메바루(めばる)라 하는데 '큰 눈이 툭 튀어나온 물고기' 라는 뜻이다.

툭 불거진 큰 눈

바다낚시를 하는 사람들에게 널리 알려져 있는 볼락은 횟대목 양볼락과 볼락속에 딸린 물고기다.

몸의 형태는 방추형이며 뾰족한 주둥이를 가졌다. 툭 불거진 큰 눈의 지름은 주둥이 길이보다도 크다. 아래 턱 앞 끝의 이는 바깥으로 드러나 있으며, 눈 앞쪽 아래의 두 가시가 무척 날카로워서 등지느러미의 가시와 더불어 낚시꾼의 손을 다치게 하므로 주의해야 한다.

몸의 길이는 대형이 25~30cm 정도. 몸의 빛깔은 물의 깊이나 장소에 따라 보호색을 나타내어 변화가 심하다. 가장 흔히 볼 수 있는 것은 회갈색이지만, 회적색이나 흑회색을 띤 것도 적지 않다.

경남 남해안에 가장 흔한 어종 가운데 하나로, 경상남도는 도(道)를 대표하는 도어(道魚)로 이 볼락을 지정한 바 있을 정도이다. 상업적으로 잡는 어종들 가운데 그물로 잡는 것보다 낚시인들이 낚시로 낚아내는 양이 훨씬 많다고 알려져 있는 대중적인 물고기이다.

암초지대의 해초가 많은 곳에 무리를 이루어 집단으로 서식하며, 새우나 게, 갯지렁이, 오징어, 작은물고기를 먹이로 한다.

뱃속에서 알을 부화시킨 후 새끼를 낳은 난태생이며, 보통 20~25cm까지 자란다.

배에서 볼락을 낚아보자

볼락은 야행성 어종으로 낮에는 10~60m의 암초대에 떼를 지어 머물다가 밤이 되면 얕은 곳으로 나와 새우, 소어(小魚), 갯지렁이 등을 잡아먹고 산다. 따라서 볼락낚시의 미끼는 새우, 갯지렁이, 멸치, 미꾸라지 또는 어피바늘 채비를 쓰는데, 요즘은 볼락 루어낚시로도 많이들 잡고 있는 실정이다.

볼락낚시는 11월부터 이듬해 2월 무렵에 남해 동부지역에서 배낚시로 이루어지는 외줄낚시와 방파제나 갯바위에서 이루어지는 3~6월의 밤낚시로 이루어진다.

배외줄낚시는 낮낚시 외에 선상 밤낚시라 하여 밤시간에

흔히 열기라고 불리는 불볼락. 볼락보다 약간 크며 몸 측면에 5개의 선명한 갈색띠를 갖고 있다.

낚시를 하기도 하며, 갯바위에서의 밤볼락낚시는 3~4월부터 시작하여 5~6월의 보리누름기까지 활발하게 이루어 진다. 그래서 '보리가 누렇게 되면 볼락을 낚는다' 는 말도 있다. 이 시기를 지나면 마치 겨울철에 눈에 흰 막이 생기는 감성돔이나 숭어 등과 마찬가지로 여름철에 볼락은 백태라고 하는 눈의 흰 기름막이 생겨서 먹이를 잘 보지 못한다.

포인트는 물밑 바위·암초대가 발달한 곳으로, 해초가 있는 홈통지역이 좋다.

볼락 밤 배낚시는 배에 불을 밝히고 낚시를 하는데, 이 환한 불빛은 배에서 낚시를 위해 미끼를 꿰거나 기타 필요한 행동을 하는데 도움을 주지만, 진짜 이유는 배 주변의 플랑크톤이나 기타 먹이감 등이 불빛을 보고 수면층으로 떠오르고 이들을 먹이로 하는 볼락이 뒤이어 수면층으로 올라오게 되므로 집어를 위한 목적이 있는 것이다.

미끼와 채비는 상하좌우로 살짝살짝 챔질하듯이 끌어주는 것이 입질을 유도하는데 유리하다.

볼락은 '날씨박사' 또는 '볼락은 천기를 미리본다' 고 할만큼 날씨에 매우 민감한 어종인데, 달빛이 조금만 밝아도 조과가 떨어지고, 태풍이나 폭풍이 밀려올 것 같으면 구경조차 하기 힘들 정도로 자취를 감추는 놈들이다. 또한 볼락은 야행성이면서도 서로 무리를 이루는 군집성이 강한 어종으로 미끼를 덥썩덥썩 물어주므로 배에서 외줄낚시에 한 마리가 바늘에 걸려 들면 다른 놈들도 덩달아서 미끼를 물기 때문에 채비를 한번 내리면 최소한 너댓마리식 주렁주렁 낚아올리게 된다.

볼락낚시에서는 볼락과 더불어 열기(불볼락)도 함께 섞여서 낚이는데, 물때만 맞으면 쿨러를 채우기가 어렵지 않을 정도이다.

볼락낚시는 11~12월 이후 1~2월 무렵에 남해동부 지역에서 배 외줄낚시에 의존하며, 동해남부 지역에서는 10월 초 무렵부터 이듬해 5월경까지의 바다의 변화가 많고 암초가 발달한 곳에서 잘 낚인다.

볼락낚시의 채비는 볼락·열기 카드채비를 쓰는데, 가지바늘이 10개, 15개 또는 20개가 달린 것이 시판되고 있으며 낚시를 처음 시작할 때는 이 채비의 바늘에 미끼를 꿰어 바닥까지 내려준다. 그리고 낚싯대를 30~50cm 높이로

서서히 올렸다가 내려주는 고패질을 하는데, 입질이 오면 낚싯대를 약 1m 높이로 올려서 들고 있으면 계속해서 입질이 들어온다.

입질이 활발해지면 미끼를 꿰지 않고 그냥 채비를 내려주어도 입질이 계속 들어오는데, 이 시기에 카드채비에 줄줄이 낚여 올라오는 것을 흔히 '볼락꽃이 핀다'고 말한다.

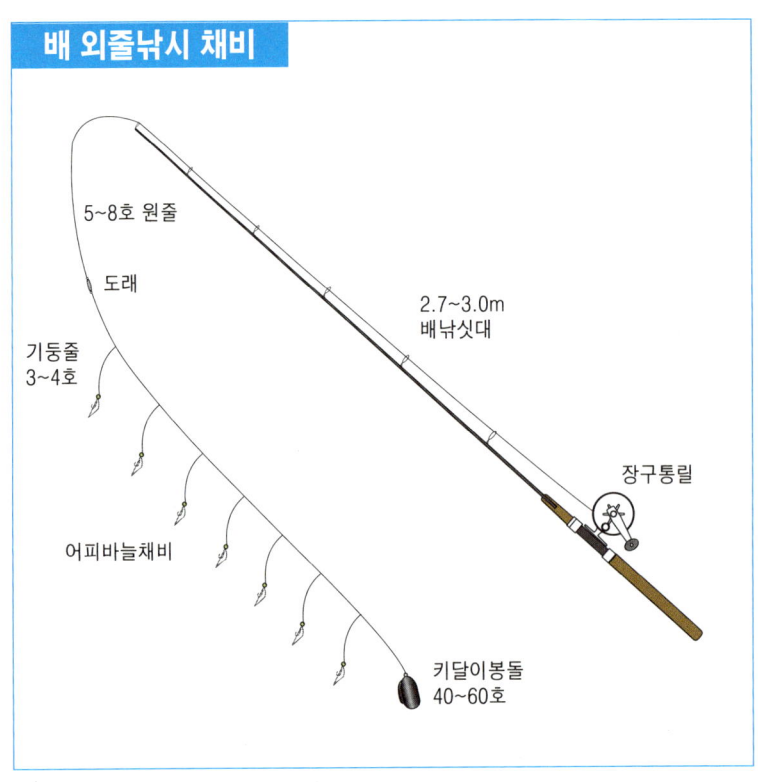

배 외줄낚시 채비

갯바위 볼락낚시

갯바위에서 볼락낚시를 할 때는 4.5~6.3m의 갯바위용 민낚싯대 또는 연질릴대를 주로 쓰며, 릴은 중형 또는 소형의 스피닝 릴을 장착해서 쓴다.

민낚싯대의 맥낚시나 찌낚시 또는 릴찌낚시 등으로 낚시가 이루어지며, 밤낚시는 물론, 아침·저녁과 흐린 날에는 한낮에도 잘 낚인다. 갯바위 볼락낚시에서는 밑밥을 수시로 뿌려서 바닥권에 머물러 있는 볼락을 수면층으로 유인해 내야 낚기가 쉬우며, 작은 소리에도

볼락은 야행성이므로 밤낚시의 조과가 낮낚시의 조과보다 훨씬 좋다.

민감한 놈들이므로 무리가 흩어지지 않게 조금씩 밑밥을 던져주는 것이 요령이다.

볼락은 수중여가 발달한 암초대로서 조류를 정면으로 맞받는 곳을 제외한 해조류대나 홈통 등에 많다.

갯바위낚시에서도 집어를 위해 불을 켜놓는 것이 좋다. 해서 가로등이 켜져 있는 방파제 주변에서 볼락낚시가 많이 이루어지게 되는 것이다.

일반적으로 볼락은 바람, 파도가 없는 잔잔한 날이나 그믐날 달이 없는 시간대를 택해야 잘 낚을 수 있으며, 밤볼락낚시의 포인트는 암초대가 잘 발달한 곳이 된다. 물때는 중들물 이후 만조 때까지가 낚시 찬스이며, 낮에는 극히 한정된 여에 몰려 있다.

낚시에 낚이는 볼락은 대개 15cm 안팎의 크기인데, 아주 작은 것은 젓볼락이라 부르는 반면 20cm급이 넘는 크기의 씨알을 왕볼락이라 부르기도 한다.

볼락낚시에 쓰이는 미끼는 청갯지렁이를 중심으로 한 갯지렁이류와

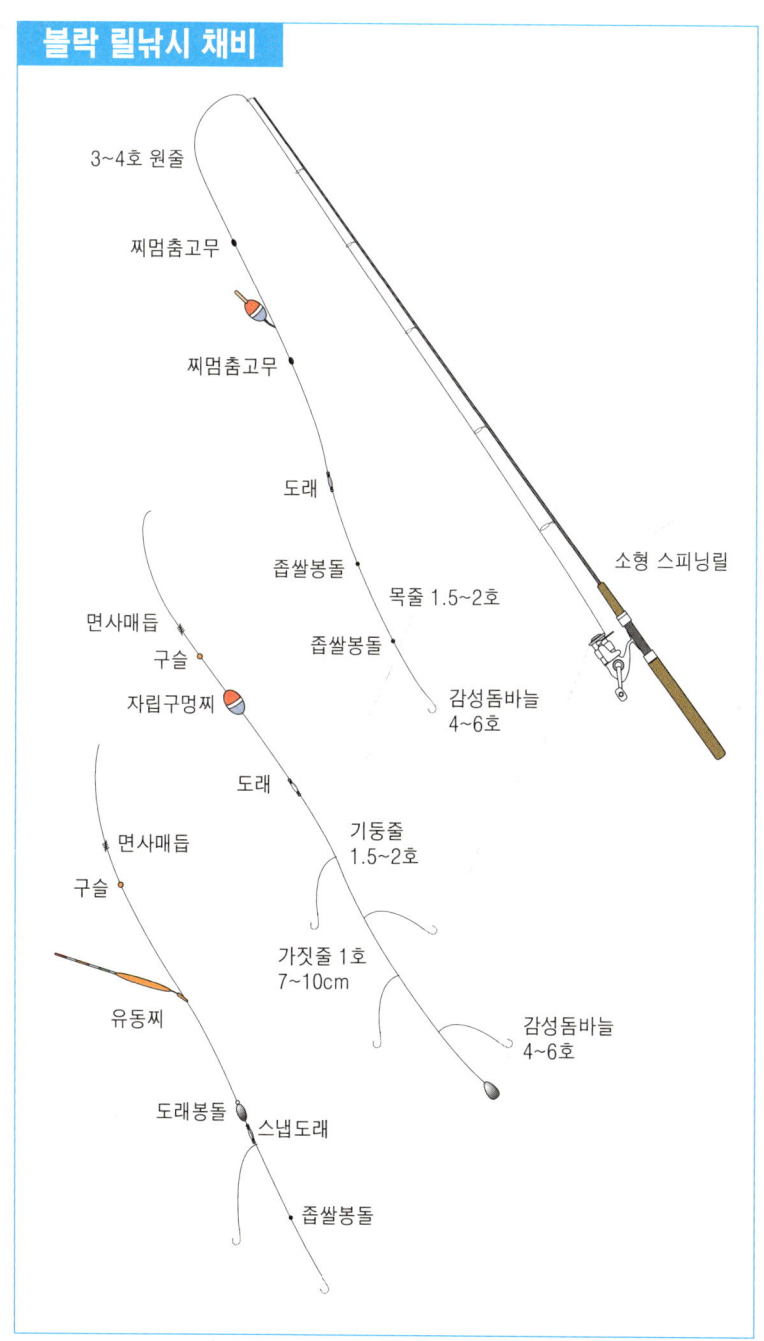

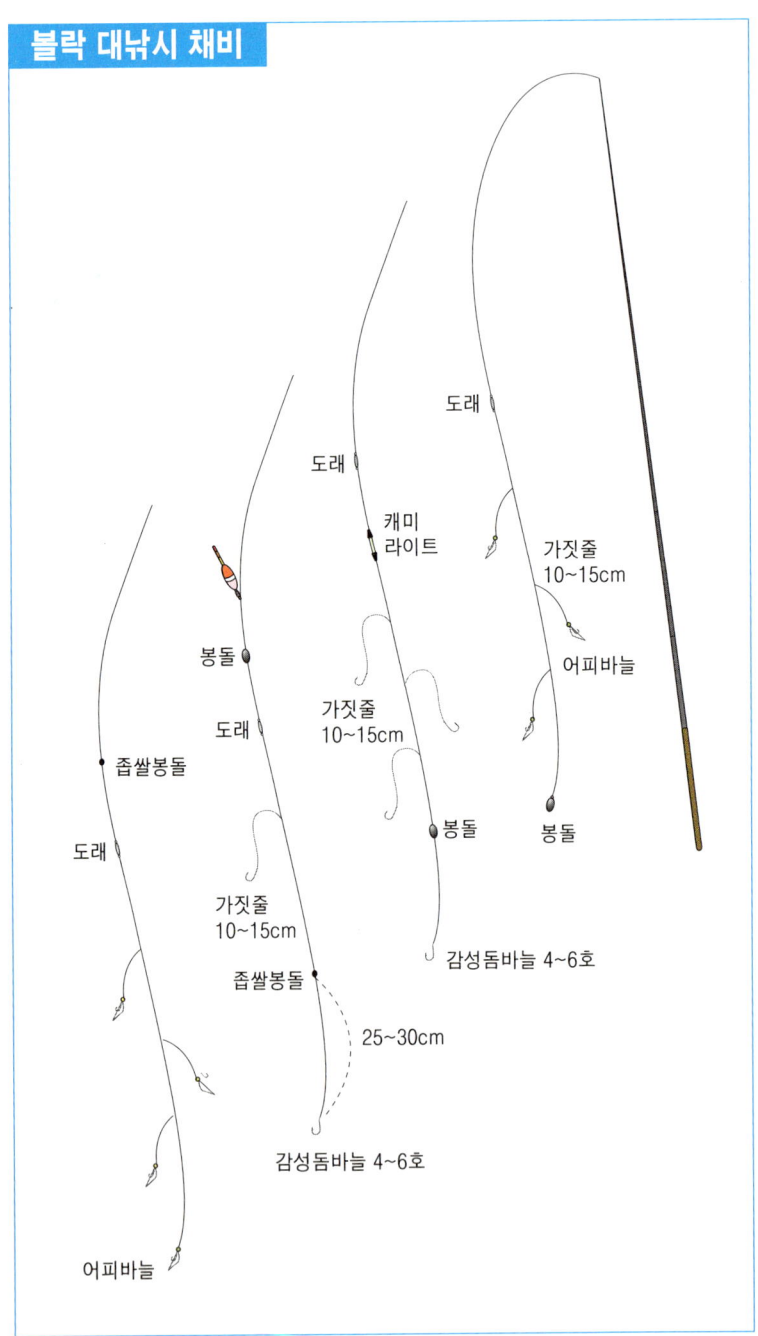

파래새우, 민물새우, 크릴 등이 쓰이는데, 웜을 이용한 루어낚시도 많이들 하고 있는 실정이다. 대체로 밤낚시엔 갯지렁이류를 쓰고 낮낚시에는 새우가 잘 듣는 편이다. 청갯지렁이는 꼬리를 잘라내고 쓰거나 꼬리쪽의 끝만 짧게 바늘에 걸치듯이 꿰어쓰면 되고, 작은것은 허리꿰기로 쓰고 큰 것은 토막으로 바늘끝만 나오게끔 바늘목까지 올려꿴다. 하지만 미끼가 떨어졌을 때는 고등어, 전갱이, 학공치 등의 살을 미끼로 쓰기도 하는데, 때에 따라서는 어피바늘이나 털바늘도 물고 올라올 만큼 잘 물어준다.

볼락은 작은 것이라도 회를 떠먹거나 소금구이 또는 매운탕이나 찌게 등으로 먹는데, 작은 놈들은 젓을 담아 김치를 담글 때 사용하기도 한다. 이 때 쓰이는 '씨알이 작은 볼락'이 젓볼락이다.

볼락은 살이 쫄깃하면서 담백한 맛이 좋아 현장에서 가장 간단한 요리로 소금구이를 해 먹는데, 석쇠에 올려놓고 먼불에 구우면서 소금을 살짝 뿌려서 간을 맞춰 먹는다.

매운탕은 '볼락탕'이라 하여 영남지방 낚시인들은 꽤나 즐기는 편이고, 백숙도 먹을만 하며 찜을 해 놓아도 그 맛이 훌륭하다.

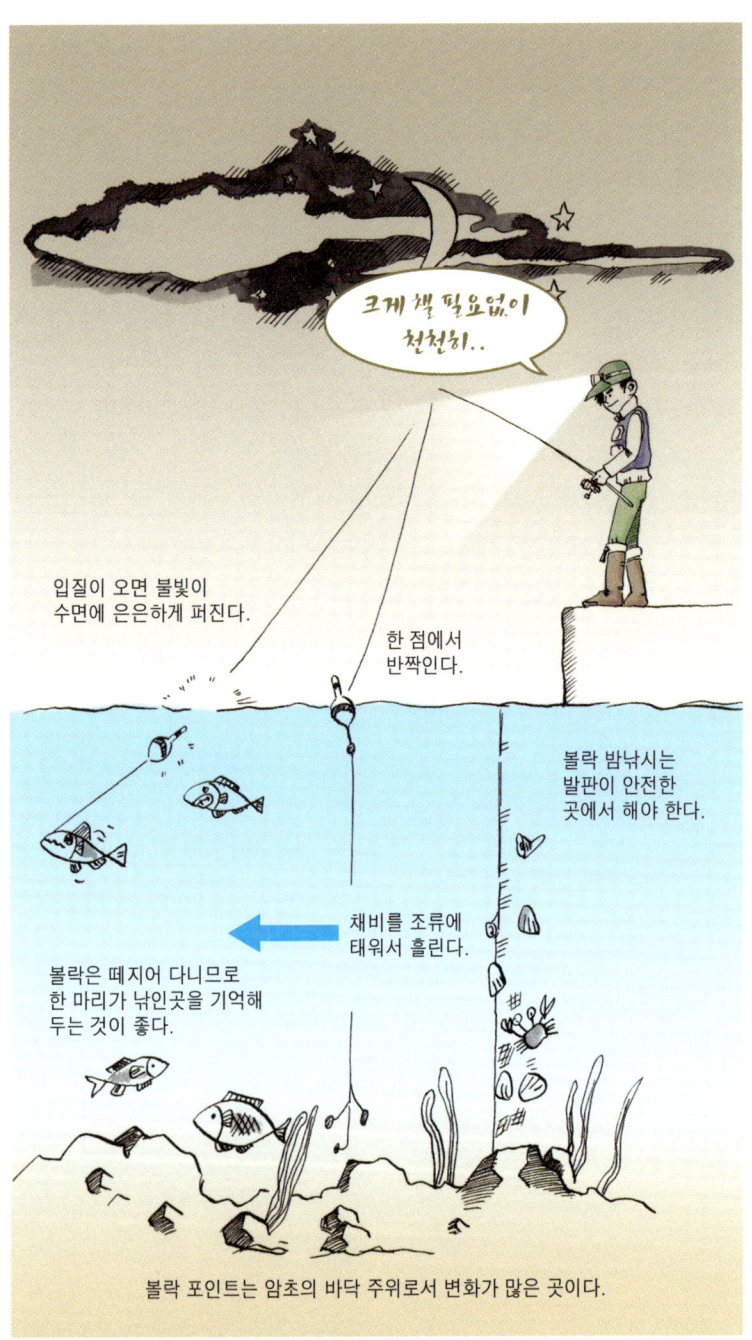

17 겨울에 제맛! 숭어

SEA-FISHING TECHNIC

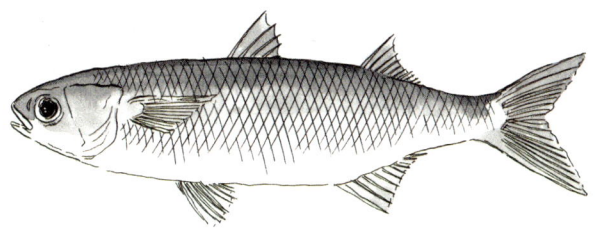

숭 어
농어목 숭어아목 숭어과 (학명 Mugil cephalus)
영어명은 컴먼 뮬렛(Common mullet)이며, 일본명은 보라(ぼら)이다.

겨울에 맛있는 물고기

온 세계의 따뜻한 바다에 살고 있는 숭어는 고기와 알이 맛이 좋기로 이름나 있지만 산지에 따라서 맛은 차이가 크다.

우리나라에 살고 있는 숭어류로는 참숭어를 비롯해서 알숭어, 등줄숭어, 가숭어 등 네 종류가 있다. 그리고 영산강, 청천강, 대동강, 낙동강 등 여러 하천과 모든 연해 그리고 제주도 등지에 널리 분포되어 있다.

숭어는 몸길이가 70cm 내외로 길고 납작하며 몸빛은 등 쪽이 회청색, 배는 은백색을 띠고 있는데 둥근 비늘에 덮여 있다. 입은 작고 가는 이가

나 있다.

숭어는 민물이 섞이는 기수역(氣水域)에 사는데 조건에 따라서 헤엄쳐 다니는 층을 바꾸며, 주로 수면 상층부를 유영하며 무리를 이루는 습성이 있다.

행동이 민첩하고 해면을 뛰어오르는 놈을 어렵지 않게 볼 수 있을 정도이고, '숭어가 뛰니 망둥이도 뛴다'는 속담이 있을 만큼 우리에게 친숙한 바닷고기이다.

남해와 동해에서 잡히는 참숭어는 서해안의 가숭어와 약간 다르다. 서해안의 가숭어는 입술이 붉고 참숭어보다 꼬리지느러미의 패인 각이 밋밋하여 거의 일자형인데다 누런 빛을 띠므로 남해안의 회청색 체색에 꼬리지느러미가 깊게 파인 숭어와는 차이가 있다.

숭어를 낚아보자

숭어낚시의 시즌은 초여름 무렵부터 가을까지인데, 작은 것들은 하구나 기수역에도 무리로 올라오는 것을 볼 수 있다.

눈에는 노란 점이 있고 투명한 막이 눈을 보호하는데 숭어의 눈꺼풀은 늦여름부터 차츰 커지기 시작하여 겨울이 되면 눈 전체를 덮게 되는데 이것을 흔히 백태가 끼었다고 말한다. 백태는 이른 봄까지 계속 끼어있게 되는데 따라서 앞을 잘 보지 못하는 이 시기에는 훌치기낚시 바늘인 세발 갈고리바늘을 단 채비를 던졌다가 급하게 감아들이면서 숭어를 꿰어올리는 훌치기낚시가 이루어지기도 한다.

숭어는 늦가을이 되면 깊은 바다로 회유하여 나갔다가 이듬해 봄에 연안 가까이로 올라오는데, 봄부터 가을의 숭어는 주로 수면 상층을 무리지어 회유하므로 밑밥을 소량씩 던져주면서 찌낚시로 낚는 것이 일반적인 방법이지만 던질낚시나 맥낚시로도 낚는다.
숭어의 입질은 약한 편이지만 일단 바늘에 걸리면 저항은 몹시 강렬한 편이다.
숭어 맥낚시채비는 찌를 달지 않았다는 것만 같을 뿐, 바닥층까지 채비를 내려 포인트를 탐색하는 일반 맥낚시와는 차이가 있다. 낚싯대를 치켜 세운 뒤, 크릴 등의 밑밥을 살짝 던져주는 순간 떠오르는 숭어의 수심층에 맞춰 낚는 방법이다.
채비는 5.4~7.2m의 민낚싯대에 3~5호 원줄을 달고 도래 밑으로 목줄을 약 30~40cm에서 1m 길이로 달되, 좁쌀봉돌을 물리고 낚싯바늘은 감성돔 바늘 1~3호를 쓴다.
미끼는 청갯지렁이면 되며, 목줄은 2~3호 줄을 사용한다. 그러나 숭어는 유영층의 변화가 심해서 바닥에서 표층까지 다양하게 탐색을 해야 하는데 찌낚시채비는 수면 근처의 숭어를 공략하기 위한 것이다.
릴 찌낚시는 5.4m 바다 릴대(1.5~2호)와 스피닝 릴, 그리고 3~5호 원줄을 쓴다. 도래봉돌 밑으로 60~90cm 전후 길이의 목줄을 달고 도래봉돌 위로는 막대찌나 일반찌를 고정시켜 고정찌로 사용한다.
숭어는 입질이 매우 약한 편인데, 미끼를 입에 넣었다 뱉었다 하는 식으로 미끼를 먹는 습성이 있기 때문이다. 물빛이 흐리거나 파도가 많이 칠때는 숭어의 경계심이 약해져서 입질도 좋아지고 씨알 큰 놈들도 잘 잡히며 어느 정도의 조류 움직임이 있을 때가 낚시시간대이다. 숭어낚시에서는 맨 처음 작은 입질을 채지 않고 기다리면 다음에 큰 입질이 들어오므로 이 때 챔질하는 것이 좋다.
바다쪽의 돌출 곶부리 갯바위에서는 3.6~3.9m 원투대로 던질낚시를 한다. 중형 스피닝 릴에 3~4개의 가지바늘이 달린 채비에 기둥줄은 4~5호, 봉돌은 20~30호를 달아 40~50m 거리에 던진 다음, 초릿대에 숭어의 입질이 닿으면 여유줄을 주지 않고 팽팽하게 감아들인다.
한편 동해안의 숭어낚시는 훌치기낚시와 꽃낚시의 두 가지 방법으로 이루어 지는데, 해마다 12월 무렵의 숭어 꽃낚시에 씨알이 굵게 낚이며 그 이후의 겨울기간에는 주로 훌치기낚시를 한다. 훌치기낚시는 사실 강하구나 포구 및 방파제에서 11~3월 기간에 주로 행해진다. 훌치기낚시와 꽃낚시 모두 바다 원투용 릴낚싯대를 사용하는데, 바다용 원투릴대는 4.5~5.3m대를 주로 쓰며 릴은 중형 또는 대형 스피닝 릴을 사용한다.
꽃낚시의 경우에는 T자형 편대 양쪽 끝에 세발 갈고리바늘이 달려 있으며 그 윗부분에 반짝이를 단 것도 있다. 꽃낚시는 채비 위쪽 50~80cm 거리에 숭어낚시용 둥근찌를 달아 쓰는데, 입질이 오면 즉시 챔질하여 낚는다.
훌치기 낚시의 경우 외바늘채비 또는 3단채비가 사용된다.
수면을 잘 살펴 숭어떼가 보이면, 그 숭어떼의 전진방향 앞쪽에 훌치기 낚시 채비를 투척하여 감아들인다. 외바늘채비는 훌치기바늘의 하단 중심부에 납을 붙여 만들어서 채비를 투척하면 비교적 빨리 내려갈 수 있도록 되어있다. 아울러 3단채비는 30~40cm 간격으로 바늘을 3개 정도 달고 봉돌은 10~12호를 달아 쓰는데, 바늘이 몸통의 어딘가에 걸리게 되면 요란한 힘으로 저항을 한다.
그런 반면 목포 등지의 서해안권에서는 선상찌낚시로도 숭어를 낚는다. 3~4월 이후 10월까지 시즌에 구애받지 않고 이루어지는데, 릴은 중형 또는 대형 스피닝 릴에 원줄은 6~7호를 쓰며, 원줄끝에 연결된 도래에는 1m길이의 4~5호 목줄을 쓴다. 목줄 끝에는 큰 대추알 크기의 스티로폴 찌를 달아쓰는데, 목줄 끝에는 다시 15~20cm 길이의 면실로 꼬아서 만든 줄을 달고 그 면실 끝에 바늘을 단다.
미끼는 참갯지렁이를 쓰며 도래 위로는 10~15호 전후의 유동봉돌을 쓴다. 채비 자체를 보면 처넣기 식이지만, 목줄에 스티로폴 찌를 달아 미끼가 물속에서 떠있게끔 유지시켜 주는 것이 이 채비의 특징이다.
물때의 영향은 크게 받지 않는 편이다.

숭어낚시 채비

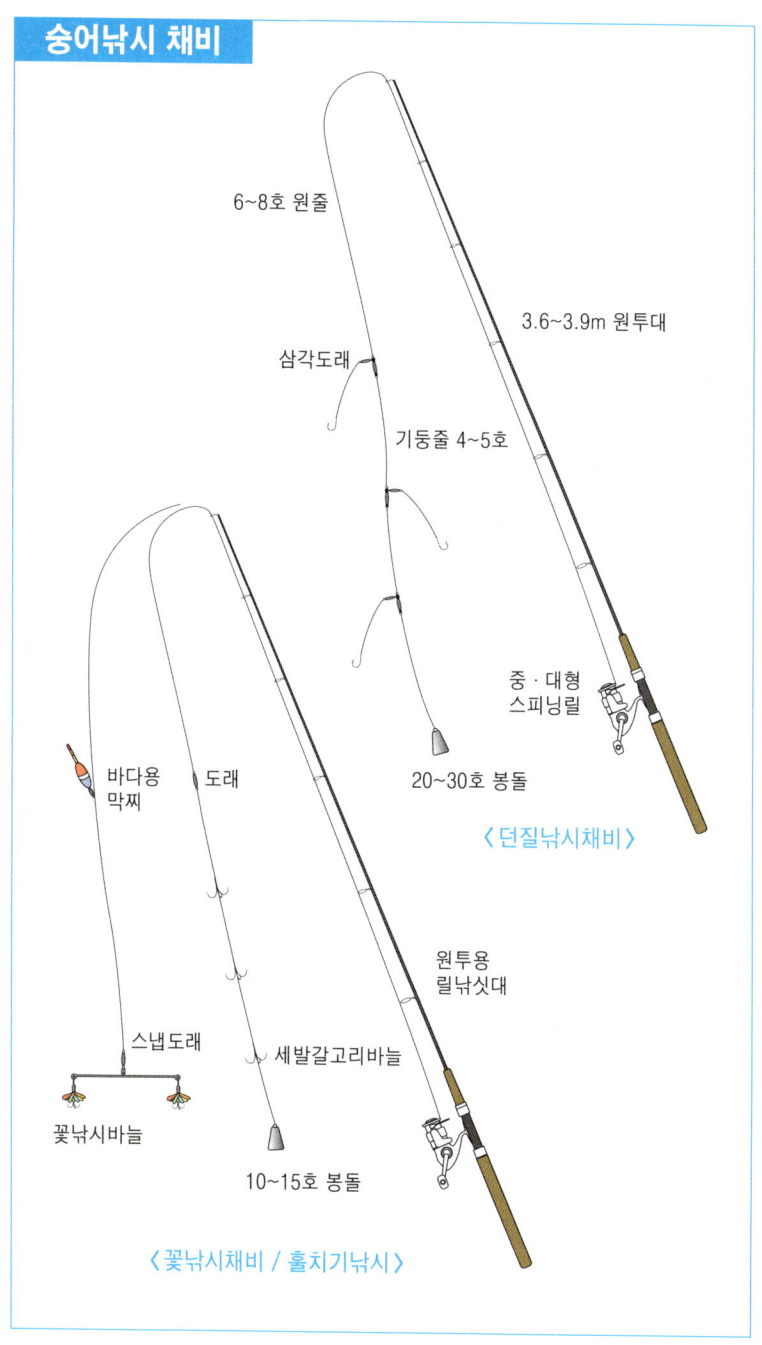

숭어낚시 포인트

SEA-FISHING TECHNIC

숭어 꽃낚시채비에 대해 알아보자

꽃낚시채비. 주로 동해 남부 지역에서 많이 쓰인다.

세 가닥의 철사끝에 각기 세발 갈고리바늘을 달고, 그 바늘의 위쪽에 여러가지 색깔의 반짝이를 단 바늘채비로서 '부드러운 비닐 등을 2~3cm 폭으로 잘라 머리숱처럼 묶은 반짝이를 단 채비'라 하여 꽃낚시란 이름이 붙여졌다. 포항을 중심으로 동해남부 지역에서 1~3월 기간에 주로 행해지는 낚시로 4.5~5.4m 원투용 릴대에 중형 스피닝릴, 3~5호 원줄에 도래를 달고, 도래 아래에 5~10호의 유동찌(봉돌 4~10호)를 단다. 찌밑으로 면사매듭이나 찌스토퍼를 단 뒤에 그 아래로 약 1m 거리에 꽃낚시 바늘을 단다.

세가닥의 철사편대 끝에 각기 세발갈고리바늘을 달고 세가닥의 편대 끝에 30~40mm 폭으로 길게 자른 리본과 같은 반짝이 수술을 부착한 뒤, 그 정점에 봉돌을 단 바늘이다.

이것을 숭어가 있는 곳에 던진 후 서서히 감아들이면 숭어는 미끼로 착각하고 달려들어 물게 되는 일종의 루어낚시이다.

꽃낚시채비는 숭어의 눈에 백태가 끼어 시력이 나쁠 때 행해지는 훌치기 낚시와는 차이가 있다.

낚시터는 동해안의 각 항구나 포구 및 방파제와 갯바위 등지이다.

SEA-FISHING TECHNIC
18 매운탕으로 제격, 쏨뱅이

쏨뱅이
양볼락과 볼락아과 쏨뱅이속(학명 Sabastiscus marmoratus)
영어명은 스콜피언 피시(Scorpion fish)이며, 일본명은 가사고(かさご)이다.

매운탕감으로 일품

쏨뱅이는 겉모습이 쏘가리와 비슷한데 머리에는 작은 가시 같은 것이 뾰족뾰족하게 돋아 있으며 등지느러미의 앞부분도 딱딱하고 날카롭다. 입은 몸에 비해서 크고 새우나 생선살 등 동물성의 먹이를 즐겨 먹는다. 억센 가시가 많기는 하지만 매운탕감으로 일품인 어종이다.

쏨뱅이는 근해성 물고기로서, 복잡한 암초 사이에 산다. 제주도나 부산, 목포 등지의 암초대에서 많이 잡히고 있는데 일본 전역, 대만, 중국 연안에도 분포하고 있다.

겨울철에서 봄에 걸쳐서 알이 아닌 새끼를 낳는 태생어(胎生魚)다.
갯바위에서의 던질낚시, 난바다에서의 배낚시로 다른 계절에도 낚이지만 역시 새끼를 낳는 겨울철에서 봄에 걸쳐 낚인 것이 맛도 좋다.
그러나 낚시 적기로는 겨울보다 여름(6~8월)이 유리하다. 깊은 암초대에 서식하며 최대 어장은 30cm 정도다.
거친 등가시에 쏘이면 몹시 아프며 독이 있다.

쏨뱅이를 낚아보자

갯바위에서는 던질낚시와 탐색하는 낚시를 한다. 던질낚시는 미끼를 던져 넣어서 어신을 기다리는 방법이며 탐색하는 낚시는 바위 사이나 방파제의 벌어진 틈, 버려진 돌 주위 등 어두운 구멍에 들어가 있는 쏨뱅이를 낚는 방법이다.

쏨뱅이는 볼락·열기낚시에 손님고기로 곧잘 낚이는 심해어이므로 배낚시로 주로 낚는데, 대형 스피닝 릴 또는 장구통 릴에 우럭낚싯대, 7~8호 원줄을 쓰면 무난하다. 원줄에 스냅 도래로 연결하는 바늘채비는 6호 기둥줄 끝에 연결된 40~70호 봉돌 그리고 기둥줄 중간에 3~4개의 가짓줄이 달린 채비를 쓰는데, 가짓줄은 3~5호, 가짓줄의 길이는 10~15cm정도 내어쓴다.

가짓줄은 이른바 꼰줄가지 채비인데, 이와 같은 채비 대신에 세발도래로 연결한 채비를 쓰는 것도 좋은 방법이다.

미끼로는 오징어, 정어리, 꽁치, 삼치, 주꾸미, 낙지, 문어발 등을 잘게 썬 토막을 꿰어쓰는데, 오징어나 미꾸라지를 매우 좋아하는 편이다.
30~100m의 수심 깊은 암초대에서 낚이며, 거문도, 제주도 등지의 남해안 수심 깊은 암초대에서 옥돔, 볼락 등과 더불어 곧잘 낚인다.
금방 낚은 것은 회로도 먹으나 튀김, 소금구이 등이 좋다

쏨뱅이낚시 채비

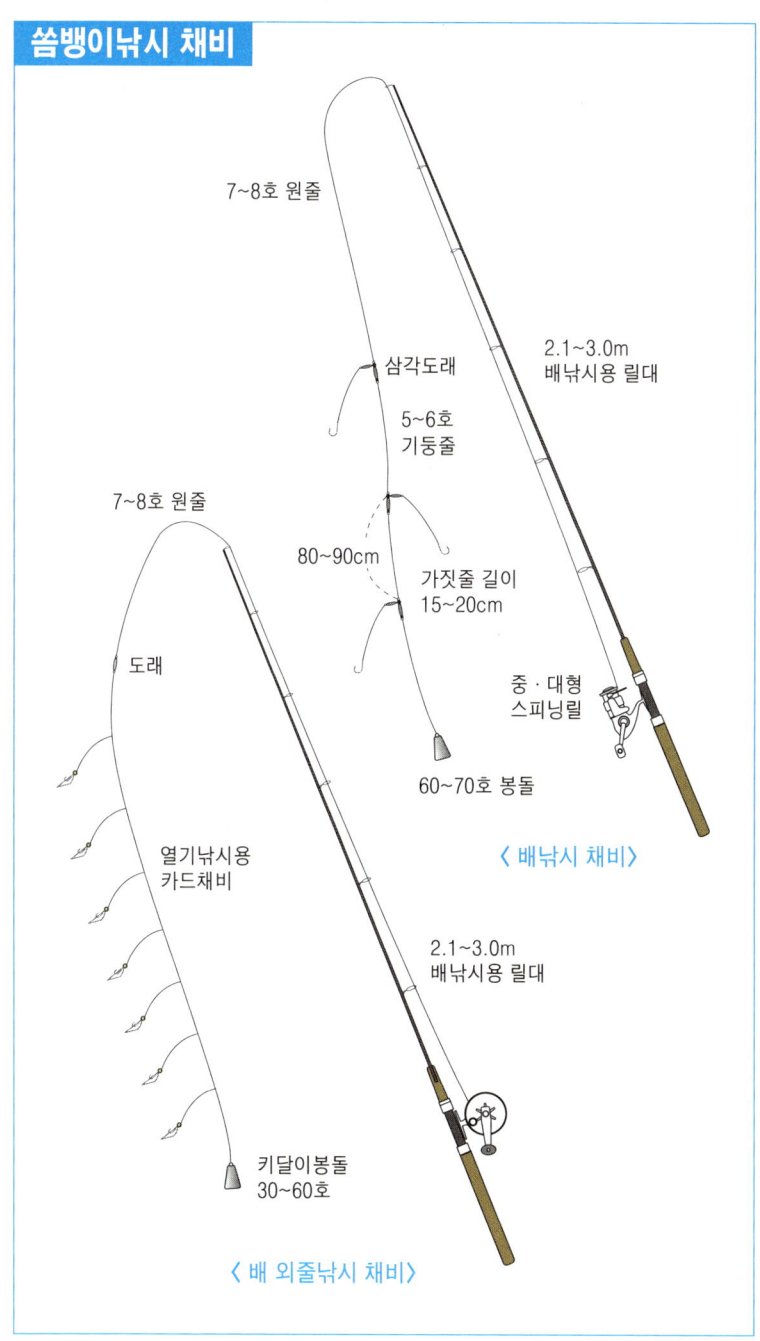

19 맛이 일품! 오징어

SEA-FISHING TECHNIC

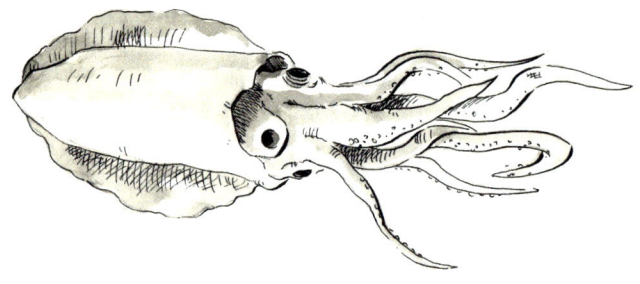

오징어
두족류의 연체동물(학명 Todarodes pacificus)
영어명은 스퀴드(Squid)이며, 일본명은 쓰루메이까(するめいか)이다. 말린 오징어를 방언으로 '쓰리매' 또는 '쓰루메'라고 부르는 것은 일본에서 전해진 것이다.

허리 어깨에 눈, 입, 팔이 달린 연체동물

오징어는 허리 아래에 눈, 입, 팔이 달린 두족류로서 10개의 팔을 지닌 십완류다. 두족류라고 하는 것은 머리에 발이 달려 있다고 해서 붙여진 명칭이지만 흔히 우리가 머리로 알고 있는 둥근 주머니 모양의 외투막은 실은 허리 부분에 속하는 것이다.

종류에 따라서 다르기는 하지만 대체로 낮 동안에는 바닥 쪽에 있다가 밤이나 아침, 저녁으로는 헤엄쳐 다니는 층이 높아지고 활동이 왕성해진다. 또 밤에는 빛이 있는 곳으로 모여드는 성질을 지니고 있다.

우리나라 근해엔 약 80여종의 오징어가 있는 것으로 알려져 있다. 오징어의 서식수온은 4~27℃이나 18~25℃ 안팎이 최적 적수온이다. 10개의 다리 중 2개가 긴데, 이 긴 다리는 먹이를 잡아먹을 때와 교미 때 사용한다. 그래서 교접을 위한 팔이라는 의미로 '교접완(交接腕)' 이라고도 한다.

오징어의 수명은 1년으로, 단년생 인데, 산란 후에는 죽어서 깊은 바닥 으로 가라앉아 썩게 된다.

주로 서해안에서 많이 잡히는 갑오징어. 근래들어 에깅낚시가 많이 이루어지고 있다.

오징어를 낚아보자

갯바위나 방파제에서는 물론 집어등이 설치된 배에서 낚시를 하며, 특히 낚싯배를 타고 할 때는 집어등을 마련해 가야 조과가 좋다.

오징어는 띄울낚시 또는 채낚시 기법으로 주로 배낚시로 하는 방법과, 방파제나 갯바위에서 쏙이나 전갱이, 정어리, 보리멸 등의 토막을 오징어 뿔바늘에 꿰어서 던졌다가 서서히 감아들이는 방법 등이 있는데 요즘은 에깅낚시라 하여 오징어 루어낚시를 하는 낚시인들이 많아졌다.

오징어뿔바늘이 줄줄이 달린 채낚기 채비를 깊이 드리워 고패질을 하다가 차츰차츰 수심층을 올려가며 탐색수심층을 달리하여 낚시를 한다.

처음에 오징어가 뿔바늘을 건드리면 가벼운 입질이 전해지는데, 이 때 잠깐식의 여유를 주면서 고패질을 하다보면 여러마리가 걸려든다.

배낚시를 나갈 때는 오징어를 낚아 바늘에서 떼낼 경우나 낚아올렸을 때 오징어가 먹물을 쏘는 경우가 자주 있으므로 이를 대비하여 우의를 입고 나가거나 더럽혀져도 상관없는 어두운 계통의 옷을 입고 나가는 것이 좋다.

여기서 중요한 것은 오징어를 낚고 난 후의 오징어뿔바늘(에기)에 묻어

에기를 물고 나온 무늬오징어. 동·남해안에서 많이 잡히고 있다.

있는 오징어의 먹물을 칫솔이나 기타 도구 등으로 깨끗이 제거한 후 낚시를 해야 한다는 점이다.

오징어는 자신에게 위험이 닥치면 먹물을 쏘고 도망가는 습성이 있는데, 이런 오징어의 습성 때문에 먹물이 묻어 있는 채비를 그대로 썼을 때는 다른 오징어들이 위험을 감지하고 입질을 하지 않는 결과를 초래하는 것이다.

오징어는 한여름부터 9월 중순의 제주도에서 활기를 맞는데, 10월경까지의 가을로 접어들면 한치오징어 및 화살오징나 갑오징어가 주로 낚인다.

루어낚시가 잘 이루어지지 않았던 동·남해안에서도 근래에 들어 무늬오징어가 많이 낚이기 시작하면서 많은 낚시꾼들이 찾고있는 실정이다.

오징어 루어낚시에 사용하는 에기. 현장 여건과 대상어의 활성도를 고려해서 적절한 에기를 활용해야만 만족스런 조과를 얻을 수 있다. 색상의 선택도 중요하지만 일반적으로 가장 널리 쓰이는 에기는 45° 각도로 가라앉는 상하좌우 복합형이지만, 수심이 깊고 조류가 빠른 곳에서는 상하액션형을, 수심이 얕고 입질이 약한 상황에서는 좌우액션형의 활용도가 높은 편이다.

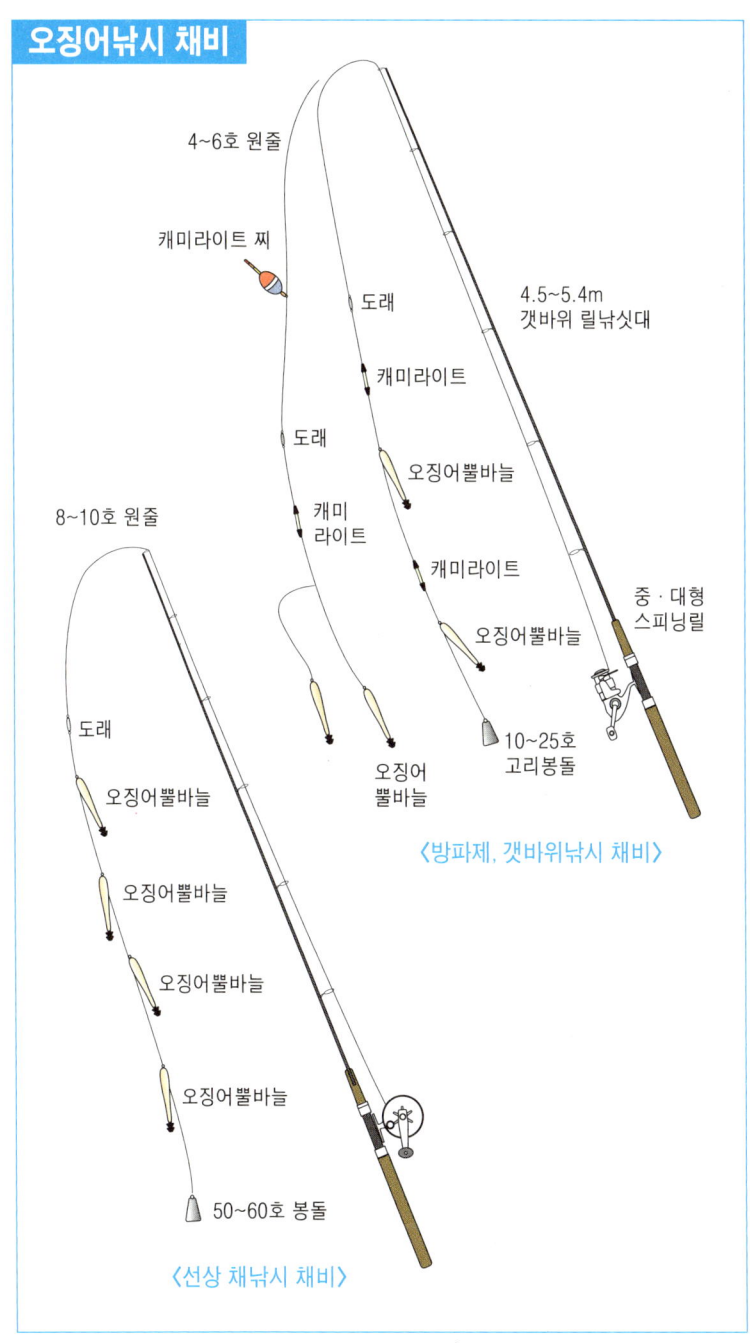

SEA-FISHING TECHNIC

서해안 배낚시의 대표어종, 우럭

우 럭

횟대목 양볼락과 볼락속 (학명 Sebastes schlegeli)
영어명은 락피시(Rock fish)이며, 일본명은 구로소이(くろそい)이다. 우럭의 표준명은 조피볼락으로 정해져 있다.

우리나라 배낚시의 중량급 어종

우리나라에서는 서해안이나 동해안에서 낚이는 우럭은 생김새가 통통한 방추형으로 조금 측편되어 있다. 몸빛은 흑회색에 얼마쯤 짙은 빛의 분명치 않은 무늬를 나타내고 있다. 하지만 죽은 다음에는 등 쪽은 흑회색이고 배 쪽으로 내려오면서 차츰 회색으로 엷어진다.

심해어의 특성 그대로 눈은 툭 불거져 나와 있으며 등지느러미의 가시가 날카롭다.

개우럭이라고 하는 것은 몸의 길이가 60cm까지 이르는 거물급으로서 그 담백한 맛이 일품이다.
10~100m 수심의 연안 암초가 많은 곳에 살며, 산란기는 4~6월이다.
어린 새끼들은 멸치새끼나 새우 등을 주로 먹고살며, 난태생으로서 새끼가 태어난지 2년이 지나면 어미가 되고 30cm급은 약 3년정도 된 녀석들이다.

우럭을 낚아보자

우럭낚시는 서해안에서는 봄철 5~6월과 가을철 9~11월에 잘 낚이며, 동해안에서는 가을철에서 봄철까지가 시즌이다.

서해안에서는 조수간만의 차가 심하기 때문에 물때를 고려해야만 한다.

동·서·남해안에 모두 있는 어종으로 배낚시가 많이 이루어 졌으나, 근래에는 갯바위나 방파제에서 루어낚시로도 많이 잡는다.

서해안 배낚시에서는 우럭낚시 전용 편대채비를 많이 쓴다. 낚싯대 대용으로 편리하게 사용할 수 있는 '자새채비'라는게 있는데, 연자새와 비슷하게 생겼으며 값도 저렴할 뿐더러 손끝에 낚싯줄을 잡고 사용하므로 감각적이고 섬세한 낚시라는 점에서 낚싯대를 사용할 때보다 월등히 나은 점이 있다.

채비는 안흥식 또는 인천식이라는 우럭낚시 전용 편대채비를 자새 또는 스피닝릴과 릴대에 달아 사용한다. 배낚시에서의 미끼는 청갯지렁이 외에 미꾸라지, 멸치, 까나리 등을 쓴다. 우럭낚시 중에는 우럭 외에 노래미, 양태, 망둥이, 보구치, 광어 등도 손님고기로 심심찮게 볼 수 있다.

우럭 배낚시의 포인트는 진흙이나 뻘바닥을 제외한 바윗돌이나 자갈이 많은 바닥 또는 모래와 자갈이 섞여있는 곳 등이다. 따라서 거친 장애물이나 밑걸림이 많은 곳일수록 우럭이 있을 확률이 높고 밑걸림에 채비를 떼이는 일도 빈번해 진다.

우선 포인트의 바닥에 채비를 내려 봉돌이 완전히 닿게 한 다음, 30~40cm 정도 채비를 천천히 들어올렸다 내려주는 고패질 방법으로 낚시를 하는데, 입질이 들어오면 너무 급하게 챔질하지 말고 여유있게 챔질하면 굵은 우럭들을 어렵지 않게 걸어낼 수가 있다. 아울러 고패질을 몇 차례 계속하다 보면 바다상태도 짐작해낼 수가 있는데, 봉돌이 물렁물렁한 감각으로 전해지면 뻘바닥, 불규칙하게 '투두둑' 하는 느낌이 들면 돌바닥이다. 이와같은 판별력은 다소의 경험을 요구하는 것으로서 포인트의 바닥을 빨리, 그리고 정확하게 읽으면서 낚시를 하면 흥미는 물론 조과도 배가될 것이다.

서해안의 우럭 배낚시는 인천과 충남지역이 중심을 이루는데, 서해 우럭 낚시의 시즌은 4월 말~5월 초 이후 11월 초순 무렵까지이며, 그 중에서도 5~10월 본격시즌을 맞는다.

해마다 5월 시즌이 되면 인천 연안부두나 만석동을 출항지로 하여 덕적도, 승봉도, 장봉도, 풍도, 육도 일원까지 낚싯배들이 드나들며, 아울러 충남권에서는 태안 및 대천권 등지가 중심이 된다.

충남의 삼길포, 학암포, 안흥, 안면도, 교로리(당진), 대천, 오천 등지가 우럭낚시 출항지로서 으뜸으로 꼽히는 곳들이다.

안면도 남단의 영목에서는

40cm급 우럭의 모습. 해뜰녘이나 해질녘에 씨알 좋은 녀석들이 곧잘 나온다.

삽시도, 원산도, 효자도 등지로 낚시를 나가게 되므로 중부권에서는 충남 서해안이 중심이 된다. 서남해의 태도, 만재도 등지나 신안군 지역 일원에서는 한겨울에도 50~60cm급 우럭들이 곧잘 낚인다.

우럭은 살이 쫄깃쫄깃하고 맛이 좋아서 회로도 많이 먹으나, 우럭매운탕은 그 중 으뜸이다. 그 깊고 그윽한 맛이 우리 한국인의 입맛에 딱 맞아 떨어지는데, 구이를 해먹어도 좋고, 국을 끓여 먹기도 한다.

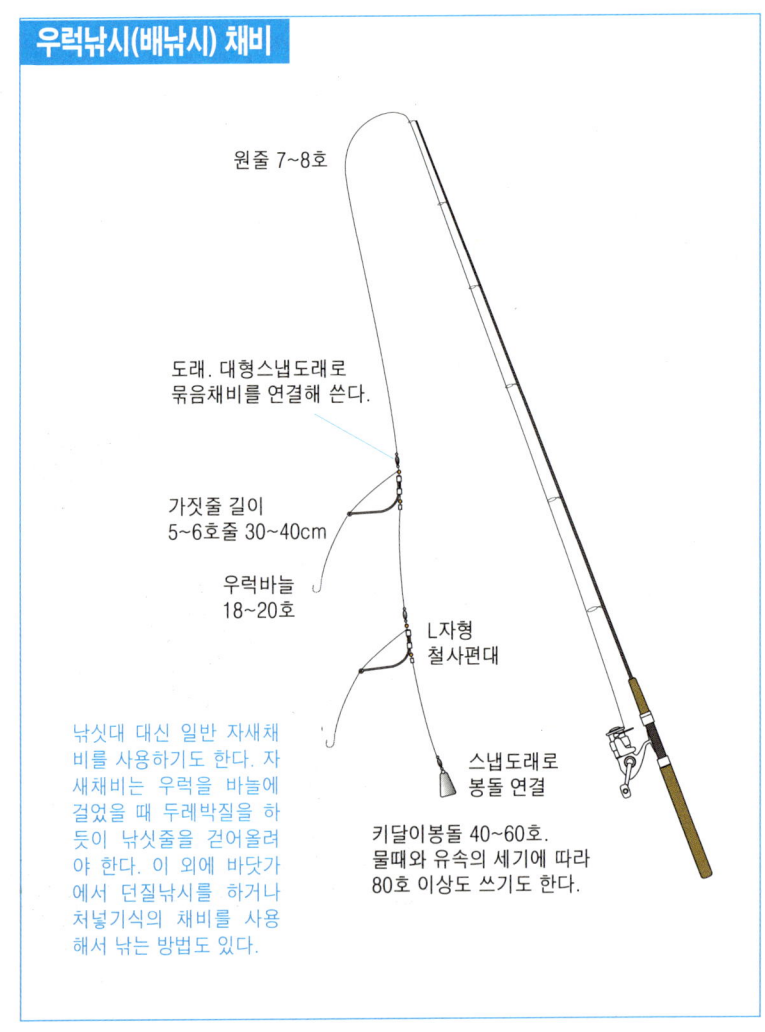

우럭낚시(배낚시) 채비

- 원줄 7~8호
- 도래. 대형스냅도래로 묶음채비를 연결해 쓴다.
- 가짓줄 길이 5~6호줄 30~40cm
- 우럭바늘 18~20호
- L자형 철사편대
- 스냅도래로 봉돌 연결
- 키달이봉돌 40~60호. 물때와 유속의 세기에 따라 80호 이상도 쓰기도 한다.

낚싯대 대신 일반 자새채비를 사용하기도 한다. 자새채비는 우럭을 바늘에 걸었을 때 두레박질을 하듯이 낚싯줄을 걷어올려야 한다. 이 외에 바닷가에서 던질낚시를 하거나 처넣기식의 채비를 사용해서 낚는 방법도 있다.

21 여름밤 해변가의 손님, 장어

SEA-FISHING TECHNIC

붕장어
뱀장어목 먹붕장어과 (학명 Conger myriaster)
영어명은 커먼 콩거(Common conger)이며, 일본명은 아나고(あなご)이다. 아나고는 일본명이므로 붕장어라 불러야 맞다.

여름밤 장어낚시의 재미

장어는 크게 붕장어와 갯장어로 나뉘며 낚시대상 어종도 주로 이 두 가지를 말한다. 붕장어는 등지느러미와 배지느러미가 꼬리 끝으로 이어져 있으며, 잘고 날카로운 이로 동물성의 먹이를 즐겨 먹는다. 등 빛깔은 흑갈색, 배는 흰색이며 몸의 표면은 매끄러워 손으로 잡기 힘들다. 또 흰반점이 꼬리 부분까지 규칙적으로 늘어서 있는 것이 특징이며 성어라도 1m 미만이 대부분이다.
주로 연안 내만의 조류가 약한 모래밭, 해초 주변에 살며 야행성으로 밤에

마릿수 재미를 볼 수 있는 붕장어낚시, 회맛이 고소하고 담백해 인기가 좋다.

먹이활동을 한다.
산란은 주로 6~7월에 하며 한 마리가 한 번에 낳는 알은 약 1천만개 정도인데, 어미는 부성란을 낳고 금세 죽어버린다.
겨울에는 수심 100m 이상의 깊은 곳으로 이동한다.
갯장어는 우리나라 서남해 및 대만, 일본 중부이남, 필리핀, 오스트레일리아 및 멀리 홍해나 인도양 등지에까지 분포한다. 길이는 1~2m 가량에 이르며, 등은 회갈색이고 양쪽으로 긴 턱에는 이빨이 있다. 턱 앞쪽으로는 긴 송곳니가 나 있는데, 비늘은 없으며 배지느러미도 없고, 등지느러미와 가슴지느러미가 길다. 측선상에 흰 점이 있는 붕장어와는 달리 흰 점이 없으며, 몸색깔은 흑갈색이다. 1.5m 전후의 큰 놈도 많이 있으며 뱀장어, 붕장어와 마찬가지로 야행성이고 성질이 매우 거칠다.
평상시에는 20~50m의 모래·진흙바닥이나 암초 사이에서 사는데, 낮에는 바위틈이나 진흙 속에 있다가 밤이 되면 나와서 어류나 패류 등을 잡아먹는다.
'개이빨과 같은 단단한 이가 있는 장어'란 뜻에서 '견아려' 또는 갯장어라는 이름이 붙었는데, 그만큼 이빨이 날카롭고 입도 크며 잘 문다.
따라서 밤낚시에 간혹 갯장어가 낚일 경우 물리지 않도록 조심하는 것이 좋다. 기타 낚는 법은 붕장어낚시와 거의 동일하다.

밤에 활동하는 야행성 물고기

붕장어는 바다에 매우 흔한 물고기 가운데 한 종류이지만, 주로 서·남해안에 많으며 배낚시로 낚는다. 낚시 대상어로는 크게 인정을 받지 못하다가

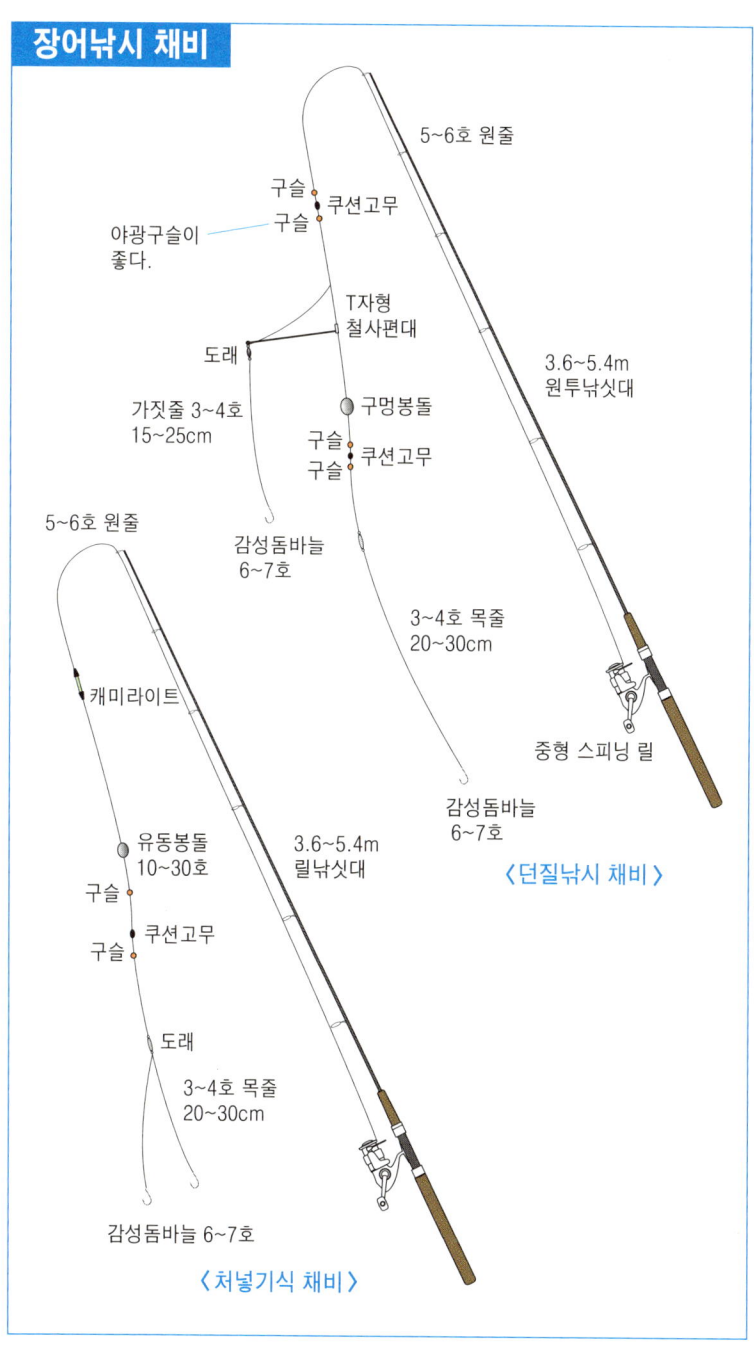

어종별로 낚시장르가 다양해지면서 근래에는 남해지역을 비롯, 전남 진도나 목포 등으로부터 기타 서해 중부의 충남 북부권에서 배낚시로 많이 낚고 있다. 던질낚시로도 낚으며 목포 일원에서는 처박기식 채비로도 낚는다. 어부들 역시 배낚시로 낚으며, 낚시에 걸리면 몸을 몹시 꼬면서 심하게 요동을 치므로 아예 목줄을 끊어내는 방식으로 낚시가 이루어진다. 따라서 낚시에 갓 입문한 사람들로서는 다루기가 쉽지 않은 어종이겠지만, 대신 입맛을 즐겁게 해주는게 매력이다.

붕장어는 밤이 되면 돌아다니는 야행성 물고기이기 때문에 주로 밤낚시를 한다. 다만 일기예보에 주의를 기울여서 파도가 잔잔한 날에 낚시를 해야 한다. 또한 여름철의 흐린 날에는 낮에도 잘 낚인다. 4~5월의 이른 봄부터 9~10월까지가 주시즌이지만, 역시 5~7월이 가장 좋은 시기이다. 한창 낚일 때는 채비를 내리기가 무섭게 걸려 올라오므로 마리수 재미를 실컷 즐길 수도 있다.

미끼는 일반적으로 청갯지렁이나 미꾸라지 등을 사용하며 꽁치나 정어리, 고등어 또는 멸치나 까나리 등도 사용된다.

장어는 미끈거려 손으로 잡기 거북하므로 낚은 장어는 수건 등으로 꽉 눌러서 얼른 바늘에서 빼낸다.

잡은 붕장어를 가장 흔히 먹는 것이 회인데, 껍질을 벗기고 등뼈를 발라내어 잘게 썬 회는 담백하니 맛이 좋다. 간단한 소금구이는 물론 양념을 발라 구워먹는 양념구이도 그 맛이 좋으며 특히 술안주로 그만이다.

매운탕으로는 거의 먹지 않는다.

22 떼고기 손맛! 전갱이

SEA-FISHING TECHNIC

전갱이
농어목 전갱이과(학명 Trachurus japonicus)
영어명은 호스 메케럴(Horse mackerel)이며, 일본명은 아지(あじ) 또는 마아지(まあじ)이다.

플랑크톤을 찾아 군영하는 습성

우리나라의 모든 연해에 분포하고 있는 전갱이는 몸이 아름다운 방추형으로서 등은 청록색, 배는 은백색이며 입이 크다.

수심 30m에서 100m의 암초대 위를 플랑크톤을 찾아 군영(群泳)하는데 날씨와 수온에 따라서 회유하는 층이 변한다. 봄부터 여름에 걸쳐 난바다에서 내만으로 옮겨와서 알을 낳는다.

지역에 따라 다소 차이는 있지만 어디서든 거의 일년 내내 낚인다. 하지만 성어기는 여름을 중심으로 한 그 전후다.

특히 매가리(작은 전갱이)로 일컬어지는 5~10cm 쯤 되는 것은 초여름에서 한여름에 걸쳐서 방파제 주위나 만내의 호안 등에 많이 모여 들어 해수욕을 겸해서 찾아간 사람들을 즐겁게 해준다.
고등어와 습성 및 분포가 비슷하다.

전갱이를 낚아보자

전갱이가 주로 잡히는 시기는 5~8월이며, 방어, 가다랭이 등 대어의 생미끼로 사용되는 바닷고기이다.

30cm 전후 크기로 자라려면 3년이 되어야 하며 약 40cm 까지 자라는 놈들도 있다.

고등어나 전갱이 모두 성질이 팔팔해서 낚아올리면 팔딱거리다가 금세 죽어버린다.

갯바위꾼들에게는 잡고기로 취급되기도 하는데, 전갱이를 낚는 방법이나 요리법 등은 고등어의 경우와 거의 같다.

전갱이는 고등어 등과 떼지어 다니기 때문에 어렵지 않게 쿨러를 채울 수 있다.

무리를 지어 이동하는 고등어떼에 섞여 낚이기도 한다.

전갱이는 8월 말~9월의 동해안이나 10월 무렵 남해안에서 민낚싯대 채비로도 어렵지 않게 마리수 재미를 볼 수 있는 대상어이다. 3~3.5칸대의 민낚싯대에 고정찌 채비로 손쉽게 낚을 수 있는데, 가을철 남해안 방파제나 갯바위로 나갈 때는 일반 릴찌낚시 채비 외에 누구나 손쉽게 즐길 수 있는 낚시어종인 학공치, 고등어, 전갱이 등을 염두에 두고 민장대 채비를 마련해 가는 것이 좋다.

한창 낚일때는 전갱이가 떼로 들어오므로 정신없이 낚이고, 전갱이떼가 들어오면 체측에서 나는 붉은색 때문에 물밑이 불그스레한 적갈샐 빛이 감돈다.

미끼는 크릴, 새우, 갯지렁이 등의 기본적인 미끼 외에 고등어살이나 제살을 잘라 미끼로 써도 잘 낚인다.

방파제에서 전갱이를 낚을 때에는?

초여름에서 한여름에 걸쳐서 낚는 방파제의 작은 전갱이낚시는 간단한 도구와 채비로 누구나 할 수 있다. 해수욕을 하고 돌아오는 길에 해볼 만하다.

낚싯대는 붕어낚싯대나 계류낚싯대를 사용해도 된다. 전갱이는 눈이 좋은 물고기이기 때문에 목줄은 가는 것으로 또 언제나 새것을 사용하도록 한다. 채비는 물고기 껍질 등을 사용한 속임바늘을 사용하며 그 위에 밑밥주머니를 매단 것으로 이것을 조수에 따라 흘려 보내고 때때로 크게 낚싯대를 들어올려 밑밥을 흐트러트려야 한다.

23 기운을 돋우는, 조기

SEA-FISHING TECHNIC

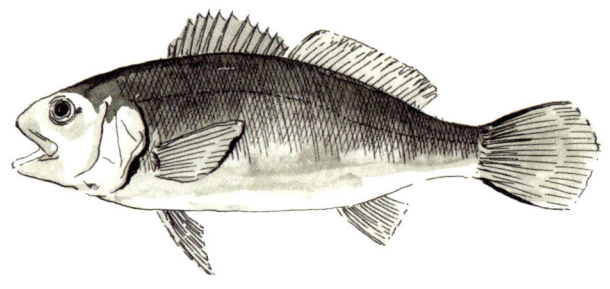

조 기
농어목 민어과 (학명 Pseudosciaena polyactis)
영어명은 크로커(Croaker)이며, 일본명은 긴구찌(きんしち) 이다.

바닷물이 흐린 듯할 때 잘 잡힌다

참조기, 보구치, 수조기, 부세 등을 통틀어서 흔히 '조기' 라고 일컫는데 어장, 체색, 습성에 따라 그 명칭이 다르다. 참조기는 노랑조기 또는 황조기 라는 별명을 가지고 있으며 황강달이는 황세기, 황숭어리 등으로 불리기도 한다.

낚시 대상어종으로는 수조기, 보구치 등이 주류를 이루며 특히 여름철 서해안 배낚시가 유명하다.

우리나라에서는 서남 일대의 연안으로 올라오는 조기가 맛이 좋다.

참조기는 40cm 이상급이 드문데 비해 부세는 70~75cm에 이른다. 배에 황금색 선(腺)기관이 있으며 몸이 전체적으로 노란색을 띤다. 뒷지느러미와 등지느러미 위에 비늘이 덮여져 있으며, 입술이 붉고 40cm 전후 크기로 자란다.

산란기에 '구욱구욱' 하고 우는 것은 암수가 서로의 위치를 알리는 것으로 추정하고 있다.

전남 영광의 칠산도 앞바다에서는 3~4월에 산란하며, 연평도에서는 4~5월에 산란한다. 산란터는 조수의 흐름이 좋은 해역의 모래 땅바닥이다.

던질낚시의 시즌은 산란하러 해안에 접근할 때

조기가 떼를 지어 회유하는 것은 두 가지로 나눠 볼 수 있다. 봄철에는 산란하기 위해 북쪽으로 올라오고, 가을철에는 월동하기 위해 남쪽으로 내려간다.

조기가 낚이는 시기는 매년 4월 무렵부터 11월 초순까지인데 그 중에도 최성어기는 봄철의 보리가 누래지는 '보리누름'과 가을철의 추수 무렵이다. 모래 땅바닥이나 암초, 둔덕의 움푹한 부근 등에 떼을 이루고 살아가며 환충류나 작은 물고기를 먹이로 하고 산다.

시간대로는 저녁 무렵부터 밤에 잘 낚이며, 이 때 보리멸과 함께 낚을 수 있어서 좋다.

던질낚시는 장마철에 접어들 무렵이 씨알도 굵고 많이 잡힌다. 그리고 한여름에는 소강상태를 이루다가 가을바람이 불어올 무렵에 또 후반의 전성기를 맞이한다.

외해에 면한 해안이나 방파제의 앞쪽 끝에서 모래땅의 바닥을 노리면 되는데, 떼를 지어 헤엄쳐 다니므로 잘만 하면 마리수 조과를 올릴 수 있다. 입질은 그리 강한 편이 아니어서 '투둑' 하고 예신이 온 후에 본신이 오는 경우가 많다.

조기 배낚시에서는 깊은 수심층으로 내려간 조기를 잡기 위해 원줄을 길게하고, 채비는 가지바늘을 사용한다.

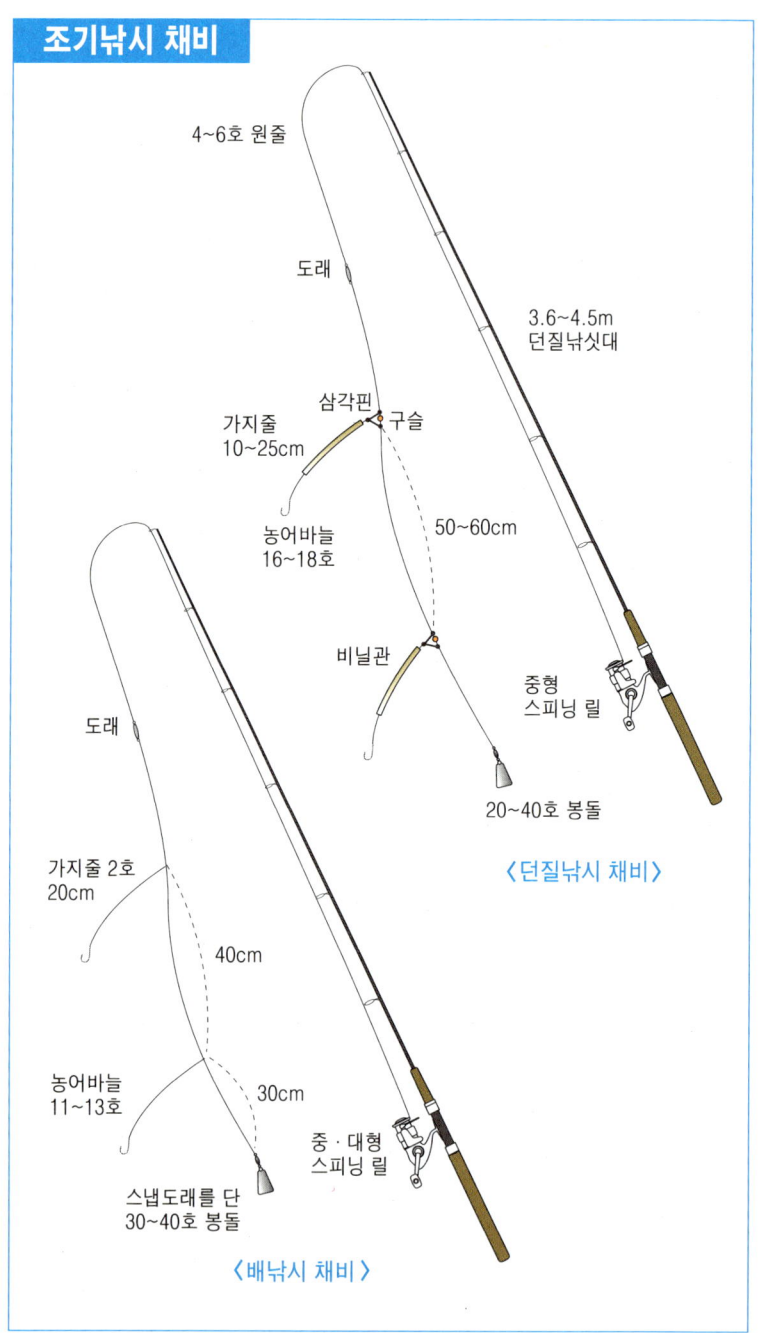

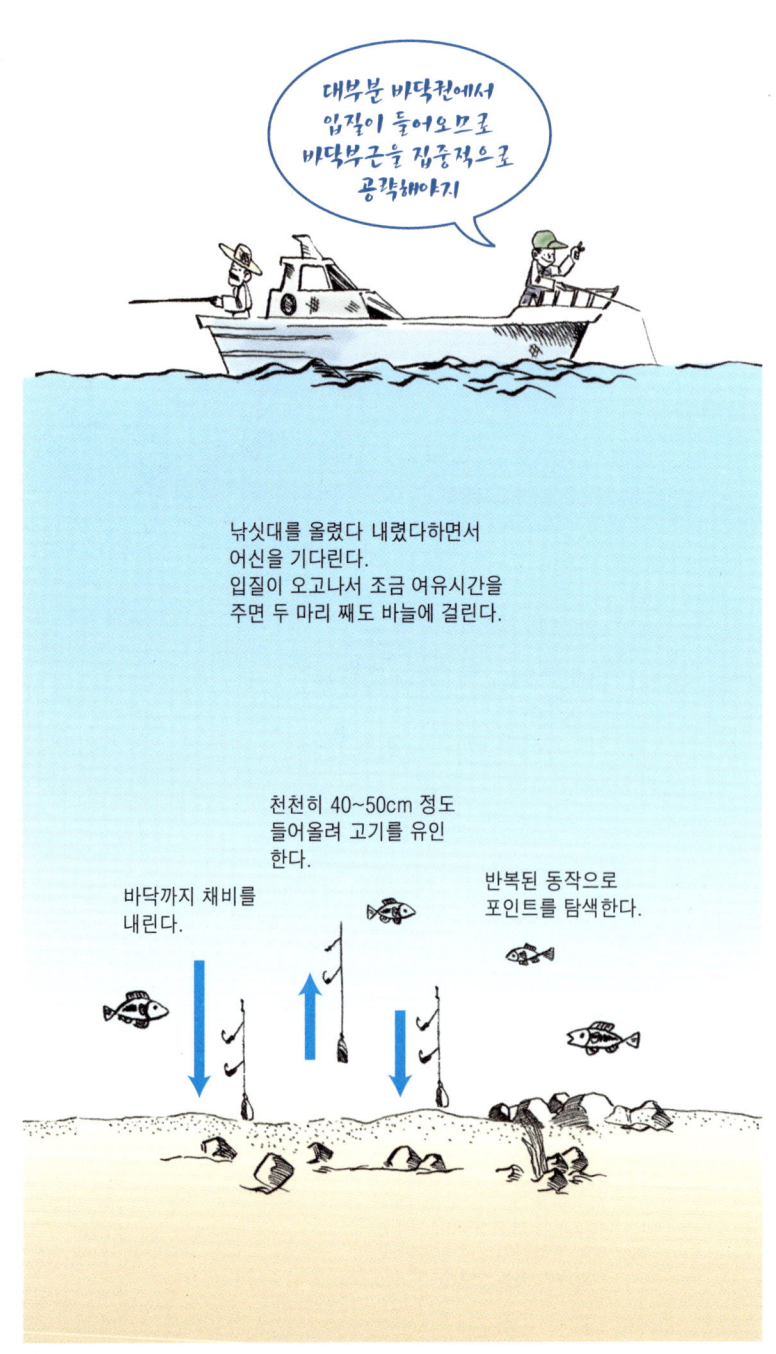

24 바닥을 노려라! 쥐노래미

SEA-FISHING TECHNIC

쥐노래미
횟대목 쥐노래미과(학명 Hexagrmmos otakii)
영어명은 락 트라우트(Rock trout) 또는 그린링(Greenling)이며, 일본명은 아이나메(あいなめ)이다.

암초대나 해초 사이에 산다

쥐노래미과에는 쥐노래미, 노래미, 임연수어 등이 있는데 특히, 쥐노래미와 노래미는 구분하기가 힘들만큼 비슷하다. 쥐노래미는 몸이 가늘고 길며 옆면이 약간 납작하고 몸의 측면에 5줄의 옆줄이 있다. 몸의 빛깔은 보통 다갈색이지만 사는 장소에 따라 변하는 보호색을 지니고 있으며 바다 밑의 암초대나 해초 사이에 살고 있기 때문에 육안으로는 좀처럼 찾아내기 어렵다.
서·남해에 가장 흔하디 흔한 어종 가운데 하나로, 동·서·남해에 모두 있다. 우럭 배낚시에서 오히려 우럭만큼 잡히는 것이 쥐노래미이다.

산란기는 6~9월이며, 특히 서해안에 많은 어종으로 최고 50~60cm 크기로 자란다. 작은 물고기나 새우 또는 기타 곤충 등을 잡아먹고 살며 먹이를 먹는 포식동작이 매우 기민하다. 11월 경에 연안 가까운 곳의 해조류에 산란하며 숫놈이 알을 보호하는 습성을 가지고 있다.

갯바위 루어낚시에도 곧잘 낚이는데 주둥이가 작은 물고기이므로 작은 웜과 바늘을 사용해야 훅킹될 확률이 높아진다. 루어낚시 도중 '토도독' 하는 간사한 입질을 보이거나, 웜의 꼬리가 짤려서 올라오는 경우가 있는데, 대부분 노래미의 입질이다.

미끼는 반드시 바닥권으로 가져간다

암초 사이에 사는 쥐노래미를 낚으려면 미끼를 반드시 바닥에 내려 보내도록 해야 한다.

쥐노래미 낚시로는 해안에서 던져 넣는 낚시, 맥낚시, 구멍봉낚시, 배낚시 등이 있지만, 루어낚시에서도 곧잘 낚인다. 어떤 낚시든 해초가 우거진 암초 사이나 방파제 주위의 버린 돌 주위에서 낚시를 하기 때문에 채비의 소모가 심하다. 그러므로 어떤 낚시법이 되었든 예비 채비를 충분히 가지고 가지 않으면 하루의 낚시를 할 수 없게 된다.

바닥층에 사는 저서어로서 진흙바닥 · 뻘바닥에는 거의 없지만 진흙과 모래가 섞인 바닥에서는 낚인다.

쥐노래미는 서해와 여수 서쪽의 남해 서부 일원에 가장 많은데, 남해안에서는 한겨울에도 잘 낚인다. 게다가 태도, 만재도, 청산도, 황제도, 신지도 등지의 서해 남부권 및 남해 서부권에서는 50~60cm급 대형들이 심심찮게 낚이므로 이때만큼은 겨울 바다낚시인들의 환영을 받는다.

자기 자리에 대한 텃세와 집착이 강한 놈으로, 쥐노래미는 붉은 색을 좋아하는 편이다. 그래서 낚시인 가운데는 봉돌이나 바늘을 붉은 색으로 칠해서 쓰는 사람도 있다. 미끼는 미꾸라지, 멸치, 꼴뚜기, 크릴, 청갯지렁이, 참갯지렁이, 새우 등이 쓰인다.

노래미낚시 채비

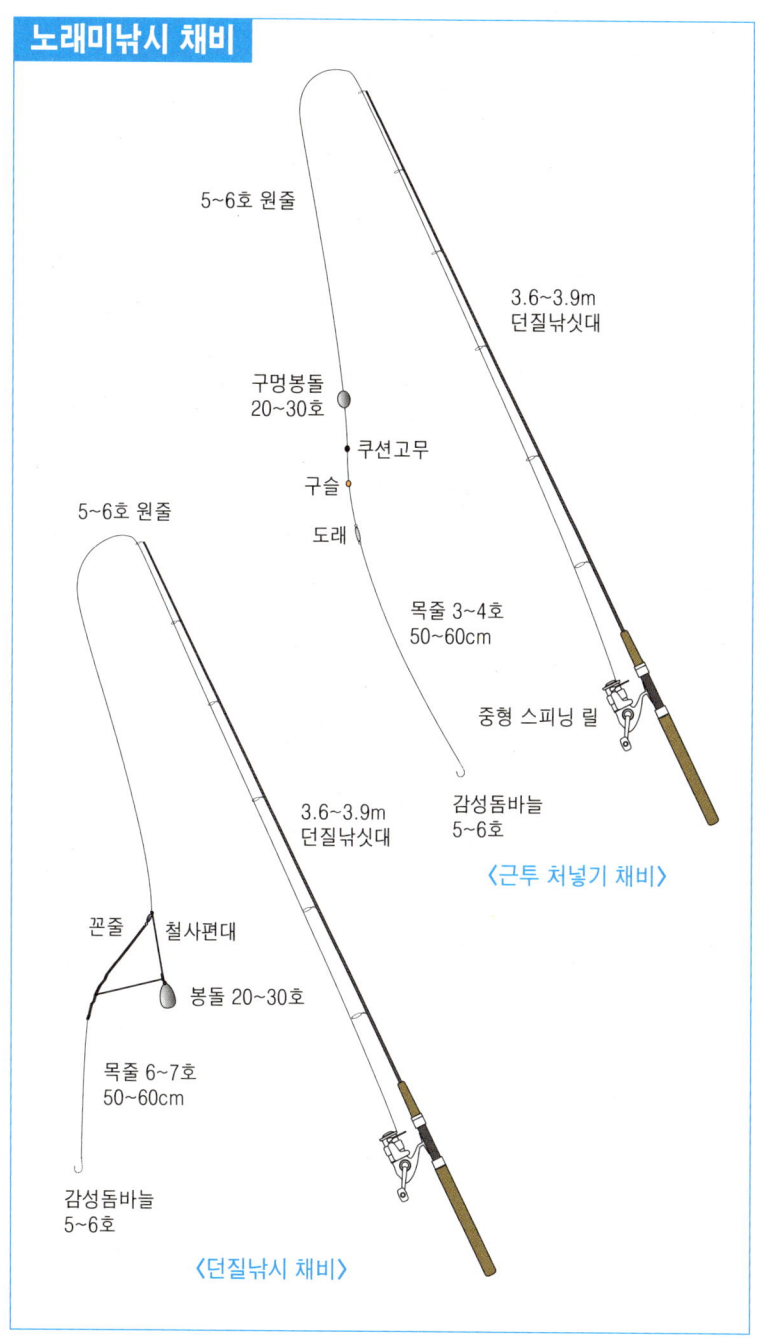

25 SEA-FISHING TECHNIC
섬세한 낚시기법이 필요한, 쥐치

쥐 치
복어목 파랑쥐치아목 쥐치과 (학명 Stephanolepis cirrhifer)
영어명은 파일피시(Filefish), 레더피시(Leather fish) 또는 블랙 스크레이퍼(Black scraper)
라고 하는데, 스크레이퍼(Scraper)는 대패처럼 옆으로 밀거나 깎아내는 칼을 뜻한다.

'꿩 대신 닭'이라는 생각으로 하는 쥐치낚시

일본에서는 쥐치낚시를 많이 하고 있지만 우리나라의 경우에는 특별히 쥐치를 낚는 예는 흔치 않다.

마치 민물의 피라미처럼 극성스럽게 미끼만을 따먹고 또 너무 흔하기도 하려니와 그 생김새가 볼품없고 껄끄러운 촉감 등이 마음에 들지 않기 때문이다.

체장은 짧고 체고가 높은 타원형의 고기이며, 암갈색 황토빛을 띠지만, 경계심을 갖거나 흥분하면 색깔이 변한다.

주둥이는 뾰족하며 입술이 두터운 편이고 이빨은 복어처럼 판상(板狀)구조로서 날카롭다. 등지느러미는 2개로 제1등지느러미는 1개의 가시로 되어있는데, 앞뒤로 자유롭게 눕혔다 세웠다 할 수 있으며 제2등지느러미는 부드러운 줄기로 되어있다. 제2등지느러미의 맨앞에 머리카락처럼 길다란 줄기를

갖고있는 것이 숫놈이다. 비늘에는 아주 작은 가시가 있으며 피부가 몹시 꺼칠꺼칠하다. 몸은 20~30cm 크기이며 따뜻한 물을 좋아하는 난류성 어종이다.

산란기는 6~8월이며, 어린 치어는 떠다니는 조류에 붙어 살며 갑각류를 먹고 산다.

한편 우리가 쥐포라 하는 것은 쥐치로 만든 포이기 때문에 쥐치포라 해야 맞는 말이며, 쥐치포는 대개 말쥐치로 만든다.

복어와 더불어 미끼를 잘 따먹는 '미끼도둑'으로 낚시꾼들에게 미움을 받기도 하는데, 새우미끼는 껍질을 벗기고 사용하며, 갯지렁이는 토막을 사용한다.

우리나라 전연해, 동중국해, 일본 홋카이도 이남의 전 연안에 분포하며, 국내에는 말쥐치가 숫적으로 가장 많다.

쥐치는 낚여 올라오면 찍찍거리며 쥐새끼 소리를 내는 탓에 쥐치, 쥐고기, 즉 서어(鼠魚)라는 이름이 붙었다.

한겨울을 제외하고 일년 내내 낚는다

말쥐치는 한겨울 한때를 제외하면 거의 일 년 내내 낚을 수가 있다. 봄이 끝나는 무렵부터 한여름까지이며 여름철이 쥐치 맛이 좋은 때다.

쥐치낚시 채비

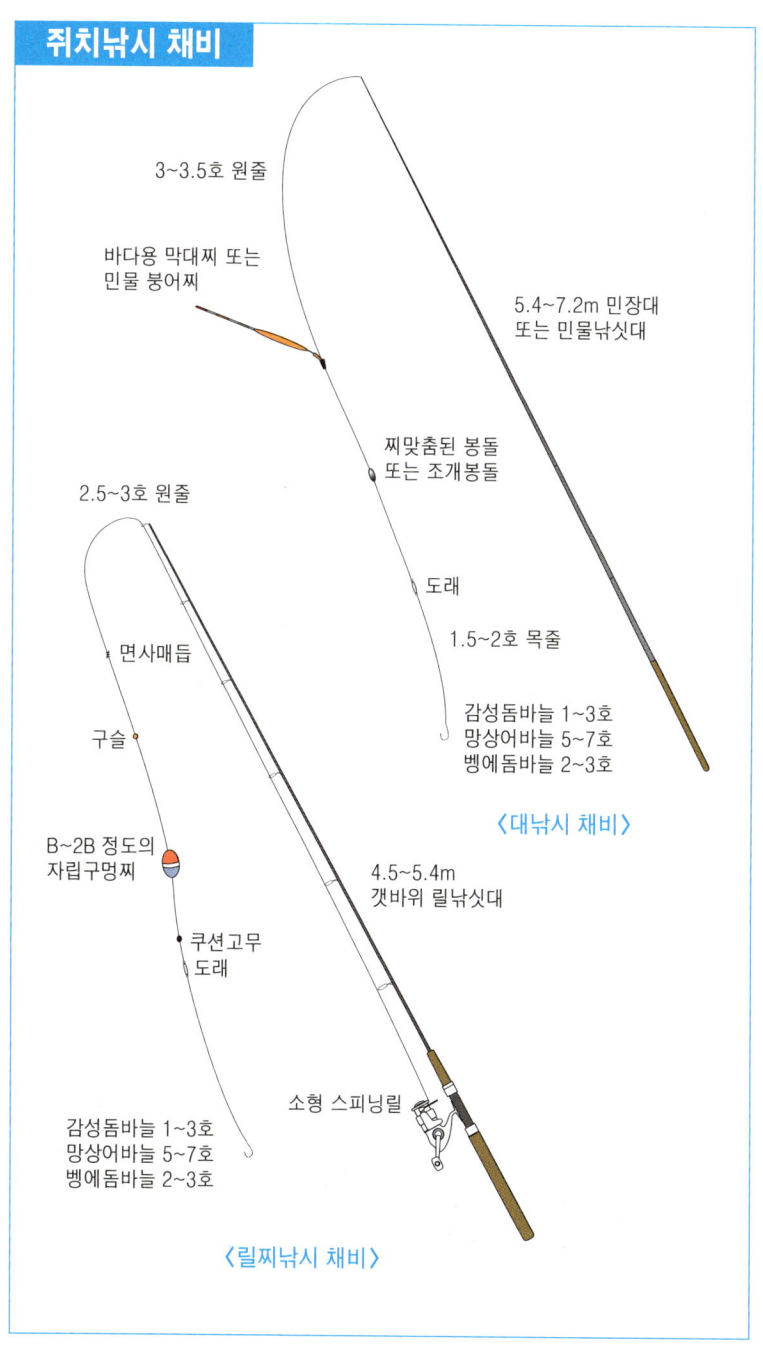

그리고 이 무렵부터 가을에 걸쳐서는 비교적 얕은 곳에서 활발하게 미끼를 물기 때문에 낚기가 쉽다. 쥐치는 밝고 맑은 물을 좋아한다. 그러므로 조수가 어둡고 흐린 때를 피해서 낚으면 좋은 성적을 기대할 수 있다.

또 쥐치의 포인트는 좁기 때문에 조류의 흐름이 빠를 때에는 낚기가 어렵다. 쥐치의 입질은 매우 작고 예민해서 침질해도 잘 걸리지 않는 경우가 많으므로 미끼는 가능한 한 작게 쓰고 섬세한 낚시를 해야하는데 고정찌낚시, 맥낚시, 배낚시 등의 방법으로 이루어진다.

26 바다의 여왕, 참돔

SEA-FISHING TECHNIC

참 돔

농어목 도미과 참돔속 (학명 Pagrus major)
영어명은 레드 포기(Red porgy)이며, 일본명은 마다이(まだい)라 부르는데, '도미 중에서도 진짜 도미'라는 뜻으로 우리와 같은 의미이다.

아름다운 빛깔, 멋진 몸매

돔과의 참돔은 돔류 중에서도 바다의 여왕으로 불리는 귀한 물고기다. 모습도 아름답거니와 몸의 곡선, 힘차게 뻗은 등지느러미와 꼬리지느러미가 참으로 멋지다.

몸의 빛깔은 선홍빛이며 거기에 연한 청색의 반점이 있다. 그리고 꼬리 지느러미의 뒤쪽 가장자리가 검은 것이 특징이다.

우리나라의 모든 연해와 일본, 대만, 하와이 등지의 가까운 바다에 널리 분포되어 있다. 참돔의 생활권은 보통 암초의 바닥이나 해조가 우거진 수심 20~150m 쯤 되는 해역이다.
참돔이 살기에 적당한 수온은 15~28℃ 정도이며, 그중에서도 18~24℃ 전후가 가장 좋아하는 수온이다.
크기가 50cm 정도되면 통상 6~7년생이며, 1m 이상으로까지 자라는 대형종이다.

참돔을 낚아보자

여름철의 갯바위에서 이루어지는 찌낚시와 처넣기낚시, 배외줄낚시 등의 방법으로 낚시가 이루어진다.

처넣기낚시 – 여름철 원도 갯바위에서의 참돔낚시는 버림봉돌을 사용하여 처넣기식으로 하는 것이 가장 일반적인 방법이다.

낮낚시는 물론 밤낚시도 이루어지며, 조류의 흐름이 완만하고 수중에 물골이 형성된 곳을 찾아 바닥을 노리는 방법으로 이루어지기 때문에 공략범위가 제한되는 단점이 있다. 포인트는 물골이나 물밑 자갈밭 근처, 또는 암초대, 자갈과 모래가 섞인 곳 등이 포인트가 된다.

참돔은 그 생김새도 아름다울뿐더러 맛이 좋아 대단히 인기가 높은 어종 가운데 하나이다.

처넣기낚시는 일반적으로 3~5호 갯바위 릴대에 10~14호 원줄을 쓰며, 8~10호 목줄에 18~21호 크기의 돌돔바늘을 사용한다.

2.7~3.6m의 배낚시용 릴대에 베이트 캐스팅 릴(장구통릴), 그리고 T형 도래에 5~6호 기둥줄 및 가지바늘을 2개 가량 단 다음, 하단에 버림봉돌을 달아쓰기도 한다.

여름 갯바위에선 밤낚시, 봄에서 가을엔 아침·저녁을 주 낚시시간대로 하며, 초들물과 초썰물이 입질확률이 가장 높은 찬스이다.

돌돔과 마찬가지로 참돔 역시 대부분 3단 정도의 입질이 들어온다.

미끼는 참갯지렁이, 오징어, 오징어내장, 낙지, 새우 등을 쓰는데, 갯바위 밤낚시에서는 멸치, 곤쟁이 등의 밑밥을 사용하여 참돔을 수면쪽으로 띄워 올려 찌낚시로 낚기도 하고 바다 처넣기낚시로 대형급을 노리기도 한다.

참돔 배낚시 – 완도를 중심으로 한 인근 소안도, 청산도, 모도, 신지도 등의 남해 섬 주변이 참돔 배낚시로 잘 알려진 대표적인 지역이다.

이 지역에서는 해마다 6~11월의 기간에 참돔 배낚시가 활발히 이루어진다. 이 때의 주 씨알은 보통 20~40cm급인데, 낚시는 근투 처넣기식으로 이루어지는 것이 일반적이다.

10월 이후의 기간에는 남해 원도의 보다 수심이 깊은 곳에서는 참돔 대형급을 노리는 낚시도 행해진다.

참돔 갯바위 찌낚시 – 조류의 소통이 원활하면서도 급하지 않은 곳으로서 본류와 지류의 합류지역이나 수중여 가까운 곳의 조목지대에서 조류에 따라 찌낚시 채비를 흘려 광범위한 수심층과 포인트를 탐색할 수 있는 낚시법으로, 주로 야간에 이루어진다. 50~60cm급 중형 참돔을 주대상으로 하는데, 중층에 떠오른 참돔을 낚아내기 위한 방법으로 10~20m 수심을 단계별로 깊이 있게 노려야 한다. 전날보다 수온이 높은 날 특히 좋은 조과를 보인다.

미끼로는 청갯지렁이를 10여마리씩 푸짐하게 꿰어쓰는데, 청갯지렁이는 밤에 자체적으로 약한 발광을 하므로, 야간 참돔낚시의 미끼로 적격인 셈이다.

참돔낚시 채비1

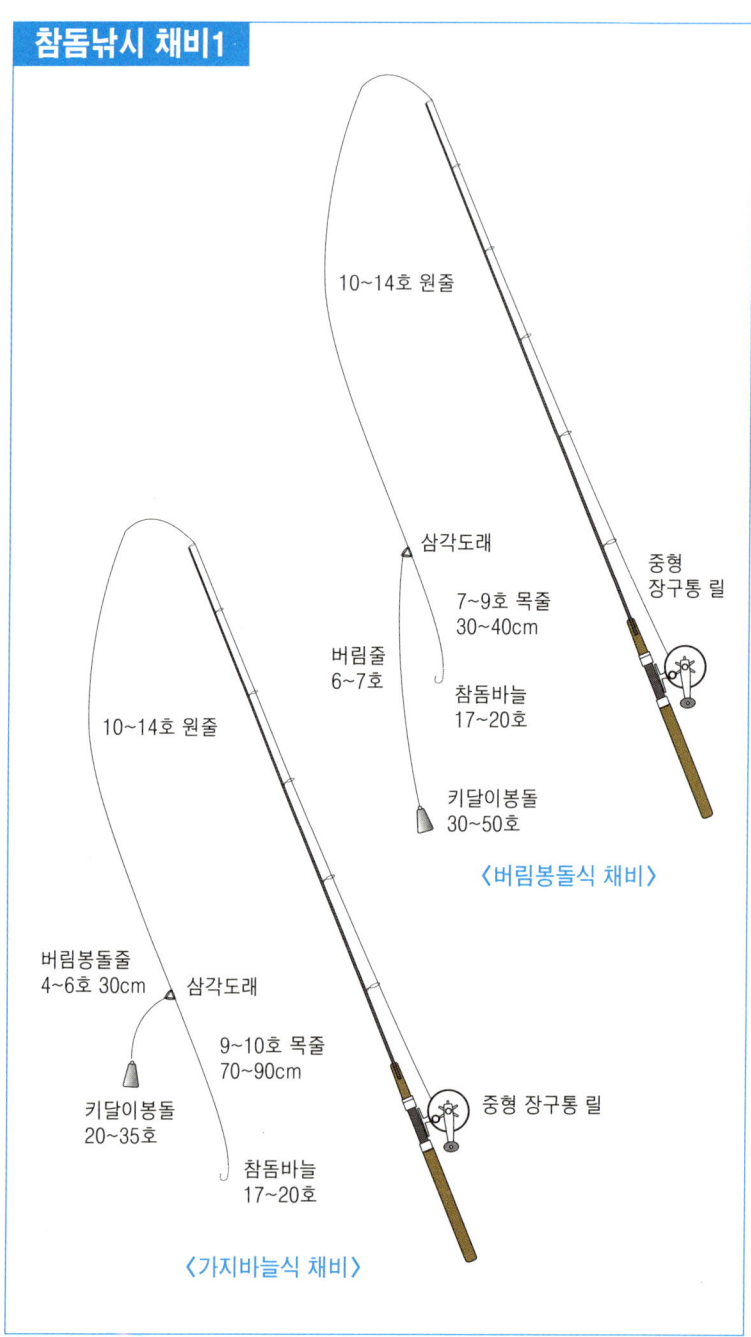

〈버림봉돌식 채비〉

〈가지바늘식 채비〉

참돔낚시 채비2

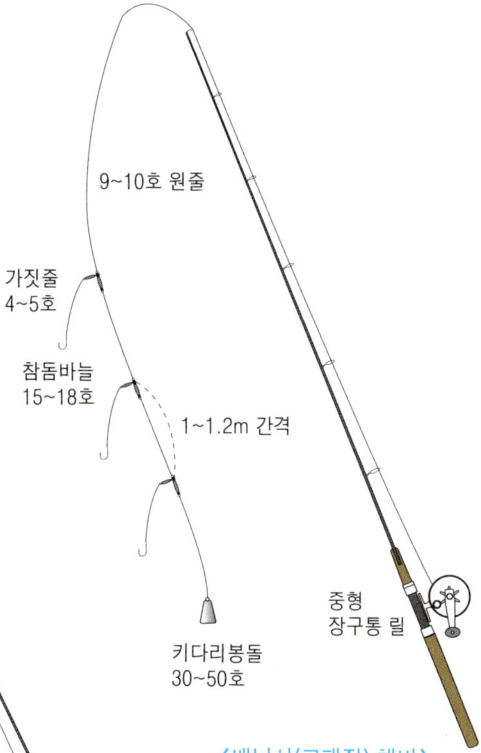

9~10호 원줄

가짓줄
4~5호

참돔바늘
15~18호

1~1.2m 간격

키다리봉돌
30~50호

중형
장구통 릴

〈배낚시(고패질) 채비〉

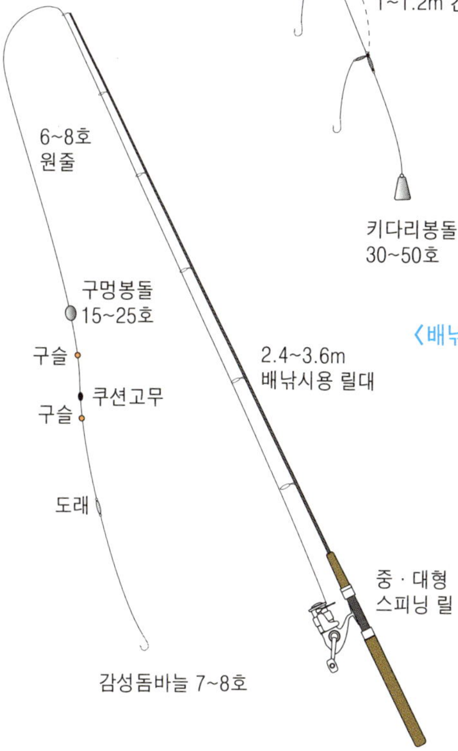

6~8호
원줄

구멍봉돌
15~25호

구슬

쿠션고무

구슬

2.4~3.6m
배낚시용 릴대

도래

중·대형
스피닝 릴

감성돔바늘 7~8호

〈배낚시(근투 처넣기) 채비〉

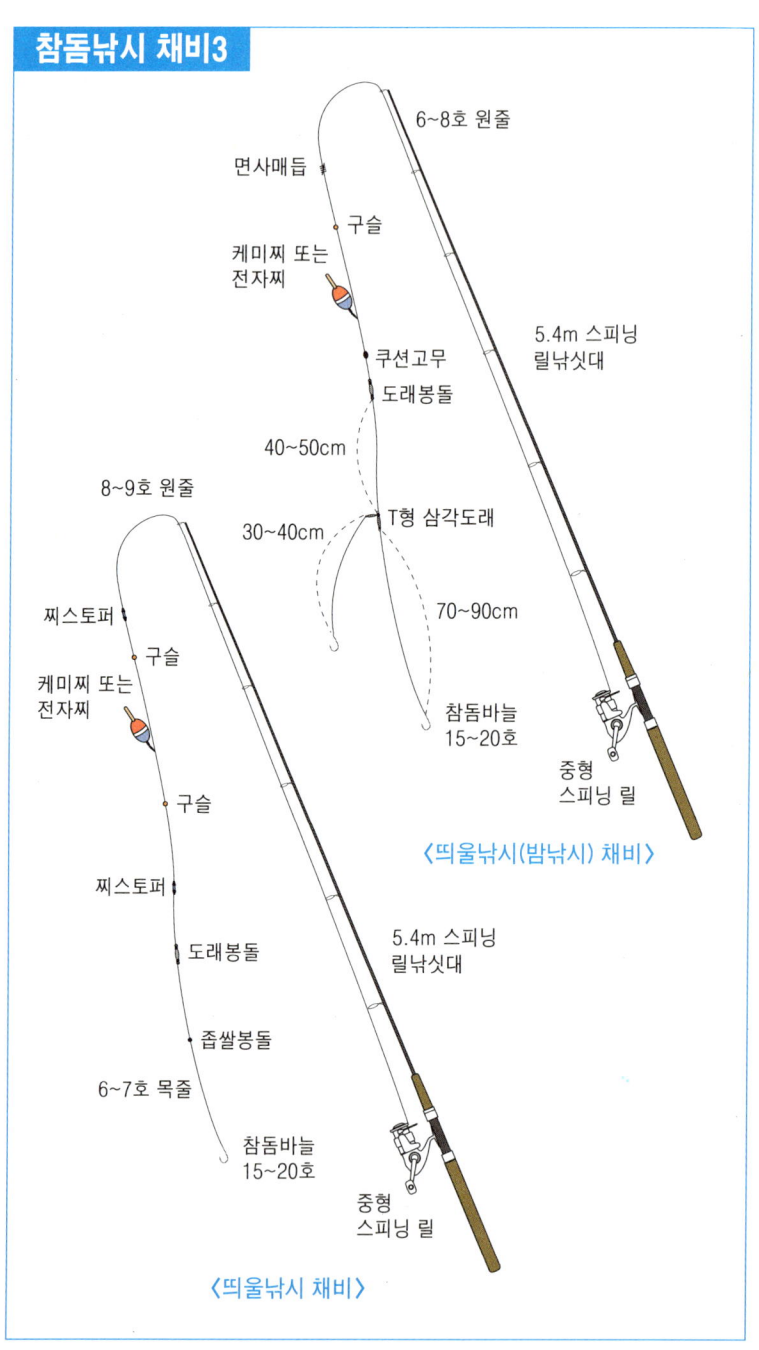

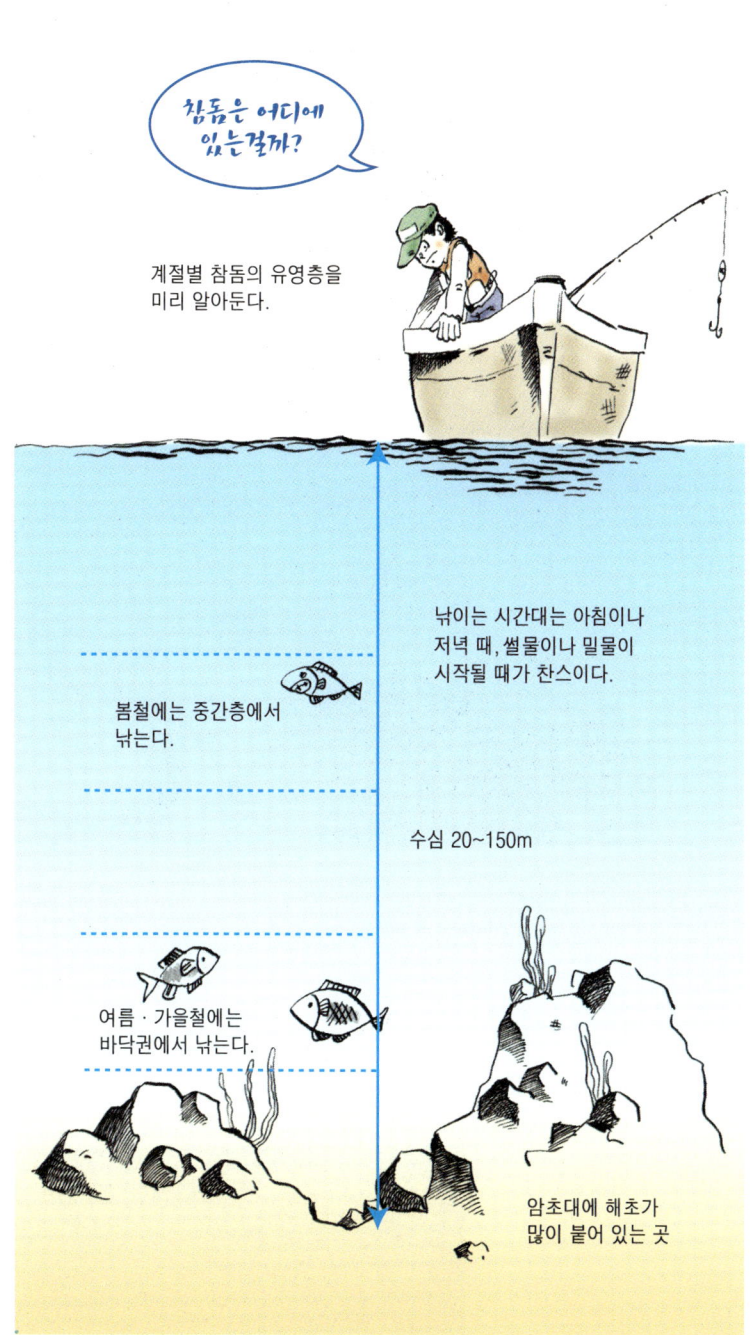

배낚시로 잡은 대형 참돔.
참돔은 크기가 1m급 이상으로 크는 대형어종임과 동시에
깊은 20~150m의 깊은 수심에 살기 때문에 비교적 튼튼한
채비가 요구된다.

27 학의 부리를 가진, 학공치

SEA-FISHING TECHNIC

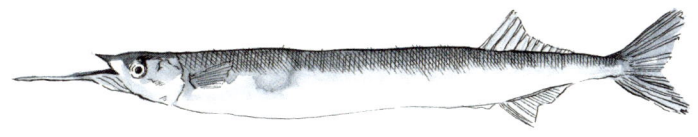

학공치
동갈회목 날치아목 학공치과 (학명 Hemiramphus sajori)
영어명은 혼 피시(Horn fish)이며 일본명은 사요리(さより)이다.

학처럼 긴 아래턱

학공치과에 속하는 학공치는 난해성 어종으로서 학공치 또는 공미리라 일컫기도 한다.

학공치는 몸이 가늘고 길며, 아래턱이 학의 부리처럼 길게 쑥 나와 있어 학공치라고 불리고 있다. 몸의 최대 길이는 40cm 쯤인데, 빛깔은 등 쪽은 청록색이고 배 쪽은 은백색이며 몸의 중간에 가로로 얇게 검은 색의 측선이 있다. 특히 아래턱의 끝은 적등색이며 은백색으로 깨끗한 모양과 더불어 담백한 맛을 지닌 고급 횟감으로 환영을 받고 있다.

우리나라 중남부와 동해남부 모든 지역에 살고 있는 학공치가 좋아하는
수온은 15~20℃인데 평상시에는 1m 이내의 수심에서 무리지어 회유한다.
한국으로 부터 대만까지 그리고 일본 전역 및 사할린 등에도 분포하는데,
학공치속에는 줄공치, 살공치, 학공치의 3종이 있다.
산란기는 4~7월인데, 파도가 없는 내만의 해조(海藻)에 산란하며 부화 후
2년이면 성어가 된다.
새우, 크릴, 갯지렁이 토막 등을 미끼로 써서 띄울낚시 또는 훌치기 낚시를
한다.

낚시철은 봄에서 가을까지 계속

학공치의 산란기는 봄에서 여름에 걸쳐 있다. 따라서 낚시 시즌도 봄에서
가을까지 계속된다. 이 무렵이 되면 밀물을 따라 해조가 있는 암초 주위나
방파제에 나타난다.
학공치는 여자들이나 청소년의 낚시대상어로도 인기가 좋은 어종으로
낚시경험이 없는 사람도 어렵지 않게 낚아낼 수 있다.
서해와 남해 일원에서 9~11월에 가장 잘 낚이며 제주도에서는 3~4월의
봄시즌에 잘 낚인다.

학공치는 비교적 쉽게 낚을 수 있는 어종으로
비린내가 적고 맛이 담백해서 인기가 좋다.

서해 및 남해의 갯바위는 물론
방파제 등에서 낚시가 이루어
지는데, 크릴이나 곤쟁이를
밑밥으로 던져주는 품질을
간간이 해주면 학공치떼를
모아가며 낚을 수가 있다.
학공치는 작은 진동이나 소음,
때로는 낚시대를 휘두르는
소리에도 민감하게 반응하므
로 될 수 있으면 조용히 낚시를
해야 좋은 조과를 올릴 수 있다.

학공치는 갯바위 주변이나 방파제, 수중여지대 등에 주로 많은데, 주로 수면 표층을 유영하는 고기이므로 1~2m이내의 표층에서 낚는다.
학공치는 조류가 세지 않는 곳, 후미진 곳이나 물흐름이 안정된 장소에 떼로 몰려다닌다.
릴낚시 및 민장대낚시를 하는데, 민장대낚시의 경우 5.4~7.2m대에 1~2호 원줄의 가는 줄을 사용한다. 목줄은 0.8~1호 내외를 쓰며, 바늘은 작은 것으로 학공치낚시용 5~8호를 쓰되, 감성돔바늘을 기준으로 하면 1호 정도의 크기로서 다소 작은 바늘을 쓰는 것이 좋다. 그리고 가능하면 바늘허리가 긴것이 훨씬 편리하며 그리 큰 어종이 아니므로 바늘 철사의 굵기도 가늘고 가벼운 것이 좋다. 긴허리바늘은 6~7호가 적당하며 찌는 스티로폴찌나 기울찌와 같은 자립구멍찌(부력이 작은 것) 등을 쓴다.
릴낚시는 4.5~5.4m 길이의 1~1.5호대에 소형 스피닝 릴, 원줄은 3~4호를 쓰는데, 원줄 아래로는 1발 가량의 기둥줄에 3~4개의 가짓줄과 가지바늘을 단 학공치 채비를 쓴다. 가짓줄은 1~1.5호 줄로 10~20cm길이, 찌와 바늘의 거리는 30~40cm 이상 80~90cm 가량으로 조절해 쓰면 된다. 학공치낚시용 찌는 학공치의 아주 작은 입질을 파악해내기 위해 예민한 것을 사용해야 한다. 작은 막대찌와 구슬찌 등을 동시에 사용하는 2단찌 채비를 써도 좋다.
미끼는 크릴이나 새우를 쓰는데, 민물새우의 연한 속살이나 곤쟁이를 쓰기도 한다.
학공치는 수면으로부터 대략 1~2m 이내의 깊이에 떠서 무리로 회유하기 때문에 경계심이 강하고 쉬 놀라 흩어진다. 따라서 찌와 채비를 던질 때 학공치가 많이 몰려있다고 해서 바로 그곳에 던지면 순식간에 흩어져 버리므로 포인트 너머로 멀리 던져서 살금살금 감아들여 포인트까지 당겨오는 것이 기본적인 방법이다. 또한 조류의 상류쪽에 슬쩍 떨어트려 조류를 타고 흐르면서 포인트를 지나치는 과정에서 입질을 유도할 수 있도록 하는 채비운용 테크닉이 필요하다.
학공치가 표층 유영어라는 사실은 미끼를 던져보면 금방 알 수 있다.
미끼가 내려가다가 어느 일정 깊이를 넘어서면 학공치는 그만 그 미끼를

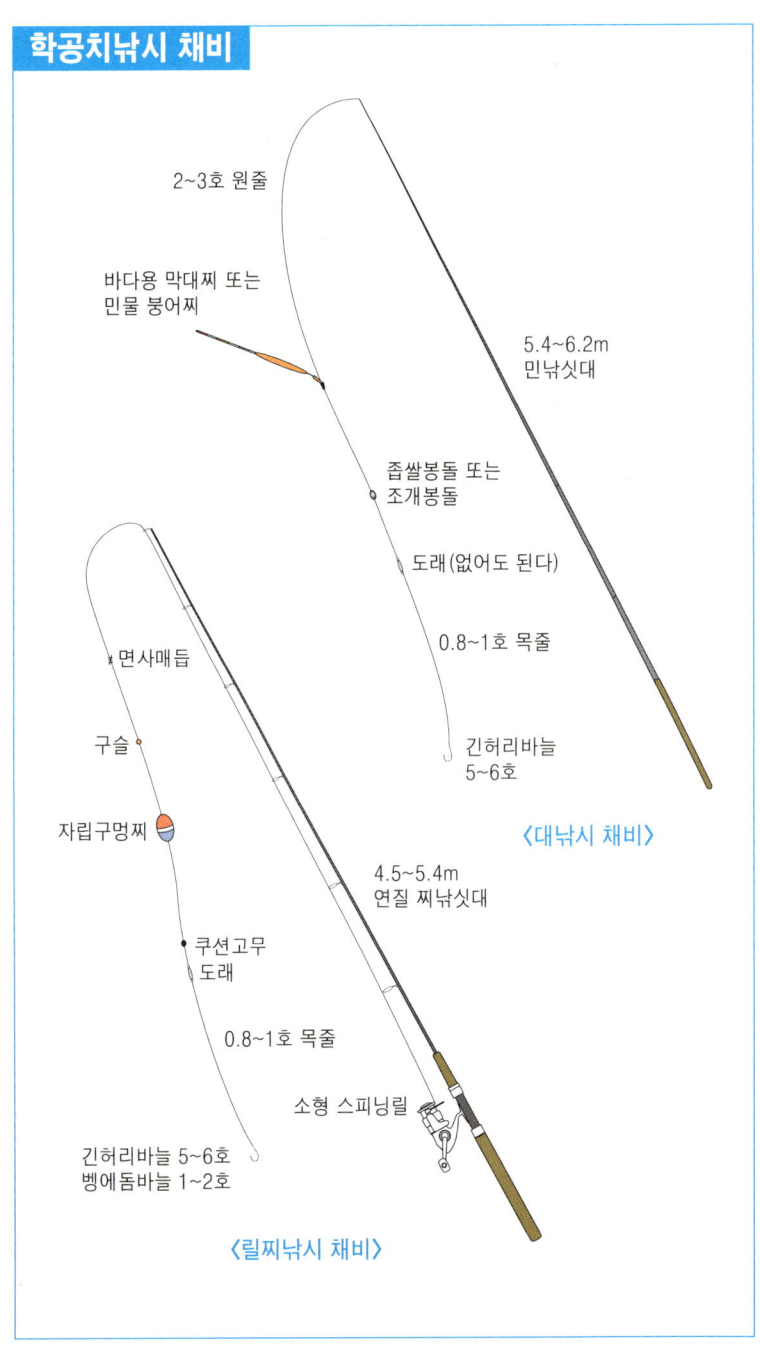

포기하고 다시 수면 가까이로 솟아오르는 습성을 가지고 있다.
학공치낚시에서는 밑밥도 매우 중요한 요소인데, 낚시중에 간간이 밑밥을 뿌려주면 학공치떼를 계속 붙잡아두고 낚아낼 수 있다.

갯바위 감성돔낚시 때 별 조황이 없으면 심심풀이로 학공치낚시를 시도하게 되는 경우가 있는데, 이 때 밑밥은 분말집어제를 섞은 크릴을 사용한다. 그러나 집어제는 비중이 무거워서 빨리 가라앉게 되는데, 이럴때는 차라리 크릴을 완전히 녹이고 바닷물을 적당히 넣은 다음, 잘 섞어서 사용하거나 비교적 가벼운 집어제인 벵에돔낚시용 집어제를 약간 섞어서 쓰는 것이 좋다.

학공치는 수면 가까에서 놀기 때문에 훌치기낚시의 대상어종이 되는데, 4~5개 이상의 세발갈고리바늘을 가짓줄에 단 훌치기채비를 던지고 나서, 학공치떼가 몰려있는 곳을 지나칠 때 빠른 속도로 릴링하면서 학공치를 걸어내는 낚시도 적잖이 이루어진다.

학공치는 회맛이 매우 담백하고 훌륭한 편이다. 소금구이로도 그만이며, 말려서 술안주로 쓰기도 한다. 초밥의 재료로도 많이 사용되고 있는데, 기름기가 많은 가을 이후 이듬해 4월 산란기 이전까지가 가장 고소하고 맛있다.

비교적 간단한 채비로 마리수 재미를 볼 수 있는 학공치낚시.

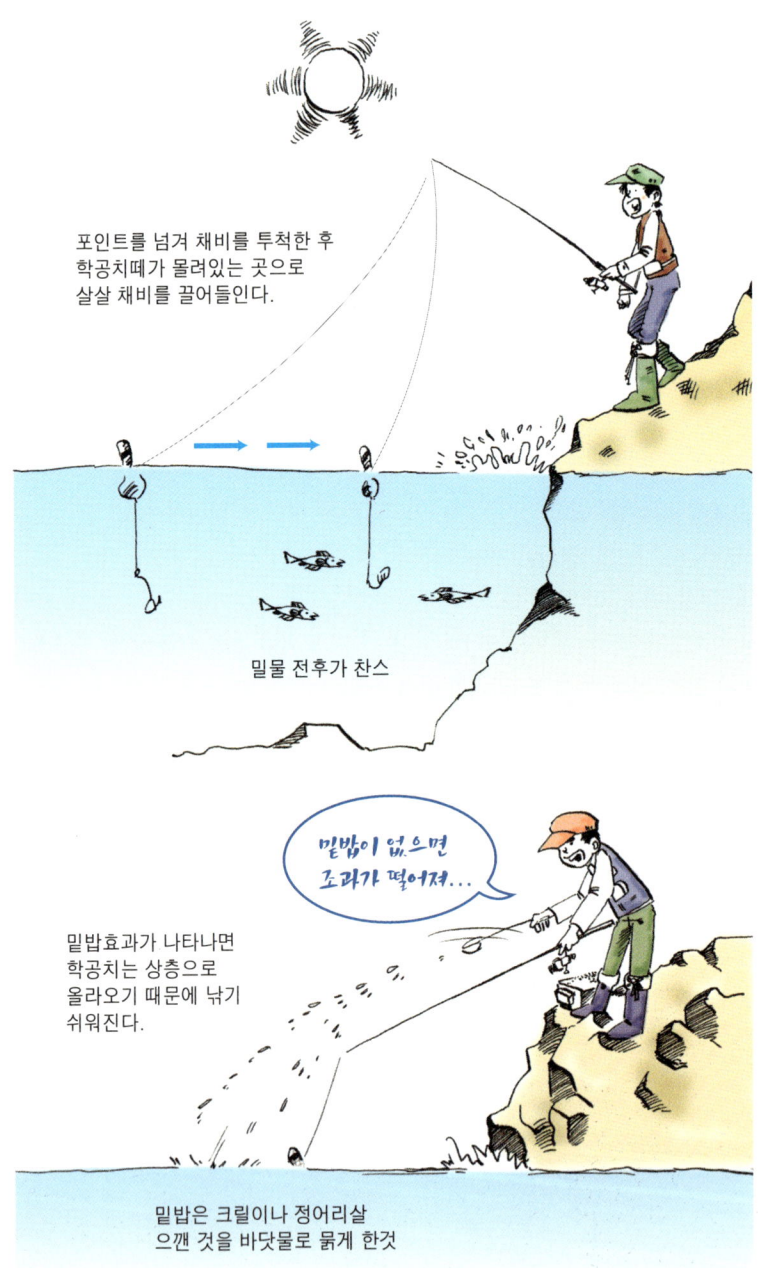

28 하천에서 태어나 바다로, 황어

SEA-FISHING TECHNIC

황 어
잉어목 잉어과 황어아과(학명 Tribolodon hakonensis)
영어명은 제페니즈 데이스(Japanese dace) 또는 씨 런데이스(Sea rundace)이며,
일본명은 우구이(うぐい)이다.

혼인색이 아름다운 물고기

우리나라 남해안의 동쪽과 동해안의 하구 부근 및 연안에 분포하고 있는 황어는 잉어과에 딸린 물고기로 날씬한 방추형의 몸체를 하고 있다.
동해안에서는 흔하게 잡히기도 하려니와 잔뼈가 많고 맛이 다소 떨어지는 흠이 있어 그다지 귀한 대접을 받지 못하고 있다. 하지만 겨울 내내 던질낚시와 찌낚시의 대상어로서 빼놓을 수 없다.
황어의 몸빛은 등 쪽은 검푸른색, 배 쪽은 은백색을 띠고 있지만, 산란기가 되면 몸의 아래쪽에 붉은 세로띠가 나타나며 지느러미도 붉어진다.

이것이 혼인색인데 혼인색은 수컷이 암컷보다 더 아름답다.

황어는 일본의 경우 민물에서도 흔히 살고 있지만 우리나라에서는 민물에서 보기 힘든 어류다. 산란기가 되면 기수면에 많이 올라와 수심이 10cm~1.5m 쯤 되는 얕은 하천의 모래자갈 바닥의 돌에 산란해서 알을 부착시킨다.

부화된 새끼고기는 강에서 지내다가 나머지 일생은 바다에서 생활하는데 4년쯤 뒤에는 40~50cm로 자라난다.

이빨은 없으며 작은 물고기나 물고기 알, 곤충 및 동식물성 플랑크톤을 먹고 사는 잡식성 어종이다.

동해안과 남해안으로 유입되는 하천에 특히 많이 서식하는데, 만주 시베리아, 사할린, 일본 홋카이도 등에도 분포한다.

동해안 황어낚시는 겨울철이 성어기

황어는 일년 내내 낚을 수 있지만 동해안에서는 봄철 산란을 앞둔 겨울철이 피크이며, 날씨는 파도가 약간 일고 흐린 날이 더 잘 낚인다.

황어는 봄철이 되면 산란하기 위해 하천으로 올라가는데 그러기에 앞서 몸의 소금기를 조절하기 위해 기수면에 머문다. 또 하천에서 태어나서 치어기를 보내던 황어가 다시 바다로 들어갈 때에도 마찬가지로 몸의 소금기를 조절하느라 짠물과 민물이 뒤섞이는 기수면에 머문다.

그러므로 봄철과 여름철에는 민물이 뒤섞이는 기수면에서 황어낚시를 하고, 겨울철에는 암초대 부근의 백사장에서 황어를 낚는다.

황어를 낚는 방법은 던질낚시라고 하는 원투낚시와 대낚시의 두 가지 방법이 있다.

던질낚시의 경우 겨울기간 동해안의 백사장이나 방파제, 갯바위에서 이루어지며, 북동풍이 다소 세게 불고, 2~3m 높이로 파도가 적당히 쳐주는 조건이면 마리수로 낚을 수 있다.

포인트는 자갈 또는 모래바닥이나 모래 섞인 자갈바닥으로 동해안에서는 어디서나 낚시터가 된다.

황어낚시 채비1

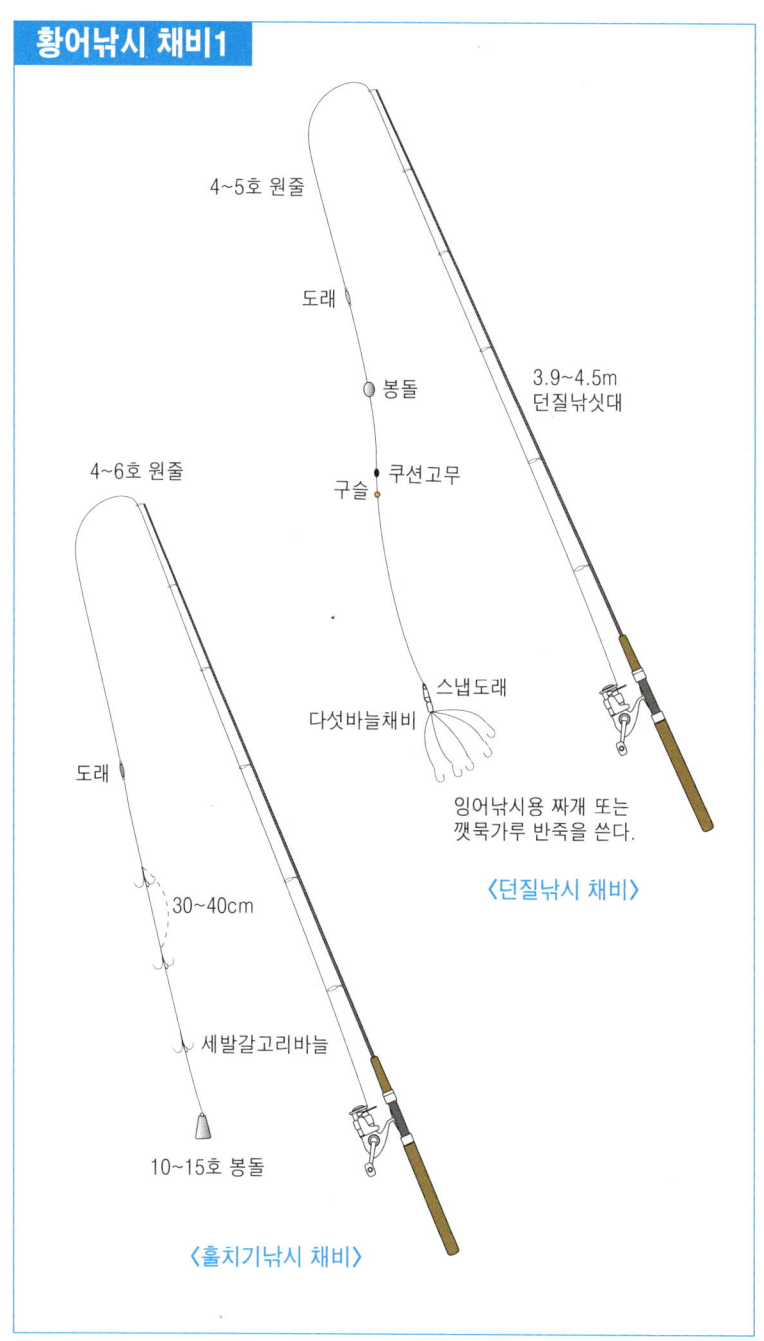

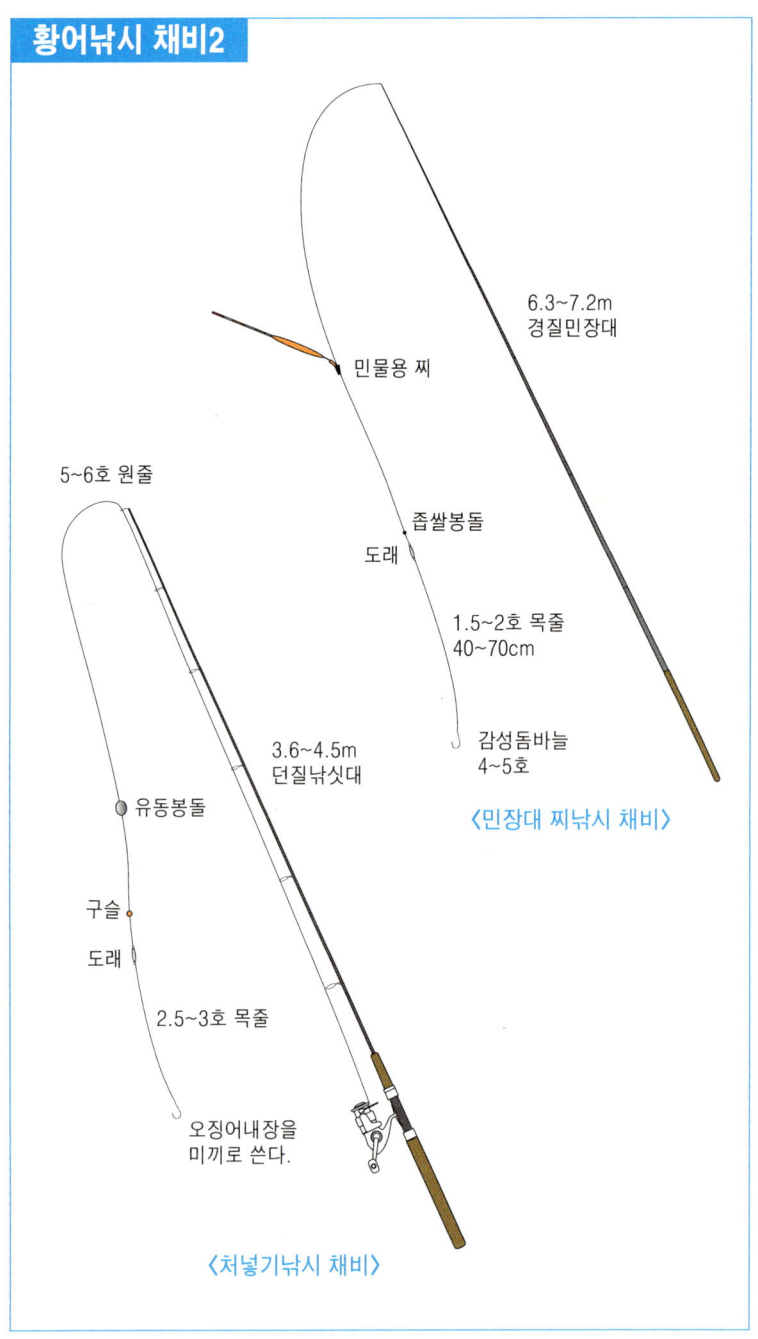

너울파도 너머의 파도와 모래가 뒤섞여서 초록색 물빛을 보이는 녹색지대를 노려 멀리 채비를 던지면 조과를 배가 시킬 수 있다.

최소한 50~60m 이상은 던져야 좋은 조과를 거둘 수 있으므로 의중하는 포인트에 정확히 그리고 멀리 던지는게 중요하다.

미끼는 갯지렁이나 오징어내장을 쓰는데, 오징어내장의 효과가 탁월하다. 오징어내장과 파우더를 섞은 밑밥을 뿌려 주면서 찌낚시를 하면 조과가 월등해 진다.

찌낚시를 하는 경우에는 붕어입질 같은 예민한 어신을 포착해서 챔질을 한다. 특히 한겨울에는 어신이 미묘하기 때문에 약간의 어신이 있으면 곧바로 채는 것이 요령이다.

동해안의 항구나 포구 등 방파제를 중심으로 한 내항에서 주로 이루어 지는데, 인근 수산물 가공공장과 같은 곳에서 오징어나 명태, 양미리 등을 다듬고 남은 찌꺼기가 흘러드는 지역도 좋은 포인트가 된다.

황어는 훌치기낚시로도 낚는데, 채비는 숭어 훌치기낚시와 거의 동일하나 다만 바늘만은 숭어낚시용보다 다소 작은 것을 쓰면 된다. 항구나 포구 등의 민물과 만나는 기수역에 노니는 황어떼를 겨냥하여 훌치기바늘을 투척한 후 걸어낸다.

살속에 잔뼈가 많아 먹기에 조금 불편한 황어. 찬바람이 부는 한겨울에 비로소 제맛이 난다.

29 부부가 함께 다니는, 혹돔

SEA-FISHING TECHNIC

혹 돔
농어목 놀래기과의 고기 (학명 Semicossyphus reticulatus)
영어명은 콜드 포지(Cold porgy) 또는 머리가 튀어나왔다 하여 벌지헤드 래스
(Bulgyhead wrasse)이며, 일본명은 고부다이(こぶだい)이다.

자라면서 이마가 혹처럼 커진다

우리나라에서는 남해안과 제주도 연해에 많이 살고 있는 혹돔은 일본의 중부이남 지역 및 동지나해에도 널리 분포되어 있다. 이마 위에 혹 같은 것이 나와 있어 혹돔이라고 불리는 이 물고기는 돌돔을 노릴 때에 불청객처럼 달려든다고 대수롭지 않게 여기는 낚시꾼도 있지만 비록 생김새는 괴상해도 10kg 이상이나 되는 뚝심에 감탄하지 않을 수 없다.

혹돔은 연안의 암초대에 살며 갑각류, 패류와 작은 동물을 먹이로 하는데 성어는 소라를 껍질째 씹어 먹는다. 수컷은 성장함에 따라 이마가 혹처럼 크게 솟아오르고 아래턱도 동그랗게 튀어나온다.
양턱의 이빨이 두 줄로 나 있으며, 성어는 몸전체가 암적색을 띠고 있지만 새끼 고기는 온몸이 붉은색이며 몸 옆 중앙에 한 줄 흰색의 띠가 있고, 지느러미에 검은 반점이 있어 도저히 같은 물고기의 새끼라고는 여겨지지 않은 만큼 다르다.
혹돔의 몸길이는 성어의 경우 1m쯤 이다.
산란기는 5~6월이고 성숙

돌돔 갯바위 낚시에 가끔 손님고기로 등장하는 혹돔. 생김새 만큼이나 힘도 우악스럽다.

하게 되면 암컷이 수컷을 따라다니므로 한 장소에서 한 마리를 낚아내면 그곳에서 또 한마리의 혹돔을 낚아낼 확률이 아주 높다.
그다지 폭넓게 회유하지 않는 어종으로서 한 지역에 자리를 잡고 살며 남해안과 제주도 일원에 분포한다.
조류의 소통이 좋은 암초지대와 골자리가 포인트가 되며 갯바위낚시로 낚는다.

포인트와 낚는 법은 돌돔낚시와 마찬가지

혹돔의 포인트와 낚는 법은 돌돔낚시의 경우와 거의 마찬가지다. 포인트는 돌돔낚시 때처럼 그다지 까다롭지 않아서 깊숙하게 꺼진 암초대의 골, 조류가 잘 드나드는 곳이다. 그리고 패류나 갑각류 등이 많은 해조류대가 좋은 포인트가 된다는 점에서도 돌돔의 포인트와 비슷하다.
한편으로 암초대라든지 모래밭, 해조류 등이 뒤섞인 깊숙한 곳도 혹돔의 좋은 포인트가 되는데 이것은 참돔의 포인트와 비슷하다.

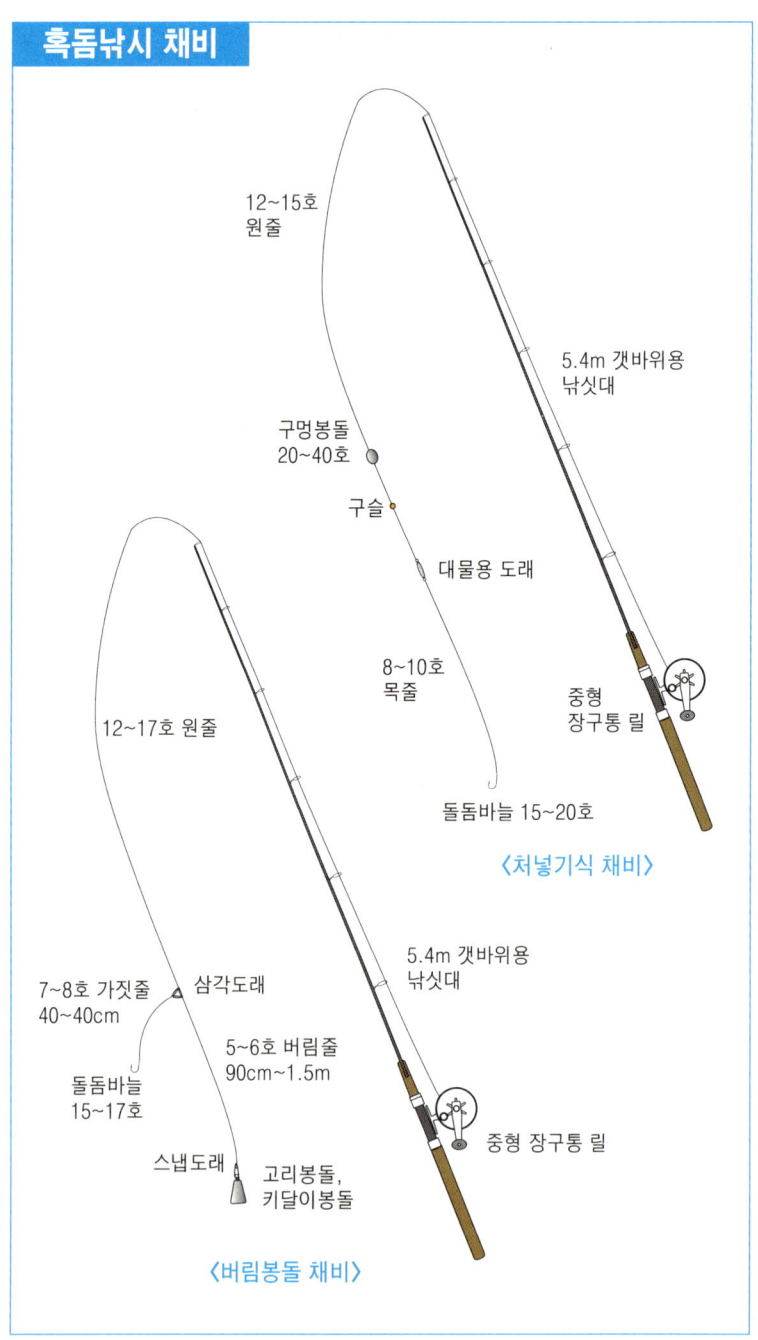

그러므로 흑돔의 포인트는 돌돔과 참돔의 중간 지점이라고 생각하면 되겠다. 그 가운데서도 서로 다른 조류가 마주치는 지역이면 아주 좋은 포인트가 된다.

흑돔낚시에서는 밑걸림이 심한 곳에서는 버림봉돌식 채비를 쓴다.

처음에는 미끼를 아주 가볍게 건드리듯이 살짝 끌어당기는 듯한 입질로 시작하다가 단번에 채비를 끌고 들어가는 입질이 온다.

5~10월이 주시즌으로 미끼는 갯지렁이, 새우, 낙지, 꼴뚜기, 문어, 소라, 오분자기, 멍게, 개불, 조개류 등을 쓴다.

밤이 되면 용치놀래기 등의 놀래기가 그렇듯이 바위에 몸을 기대고 잠을 자므로 밤낚시에 흑돔이 낚이는 일은 거의 없다.

일단 바늘에 걸리면 바위굴 또는 바위밑 움푹한 곳으로 파고 들어가는 성질을 가진 놈이므로, 바늘에 거는 순간 잽싸게 대를 세워 기선을 제압해야 끌려나올 확률이 높아진다.

부록 1 - 바다낚시 용어 해설

가고(かご) – 밑밥망. 녹이 슬지 않게끔 스테인리스 도금이 된 철사나 스테인리스 스틸 소재의 철사 또는 굵은 나일론사로 만든 작은 망으로 그 안에 밑밥을 넣어 드리우면 크릴 등의 밑밥이 솔솔 빠져 나가면서 물고기를 모으는 효과가 좋다. 바다낚시에서는 원줄에 달아 사용한다.

가고낚시에 쓰이는 썰망.

가두리 – '가두어서 기르는 우리' 라는 뜻으로 물고기 등을 가두어서 기를수 있도록 한 시설물.

가슴사리 – 남해동부에서 5물때를 일컫는 방언으로 서해안의 6물 사리물때에 해당한다.

가이드구멍 – 낚싯줄이 통과할 수 있는 원형의 가이드(Guide) 안쪽 부분. 릴가이드의 내경을 말한다.

가지바늘 – 기둥줄로부터 나뭇가지처럼 옆으로 뻗어 나가면서 달린 바늘.

가지바늘 채비 – 가지바늘을 하나의 낚싯줄에 여러 개 묶어서 만든 채비.

갸프(gaff) – 대어를 끌어올릴 때 쓰이는 손잡이가 긴 갈고리.

간조 – 썰물시에 최저치로 낮아진 해수면 가장자리

간출여 – 간조 때나 조금 때 등 해면이 낮을 때는 드러나서 보이고, 만조 때나 사리 물때에는 바닷물에 잠겨 보이지 않는 물속 갯바위.

갈고리바늘 – 두발·세발갈고리바늘 등이 있는데, 세발갈고리바늘은 크게 두 가지로 나뉜다. 루어낚시의 스푼루어, 스피너, 플러그 등에 주로 사용되는 트레블 훅과 훌치기낚시에 사용되는 것으로 미늘 없는 대형 민갈고리바늘이 그것이다.

갓봉돌 – 주로 바닥생활을 하는 대상어를 낚기 위한 낚싯바늘로, 생미끼를 꿰어서 바닥에 드리워서 낚는다. 주로 가자미나 광어 또는 문어 등의 물고기를 낚기 위해 쓰인다.

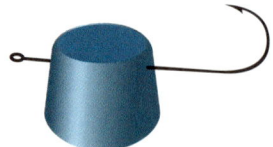

겉조류 – 해면 상층, 표층의 물흐름.

겹바늘 – 위에는 어미바늘을 달고 바로 그 밑에 새끼바늘을 묶은 낚싯바늘 채비.

경질낚싯대 – 전체적으로 낚싯대가 뻣뻣하고 휨새가 적어 반발력이 적은 낚싯대.

고정식 채비 – 어신을 전달해주는 고리찌나 막대찌 또는 자립구멍찌 등을 원줄상의 어느 한 곳에 고정시킨 낚시채비.

고패질 – 물고기를 유혹하기 위해 미끼를 단 채비를 들었다 놓았다 하는 행위.

골 – 물밑 바닥이 도랑과 같은 형태로 움푹 꺼진 곳으로 작은 골짜기처럼 생긴 곳을 말한다.

곶부리 – 바다쪽으로 뾰족하게 튀어나온 곳.

권사량 – 릴의 스풀에 알맞게 감아 쓸 수 있는 낚싯줄의 길이를 의미하며, 릴 하우징 겉면에 '3호 150m'식으로 표시된 것은 3호줄을 150m 감아 쓸 수 있는 릴이란 의미이다.

그럽웜(grub worm) – 소프트루어의 한 종류로서, 원래 '딱정벌레나 풍뎅이의 유충' 모양을 흉내내어 만든 웜인데, 최대한 실물의 감각에 맞추다 보니 젤리처럼 말랑말랑한 소프트 플라스틱으로 만들어졌다.

그립(grip) – 플라이로드나 루어 로드 등 낚싯대의 손잡이. 다른 말로 핸들(Handle)이라고도 한다.

근투낚시 – 중경질대에 30~40호 가량의 봉돌을 달아 30~50m 전후의 중·근거리에 채비를 던져넣는 '근거리 던질낚시'를 말한다.

글라스로드 – 글라스 화이버(glass fiber), 즉 유리 섬유 소재로 만든 낚싯대.

기둥줄 – 원줄에 달아 쓸 채비의 근간이 되는 줄로서 나무의 기둥(원줄기)에 해당하는 낚싯줄이라는 의미를 갖고 있다. 순우리말로는 '모릿줄'

이라고 하며, 다른 말로는 '중간줄'이라고도 한다.

기수면 - 바닷물과 민물이 섞여 염분도가 낮은 수면.

기울찌 - 물에 들어가면서 비스듬히 누운 상태로 떠오게 만든 찌로 구멍찌의 한 종류이며, 찌구멍이 비스듬히 뚫려 있기 때문에 낚싯줄이 잘 빠져나가므로 원줄의 입수 속도가 빠르다.

기울찌의 한 종류

긴허리바늘 - 바늘허리(Shank)가 긴 낚싯바늘을 말하며 흔히 '소매긴 바늘', '소매형 바늘'이라고도 한다. 뱀장어 낚시용 또는 농어, 붕장어낚시용 낚싯바늘 등이 이에 속한다.

꼰줄 - 유연성이 있는 편대와 같은 효과를 얻기 위해 두 가닥의 줄을 꼬아서 보다 뻣뻣하게 만든 채비의 가짓줄이나 기둥줄.

꿰미(stringer) - 낚은 물고기의 아가미나 입을 꿰어 묶어두기 위한 도구. 이동이 잦은 바다루어낚시인들이 주로 많이 사용한다.

끌낚시 - 배를 달리면서 잔고기나 기타 생미끼, 지그 또는 기타 루어를 수면 상층에 끌어주면서 대상어를 낚는 낚시.

난바다 - 육지로부터 멀리 떨어진 외딴 섬. = 원도(遠島)

난류성어류 - 비교적 따뜻한 10℃ 이상의 물에 서식하는 물고기를 말하며 고등어, 벤자리 등이 대표적이다.

날개찌 - 계란형으로 생긴 둥근 기울찌의 한 종류로 찌의 좌우에 '조류 타기 기능'을 부여한 날개가 달려 있기 때문에 생긴 이름이다. 자립구멍찌의 한 종류이면서 구멍이 수면과 비스듬하게 나있어서 원줄이 그 구멍을 통과할 때 마찰이 적다. 그러므로 무한 흘림낚시에 유리하며, 앞쪽 좌우의 돌기가 조류를 잘 타는 방향타 역할을 한다.

날개추 - 낚시용 봉돌인데, 봉돌이 날아갈 때 바람의 저항을 덜 받으면서 멀리 날아가게끔 판형(板形)의 날개가 붙어있다.

내만(內灣) – 육지쪽으로 넓게 후미져 들어온 바다.

너울파도 – 물결이 사납고 밀려드는 물높이가 매우 높은 파도를 말하며 바다낚시에서 특히 조심해야 한다.

네오플렌(neoprene) – 1931년 미국의 듀퐁(Dupont)사가 개발한 첨단의 합성섬유 소재. 고온에 잘 견디며 불에 잘 타지 않는 불연성 소재로서 반발탄성 및 접착성이 우수하다.

노트(knot) – ①해상에서 한 시간에 1해리 즉 1,852m를 가는 속도. ②낚싯줄과 낚싯줄, 낚싯줄과 바늘, 낚싯줄과 리더(leader) 또는 루어, 봉돌, 도래 등을 잇거나 서로 묶는 묶음법 및 매듭법.

녹두봉 – 1호 이하의 작은 봉돌로서 일반 조개봉돌과는 달리 그 크기가 녹두알만 하다하여 붙여진 이름. 좁쌀봉돌이라는 말과 함께 통용되며, 일부에서는 '깨물이추' 라고도 한다.

누들링 로드(noodling rod) – 휨새가 아주 부드럽고 대허리가 낭창낭창한 낚싯대.

누벼꿰기 – 지렁이 또는 기타 미끼를 낚싯바늘에 꿸 때 여러군데를 바늘로 누비듯이 꿰는 방법.

누울찌 – 수면에 옆으로 누워 있다가 입질을 받으면 일어서면서 입질을 알려주는 찌.

눈알꿰기 – 생미끼의 눈알에 낚싯바늘을 꿰어 사용하는 방법.

눈표(marker) – 낚싯줄의 위치나 물고기의 입질 파악을 용이하게 하기 위해 원줄에 다는 매듭을 말하는데, 눈에 잘 띄게끔 흰색이나 빨간색의 면사, 셀룰로이드, 새털 등을 사용한다. 훌치기낚시 또는 맥낚시 등에 주로 사용하며 인디케이터(Indicator)라고도 한다.

닭털루어 – 일반 스푼루어에 닭털을 붙인 것으로 수탉의 목이나 꼬리에서 뽑아낸 털을 사용한다. 수탉을 가리키는 영어명 루스터(rooster)를 그대로 따다가 '루스터 테일(rooster tail)' 이라고 한다.

던질낚시 – 백사장이나 자갈밭 또는 갯바위 등의 해변이나 해안에서 채비를 멀리 던져 물고기를 낚는 낚시.

던질찌 – 채비를 끌고 나가면서 더욱 멀리까지 던질 수 있도록 찌 내부에 납을 내장한 찌로서 채비와 봉돌을 앞서서 끌고 나가기 때문에 리더(leader)찌라고도 하며, 어신찌 위에 달기 때문에 '상단찌'라고도 한다.

데이크론(dacron)사 – 원래는 폴리에스터 섬유로서 듀퐁사의 상표명이다. 물과 석탄, 석유로부터 추출한 합성섬유이며 대부분의 데이크론 낚싯줄은 합사로 생산되고 있다. 나일론과 같은 강도를 가지나 낚싯줄이 늘어나는 '신장률'이 나일론의 17~30% 보다 낮은 10%이며 강력(强力)이 매우 좋은 줄이다.

델타지대(dellta area) – 작은 여나 갯바위 뒤의 물흐림이 약한 곳과 조류의 본류 또는 빠른 조류대가 만나서 이루어지는 삼각형의 와류지대를 이르는 말이다. 갯바위 끝이나 작은 돌섬과 같은 여 가운데, 조류를 받는 면의 반대편에 생기는 조용한 와류(渦流)지대를 백워터 에어리어(back water area)라 한다. 이와 같은 곳 가운데 백워터 에어리어와 물흐름이 빠른 조류와의 경계지역에 일정범위의 흡인류 및 와류대가 삼각형 모양으로 생기는데 이것을 '델타지대'라고 하며, 델타지대는 흔히 말하는 물목 또는 조목, 조경의 한 유형으로 볼 수 있다. 델타지대의 낚시에서는 조류의 세기에 따라 봉돌의 무게를 조절하여

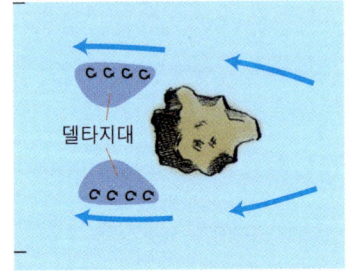

대상어가 머무는 수심층에 잘 맞춰서 채비를 투입해 주는 테크닉 여부에 따라 조과가 달라진다. 델타지대 중에서 작은 반류가 있는 물돌이지점은 본류의 흐름과 경계를 이루는 지역으로, 찌가 조류에 휩쓸려 금방 떠내려가기 쉬우므로 뒷줄을 살짝살짝 잡아주어 찌가 될수록 오래 머물게 하는 요령이 필요하다. 또한 채비와 미끼를 중층 이하 또는 바닥 가까이에 내려주기 어려우므로 봉돌을 다소 무겁게 써야 한다.

뎁스 파인더(depth finder) – 수심 측정 및 어군 탐지용으로 만들어진 것으로서 바닥, 장애물, 물고기의 위치와 유무 등을 나타내 준다.

동조(同調) – 포인트에 형성된 밑밥층속에 채비와 미끼를 맞춰서 내려주는 것으로 조류의 속도나 세기에 맞춰 밑밥을 넣어주어 밑밥띠가 형성되게 한 다음, 이 밑밥대에 채비를 던져 밑밥 속에 채비의 미끼가 어우러져 있게끔 만드는 찌낚시의 테크닉이다.

두들링(doodling) – 웜 채비에서 싱커가 유리 또는 플라스틱구슬에 부딪히면서 소리를 내게 하는 것으로 대상어의 청각을 자극하여 루어를 공격하게 만든다.

두레박질 – 두레박을 걷어올려 샘물을 길어 올리듯이 낚시채비나 낚시에 건 물고기를 빠른 동작으로 거두어 들이는 행위로 얼레(자새)채비를 사용하는 배낚시에서 주로 행해진다.

뒷미늘바늘 – 바늘귀 바로 아래의 바늘허리 뒤편으로 2~3개 가량의 미늘을 갖고 있는 낚싯바늘로 크릴과 같이 잘 빠져나가기 쉬운 미끼를 쓸 때 사용하여 바늘로 부터 미끼의 이탈을 방지한다.

들물 – 바닷물이 밀려 들어오면서 바닷물의 높이가 높아지는 물때. = 밀물

들물자리 – 들물 때에 물고기가 잘 낚이는 포인트나 낚시자리. = 들물 포인트

들어뽕 – 크지 않은 고기를 걸었을 때 뜰채를 사용하지 않고 낚싯줄의 강도와 낚싯대 휨새만을 이용해 사뿐히 뽑아내듯이 끌어올려 들어내는 것.

떨굼낚시 – 바다낚시의 한 방법으로 방파제의 직벽이나 갯바위의 수직절벽

또는 경사가 가파른 갯바위에서 낚시를 할 때 효과적인 방법으로 알려져 있다. 방파제 직벽이나 갯바위 직벽에 붙어있는 게나 새우, 조개류 등을 잡아먹는 물고기의 습성을 이용하여 미끼를 최대한 벽 가까이에 붙여서 자연스럽게 떨어뜨려 주어서 낚는 낚시인데, 일반적으로 떨굼낚시에서는 찌를 사용하지 않는다.

띄울낚시 – 채비와 미끼를 물밑 바닥으로부터 띄워서 수면 중상층에 떠서 하는 낚시방법으로 공략하고자 하는 수심은 찌가 달린 곳으로부터 낚싯 바늘이 달린 목줄 끝까지의 거리에 해당한다.

라인롤러(line roller) – 스피닝 릴의 스풀 바깥쪽을 돌면서 라인을 감아들이는 부분으로 로터의 한쪽 끝에 붙어 있으며 'ㄷ'자 형태의 라인롤러 끝에 픽업 베일(pick-up bail)이 달려 있다.

라인 슬랙(line slack) – 채비를 캐스팅한 다음, 낚싯줄이 느슨하게 늘어진 상태를 일컫는 말로 처진 낚싯줄을 의미하는데, 캐스팅할 때 바람이 심하게 불면 라인슬랙 현상이 두드러지게 나타난다. 이것은 채비가 물에 떨어진 다음 빨리 감아들여야 할 불필요한 여유줄이 된다.

랜딩(landing) – 바늘에 건 물고기를 끌어당겨서 뭍으로 접안시킨 다음, 물밖으로 끌어내는 것.

로드벨트(rod belt) – 낚싯대 손잡이대 밑을 배꼽밑에 가져다 대고 버틸 수 있도록 만든 가죽벨트로서 트롤링낚시에서 허리에 차고 사용하는 낚시 보조도구.

로드 액션(rod action) – 낚싯대의 휨새를 말하는 것으로 루어 및 미끼, 채비의 프레젠테이션 능률 및 바늘에 걸린 고기의 제압 등에 중요한 영향을 미친다.

루어(lure) – 천연의 먹이와 마찬가지 효과 또는 가장 유사한 유인효과를 높이기 위해 작은 물고기나 곤충의 형태·모양을 본따서 만든 인조미끼를 말한다. 루어는 '유혹(誘惑)한다'는 의미를 갖고있는 말로, 가짜미끼를 뜻한다.

리더(leader) – 낚싯줄(원줄)에 연결해 쓰기 위한 금속 또는 합성섬유의 목줄을 말한다.

리어 드랙 릴(rear drag reel) – 릴의 뒤편에 드랙이 있는 릴로 1970~80년대의 릴은 리어드랙이 주류를 이루었다. 그러나 물고기가 스트라이크 되었을 때 순간적인 반응에 대응하는 데는 드랙이 릴의 전면에 있는 것이 유리하다고 하여 이제는 프론트 드랙 릴(front drag reel)이 주로 생산되고 있다.

리트리브(retrieve) – 캐스팅 뒤, 수면에 착수한 라인과 루어를 감아 들이는 동작으로 릴을 감아들이는 과정에서 빠르기를 조절함으로써 루어의 움직임에 유혹당한 물고기가 입질을 하게 된다.

마당여 – 마당이나 마루처럼 위쪽 상단면이 편편넓적한 물밑 바위 또는 수면 위로 드러난 작은 넓적바위.

마이너스 찌 – 수중찌를 말하며 보통의 일반 찌가 수면 위로 솟으려는 부력, 즉 플러스의 운동방향을 갖고 있는데 반해, 수중찌는 반대로 가라앉으려는 침력을 가지고 있다.

막대찌 – 찌몸통 모양이 연필처럼 생긴 긴 찌.

만조(滿潮) – 밀물이 최고조에 달하는 상태를 일컫는 말로서 '고조(高潮)'라고도 한다.

맥(脈)낚시 – '찌'를 달지않고 이루어지는 낚시로 낚싯줄과 초릿대를 통해서 직접 전해오는 힘을 손끝 감각에만 의존하여 입질을 파악해가며 물고기를 낚는 낚시를 말한다.

메탈지그(metal jig) – 스테인리스 스틸 또는 크롬 등 금속조각의 한쪽 끝에 트레블 훅을 단 루어로 어느 정도 무게감이 있으며, 번쩍이는 반사광이 특징인 루어이다. 주로 배에서 수직으로 내려주었다가

감아올리거나 위·아래로 흔들어주는 고패질 방식으로 사용한다.

목줄채비 – 원줄과의 연결도래(또는 연결고리)로 부터 봉돌 아래의 목줄끝 바늘까지를 아우르는 채비 부분. = 밑채비

몰밭 – 바다의 해초가 깔려있는 지대로 '몰'은 해초의 방언이다.

몽돌밭 – 백사장 주변이나 기타 바닷가의 동글동글한 자갈돌이 많이 깔려 있는 자갈밭.

무시 – '물+쉬다' 즉, 물이 쉬다는 뜻으로 조금 바로 다음날이 이에 해당한다.

물목 – 여와 여 사이, 섬과 섬 사이의 조류소통지대로 조류와 조류, 지류와 본류 또는 본류와 반류가 만나거나 갈라지면서 조류의 변화가 있는 지점을 말한다.

미노우(minnow) – 큰 물고기의 먹이감이 되는 작은 물고기를 일컷는 말로서 루어낚시에서는 피라미 등 먹이감이 되는 작은 물고기의 모양을 본딴 루어를 말한다.

미디엄 액션(medium action) – 낭창낭창한 스로우액션(through action)과 매우 뻣뻣한 패스트 액션(fast action)의 중간 액션을 가진 낚싯대.

밑봉돌 – 밑봉채비나 기타 채비의 맨 밑에 다는 봉돌. 가지봉돌과 구분하기위한 용어이다.

바늘털이 – 낚싯바늘에 걸린 물고기가 바늘에서 벗어나기 위한 '탈출행동'의 하나로서 수면을 튀어오르는 앙탈과 반항을 말한다.

바블리스 훅(barbless hook) – 미늘이 없는 낚싯바늘. 물고기에게 상처를 덜 주고, 낚은 고기를 다시 방류함으로써 어자원 고갈을 막기 위해 만든 바늘이다.

바이브레이션 플러그(vibration plug) – 릴을 조금만 감아들여 약간만 움직여도 몸을 떠는 플러그로서, 플러그 안에 소리(rattle)를 내면서 헤엄

치며 립(lip)이 없는 것이 특징이다. 그래서 립리스 크랭크베이트(lipless crankbait)라고도 한다. 물고기의 청각을 자극하는데 효과가 있으며 원거리캐스팅이 용이하다. 농어  루어낚시에 많이 쓰이며, 꼬리에 트레블 훅을 제거하고 블레이드를 단 스핀바이브 형태의 제품도 시판되고 있다.

바이트(bite) – 물고기가 달려들어 루어나 미끼 등을 무는 것.

반달구슬 – 삿갓구슬이라고도 한다. 자립구멍지의 이동범위를 제한하기 위해 낚싯줄에 매어둔 면사매듭 아래에 꿰어쓰는 소품이다.

반자립찌 – 찌의 하단부에 약간의 납 또는 황동, 주석 등을 넣어 찌 자체의 부력중심점을 하단으로 끌어내린 찌로서 물에 띄우면 스스로 완전히 일어나지는 못하지만 어느 정도는 서는 찌.

발사(balsa)찌 – 주로 열대지방에서 생산되는 부력이 크고 나무의 질이 연한 발사나무로 만든 찌.

백래시(backlash) – 보통 베이트캐스팅 릴이나 장구통 릴의 회전스풀에서 캐스팅 직후 릴 스풀의 과다회전으로 인해 릴 스풀 안에서 낚싯줄이 풀리다가 다시 되감기며 엉키는 것.

백중사리 – 일년 중의 사리 물때 중에서도 바닷물의 간만의 차가 가장 큰 사리인 음력 7월 보름의 사리로서 연중 물살이 가장 세고 장마철과 겹치는 때가 많아 태풍을 동반한 해일 등을 일으키는 해도 가끔식 있다.

버림봉돌 – '버림추'라고도 하며, 버림봉돌 채비에 다는 봉돌. 바다의 밑걸림에 채비가 걸리면 봉돌은 떼이고, 나머지 채비는 살릴 수 있도록 하기 위한 것이다.

버텀 피싱(buttom fishing) – 채비와 미끼를 바다까지 내려주어 물밑 바닥 또는 바다 가까이 붙어 사는 물고기를 낚는 낚시 = 바닥낚시

부록 – 바다낚시 용어 해설

베이트 피시(baitfish) – 멸치나 학공치새끼 등과 같이 큰 물고기의 먹이가 되는 작은 물고기나 갑각류.

본신(本信) – 물고기가 미끼를 입안에 넣으면서 나타나는 찌의 움직임과 본격적인 입질.

부속섬 – 여러 개의 섬으로 이루어진 특정 지역의 군도(群島) 가운데, 본섬 주변에 산재한 크고 작은 섬.

붙박이성 어종 – 조류를 따라 넓은 지역을 이동하며 살거나 적당한 해수온을 따라 광범위하게 여러 지역을 회유하지 않고 한 지역에만 머물며 사는 물고기. = 정착성 물고기

블루 워터(blue water) – 육지에서 멀리 떨어진 대양의 심해에서 이루어지는 보팅이나 빅게임 피싱을 의미한다.

비거리(飛距籬) – 채비를 투척했을 때 찌, 채비, 봉돌 등이 날아가는 거리. 찌의 원투(遠投)기능을 말할 때 주로 쓰이는 용어이다.

사리 – 조수(潮水)간만의 차이가 가장 큰 보름(음력 15일)과 그믐(음력 30일). 바닷물이 가장 많이 빠졌다가 가장 많이 차오르는 물때로서 조고(潮高)의 차이가 가장 크다.

서밍(thumbing) – 캐스팅하는 동안 회전하는 스풀을 엄지손가락으로 가볍게 누르면서 브레이크를 거는 동작으로 베이트캐스팅 릴의 백래시현상을 막기 위해 한다.

서스펜드 플러그(suspend plug) – 릴링을 하다가 중간에 멈추어도 쉽사리 물 위로 솟아올라 뜨거나 아래로 급작스럽게 가라앉지 않는 플러그로 일단 드리워진 수심층에 머무르는 시간이 매우 길다는 것이 특징이다. 물고기가 활발하게 움직이지 않아 활성도가 떨어지는 시기에 많이 사용한다.

서프 캐스팅(surf-casting) – 해변의 자갈밭이나 모래밭에서 채비를 멀리 던지는 던질낚시로서 '원투(遠投)'의 의미이다.

서프 캐스팅 릴(surf-casting reel) – 원투 목적 또는 생미끼를 캐스팅하기

위한 바다낚시용 릴.

선외기(船外機) – 배의 추진기관이 배의 안에 장치되는 것이 아니라 뒤편의 배 밖에 설치되는 아웃모터(outmotor).

설레기 – 봉돌을 아예 달지 않거나, 달더라도 아주 가벼운 것만을 달아서 채비와 미끼가 물살에 가볍게 흔들리면서 자체의 무게로 자연스럽게 내려가게끔 조작해주는 방식의 낚시로 수면 상층을 유영하는 농어 등의 낚시에서 스침질로 채가며 낚을 수 있는 방법이다.

섭이습성(攝飴濕性) – 먹이를 섭취하는 물고기의 생태적 특성으로 물고기의 종류마다 섭이습성이 각기 다르므로 섭이습성을 잘 알아두면 그 대상어를 낚기 쉽다.

소상성어류(溯上性魚類) – 산란을 위해 바다에서 민물의 강으로 올라오는 물고기로서 연어가 대표적이다. ↔ 소하성어류 (예. 뱀장어)

소코쯔리 – 바닥에 채비와 미끼를 가라앉혀 바닥층에 사는 물고기를 낚는 낚시로 원투를 하지않고 봉돌을 크게 달아서 채비를 바로 넣어 줌으로써 바닥에 가라앉히는 방식의 낚시이다. 표준명으로는 바닦낚시라 해야 한다.

소프트베이트(soft bait) – '야들야들하고 촉감이 부드러운 미끼' 라는 의미로 스푼루어나 플러그 등의 딱딱한 것과는 대조적인 루어미끼이다. 웜(wom)류가 대표적이다.

속조류 – 해수면 상층 아래의 중층 및 바닥층 속물의 흐름. ↔ 겉조류

솔리드(solid)찌 – 찌에 사용된 찌톱을 구분하는 용어로 소재의 종류에 관계 없이 찌톱의 속이 꽉 차 있다. ↔ 튜블라(tublar)

쇼크리더(shock leader) – 목줄, 힘줄을 일컷는 왜래어.

쇼트 바이트(short bite) – 대상어가 미끼를 물었다가 순간적으로 뱉는 짧은 입질. 주로 수온이 낮거나 대상어가 경계심이 강할 때 나타난다.

수중여 – 해수면 아래에 숨어있어서 육안으로는 잘 보이지 않는 물밑 암초. 이런 곳은 대개 좋은 포인트가 된다.

스쿨링(schooling) – 물고기들이 포식자로부터의 위험성을 줄이고, 자기종(種)들만의 사회적 습성을 익히려는 본능으로 무리를 짓는 것을 말하며 '어군(魚群)'을 의미한다.

스크류 시트(screw seat) – 릴대에 릴을 부착하는 시트(real seat)의 릴 다리 조임쇠가 나사식으로 만들어진 것.

스토퍼(stopper) – 스토퍼라고 하면 보통 찌스토퍼(bobber stopper)를 의미하는데, 찌의 위쪽 원줄에 달아 찌가 더이상 위로 올라가지 못하게 하거나 고리찌의 경우 아래·위에 이 스토퍼를 달아서 찌가 이들 스토퍼 사이에서만 움직이게끔 고정시키는 역할을 맡고 있다.

스톱 앤 고(stop and go) – 플러그와 같은 루어를 감아들이면서 수심층을 탐색할 때, 릴을 감아들이다가 1~2초 가량 정지시키고 릴링을 잠시 멈췄다가 다시 감아들이는 동작.

시울질 – 일정한 포인트에서 채비를 리드미컬하게 움직여주어 미끼가 살아 움직이는 것처럼 보이게 만들어서 물고기를 현혹시키는 것.

싱커(sinker) – 미끼와 채비를 가라앉혀 주기 위한 낚시용 봉돌.

썰레기 – ①봉돌을 아예 달지 않거나 아주 작은 것을 달고 미끼를 꿴 바늘만을 달아 채비가 물흐름에 실려 자연스럽게 흐르도록 맡겨둔채로 낚시를 하며, 낚싯대 끝이나 낚싯줄의 변화로 입질을 파악하여 물고기를 낚는 낚시방법. ②가다랑어나 방어 생미끼낚시에서 산 멸치를 아가미에서 등쪽으로 꿰어 멸치가 가는 대로 내버려 두었다가 가다랑어나 방어가 덮치도록 하여 낚는 낚시.

썰망 – 물고기를 모으기 위해 밑밥을 넣어 물에 담가두는 그물 망.

쏙 – 바다 갯가재의 방언으로 썰귀 또는 썰게라고 하는 지역도 있다. 갑각류의 절족동물로 내만 연안의 진흙바닥에 살며, 부챗살 모양의 넓적한 꼬리로 구멍을 파고 뒷걸음을 잘 친다. 식용으로 사용하며, 돌돔낚시 등에서 잡어의 성화를 줄이고 입질을 빨리 받기 위해서 사용하기도 한다.

아부나이 – '위험하다'는 뜻의 일본어를 그대로 빌어다가 쓴 말로, 위험한 포인트를 말한다. '위험한 포인트' 또는 '험한 지형의 포인트' 등의 우리말로 쓰는 것이 옳다.

악식성(惡食性) – 먹이를 가리지 않고 닥치는 대로 먹는 식성. = 탐식성

안강망(鮟鱇網) – 아귀를 안강(鮟鱇)이라 하며, 입이 큰 아귀를 닮은 그물이라 하여 안강망이라는 이름이 생겼다.

앵글러(angler) – 스포츠 및 레저 차원에서 물고기를 낚는 사람을 뜻하는 용어로 '순수 낚시꾼'을 의미한다.

어군탐지기 – 물밑 물고기의 움직임이나 물고기가 위치한 깊이 및 포인트의 바닥지형 등을 파악하기 위한 탐지 기계. = 뎁스 파인더

어미바늘 – 아래·위 바늘이 두 개 달린 겹바늘 채비에서 윗바늘을 가리킨다.

어식어(魚食魚) – 제 자신보다 작은 물고기를 잡아먹고 사는 물고기.

어신찌 – 입질을 전달하는 기능을 가진 찌로 우리말로는 입질찌 또는 본찌라고도 한다. 대개 자립구멍찌와 수중찌, 자립구멍찌와 원투용의 던질찌, 자립구멍찌와 자립구멍찌 등으로 서로 컴비네이션을 이루어 하나의 원줄에 두 개의 찌를 동시에 사용하는데, 이 때 입질을 파악하기 위해 설정한 찌가 어신찌이다.

어초(魚礁) – 큰 구멍이 있는 대형 블록과 같은 시설물을 바다 밑바닥에 가라앉혀 물고기가 서식하기 좋게 설치한 '물고기집'으로서 대개 상자와 같은 6면체로 만들어져 있기 때문에, 흔히 '물고기 아파트'라고도 한다.

어피바늘 – 물고기의 표피(表皮)를 아주 작게 잘라 붙인 낚싯바늘 또는 물고기의 가죽과 같은 느낌을 주는 얇은 비닐이나 플라스틱 조각을 붙여 놓은 바늘을 말하며, 주로 물고기의 시각을 자극한다.

얼레 – 자새의 다른말로 '손줄낚시'를 할 때 사용하는 연자새와 비슷한

낚싯줄 감개.

엉킴방지봉 - 어신찌와 도래 사이, 즉 어신찌 아래에 달아서 찌와 도래 사이에 일정한 간격을 유지해주고 채비의 엉킴을 방지하는 자그마한 핀. 양끝을 찌고무로 끼워서 사용하는데, 가운데에 둥근 옹이가 있으며 양끝이 뾰족하게 생긴 것도 있다.

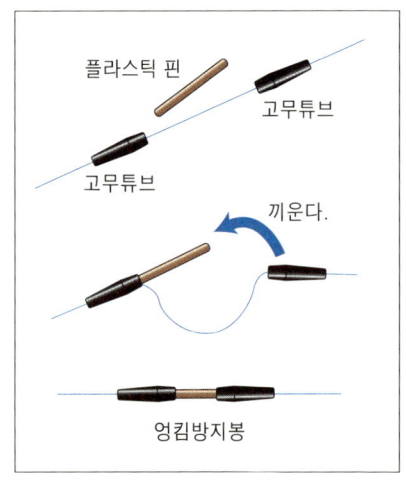

여밭 - 간출여나 크고 작은 여, 수중여 등이 많이 몰려있는 지역으로 연중 좋은 포인트가 된다.

여치기 - 간출암이나 기타 바위섬과 같은 작은 여에서 하는 낚시로 여 주변에 배를 대놓고 포인트만을 신속하게 이동해가며 공략하는 낚시이다.

역광찌 - 자립구멍찌의 한 종류로서 역광(逆光)에도 잘 보이는 것이 특징이다. 대부분의 역광찌는 찌의 상단부가 대부분 플라스틱 ABS소재로 만들어져 있는데, 플라스틱 종류 가운데 가장 강하면서도 비중이 가벼운 ABS 캡은 빛을 반사하기보다는 어느 정도 투과시키므로 역광에서 잘 보인다.

연질대 - 전체적인 휨새가 매우 부드럽고 낭창거리는 낚싯대. ↔ 경질대.

염도 - 물속에 용해되어 있는 소금 성분의 양과 정도를 말하는데, 민물은 통상 0.2% 이하의 소금을 함유하고 있는 반면, 기수역의 물은 3% 내외의 소금을, 정상적인 바닷물은 3.433%의 염분을 갖는다. 청조현상이 일거나 가뭄이 계속될 때에는 연근해와 연안의 염도는 정상 이상으로 높아지게 되는데, 그 결과 연안성 어종 또는 숭어, 농어 등과 같은 바닷고기나 기수성 어종의 낚시조과가 떨어진다.

염주찌 - 탁구공같은 구슬찌를 일정한 간격으로 염주알을 꿰듯이 꿰고 고정시킨 찌 채비.

영등철 – 2월 초하루인 음력 2월은 영등월(靈登月)이라고 하며 영호남 지방의 민간에서는 영등날에 비가 오면 그 해 풍년이 들고, 바람이 불면 흉년이 든다고 한다. 낚시에서는 2월 중하순 이후 3월 말경까지의 감성돔낚시 막바지 호황기로 간주된다. 11~12월 중순의 감성돔낚시 시작 초기 호황기와 구분하는 낚시에서의 시기구분 용어로서 특히 감성돔 대어가 잘 낚이는 때라고 알려져 있다.

예신(豫信) – 물고기가 먹이를 입안에 삼키기 전에 먹이를 건드려 보거나 '훅' 불어내는 등의 먹이 확인 행동이 찌에 전달되어 나타나는 움직임으로 본신 전의 물고기 기척이나 접근 신호이다. 본신(本信)에 대비하고 여유를 갖기 위해서는 이 예신을 잘 감지해내는 경험이 매우 중요하다.

오분자기 – 전복과 오분자기속에 속하는 것으로 전복을 닮았는데, 다만 크기가 매우 작다. 돌돔이 선호하는 미끼로서 칼로 꺼내어 바늘에 꿰어쓴다. 큰 것은 통째로 누벼꿰듯이 꿰어쓰며 작은 놈은 여러 개를 주렁주렁 꿰어 쓴다. 살만 쓰면 잡고기가 잘 덤비는데, 이 때는 망치로 오분자기 껍질을 살짝 깨어 껍질이 달려있는 상태로 바늘에 꿰어 쓰면 된다.

와류대(渦流帶) – 물이 소용돌이 치는 지대. 이런 곳은 대략 물이 아래로 빨려들거나 솟구치는 등 새롭게 방향을 바꾸는데, 대개 그 주변에 포인트가 형성된다.

와이어 목줄 – 부드럽고 연하면서도 가는 철사를 여러 겹으로 꼬아서 만든 목줄로서, 이빨이 강하고 날카로운 대상어를 잡을 때 사용한다.

외줄 끌낚시 – 한 개의 원줄에 2개 이상의 가짓줄·가지바늘을 단 채비로 배를 타고 서서히 끌어주어 대상어를 낚는 낚시를 말한다. 바늘에 오징어 베이트, 페더지그, 스푼루어, 플러그 등을 달고 느린 속도로 배에 달아 끌어 주게 되는데, 주로 부시리, 방어, 가다랑어, 점다랑어, 줄삼치 등을 대상어로 한다.

외줄낚시 – 배낚시의 한 방법 또는 한 개의 낚싯줄에 여러 개의 바늘을 단 채비를 가리키는 말로서, 원래는 줄낚 또는 자새를 사용하는 맨손낚시를 가리키는 용어였으나 현재는 한가닥의 낚싯줄에 두 개 이상의 낚싯바늘을 달고 배에서 하는 낚시를 의미한다.

워블링(wobbling) – 루어가 작동할 때 좌우로 진동하게끔 낚싯대를 흔들어 주는 것으로 루어나 베이트 등 미끼를 조종하는 테크닉이다.

원자찌 – 원자 발광찌의 줄임말로 '찌톱 안에 스스로 빛을 내는 앰플형의 소형 발광체가 들어있어 밤에 잘 보이게끔 만들어진 찌'를 말한다.

원투(遠投)낚시(surf-casting) – 해안이나 백사장에서 무거운 봉돌을 달아 채비를 멀리 던져서 바닥층을 노리는 낚시.

웨이더(wader) – 낚시할 때 신는 방수장화로 웨이더에는 목이 짧은 부츠형과 허벅지까지 오는 사이 웨이더 및 힙까지 오는 힙 웨이더 그리고 가슴팍까지 올라오는 체스트 하이 웨이더의 네 가지가 있다.

위드가드(weed guard) – 물속에 있는 수초더미나 나뭇가지 등의 장애물에 낚싯바늘이 걸리지 않게 바늘귀 쪽에서 바늘끝 안쪽 방향으로 댄 편철(片鐵)로 물고기가 물면 바늘끝에서 분리되어 아래로 내려가게 되어 있다.

유동봉돌 – 한 가운데에 구멍이 나있는 낚시용 봉돌로 낚싯줄을 타고 자유롭게 오르내릴 수 있게 되어있다. 주로 처넣기식의 채비에 많이 사용되는 봉돌인데, 구멍봉돌, 유동추라고도 한다.

유동식 채비 – 원줄을 타고 찌가 오르내릴 수 있도록 만든 채비로서 찌 밑에 '찌고리'나 스냅도래와 같은 원줄걸이가 있어서 찌가 원줄상에서 이동할 수 있도록 한 채비이다.

유향성(流向性) – 물이 흘러오는 쪽을 향하여 유영하는 물고기의 습성으로 물흐름에 따라 흘러내려가지 않고 제자리를 유지하면서 물을 따라 흘러오는 먹이를 먹기 위한 것이다.

이절(二節)대 – 두 마디로 된 낚싯대로 주로 플라이나 루어대에 많다. 투 피스(two piece) 낚싯대라고도 한다.

익사이팅 타임(exciting time) – 해질녘과 해 뜰 무렵의 조황이 피크에

이르는 시간대. = 피딩 타임

이미테이션 루어(imitation lure) - 물고기나 곤충 또는 개구리, 지렁이, 거미, 새우, 가재, 뱀 등 물고기가 먹이로 하는 작은 동물의 실물 모양과 똑같이 본떠서 만든 루어의 종류.

자새 - 낚싯줄을 감는 실감개로 연자새와 비슷하게 생겼으며, 다른말로 '얼레' 라고 한다.

자성선숙(雌性先熟) - 처음 어려서는 암놈이었다가 자라면서 숫놈으로 성전환을 하는 물고기. ↔ 웅성선숙

여러가지 모습의 이미테이션 루어들.

잔존부력 - 찌가 갖고있는 본래의 표준부력에서 봉돌의 무게가 상쇄되고 남은 '나머지 부력'이다. 예를 들어 3B의 자립구멍찌에는 -3B의 봉돌을 달아쓰면 가장 안정되고 바람직하나 약간의 파도가 있을 경우엔 채비와 미끼가 제대로 드리워진 상태로 유지되려면 찌의 부력을 높여줘야 한다. 이때 B봉돌을 쓰게 되면 2B(찌에 남은 부력) 만큼의 잔존부력이 생기게 되는 셈이다. 다른 말로 '여유부력'이라고도 한다.

잠길찌 - 잠길찌라는 이름의 찌가 따로 있는 것이 아니라, 찌의 운용에 따른 구분명이다. 일반 자립구멍찌에 그 찌의 부력보다 다소 큰 봉돌을 물려서 천천히 가라앉게 만든 찌낚시 채비를 말하며, 잠길찌는 찌가 가라앉는 속도를 봉돌의 크기로 조절할 수 있는 이점이 있다. 준비된 잠수찌가 없을 경우 그 대용으로 잠길찌를 만들어 쓰면 된다.

잠수조법 - 흔히 잠수찌라고 하는 찌를 사용하여 이루어지는 낚시로서, 찌 안에 찌의 부력보다 약간 큰 봉돌 또는 기타 금속이 내장되어 있는 잠수찌를 사용해 바닥까지 잠수해 내려가며 이루어지는 낚시법이다.

잠수판 - 트롤링이나 끌낚시에서 사용하는 소도구로서 루어를 보다 깊숙이

잠수시키려 할 때 루어의 위쪽 원줄에 다는 잠수 보조도구이다.

저부력 찌 – 부력이 아주 작은 찌로 부력이 작다는 것은 대상어가 입질을 했을 때 반대로 당기는 저항력이 작다는 것을 의미한다. 따라서 아주 작은 입질에도 예민하게 반응하는 것이 특징인데, 보통 B 또는 2B 등 3B 이하의 찌가 저부력 찌에 속한다.

저서어(低棲魚) – 물밑 바닥층 가까운 범위를 생활무대로 살아가는 물고기 = 바닥고기

저인망(底引網) – 주로 수면 중·하층에 사는 저서어까지를 몽땅 잡기 위해 그물의 양쪽 끝은 배로 끌어가면서 그 안에 물고기를 몰아넣는 방식의 끌 그물.

적서수온(適棲水溫) – 물고기의 서식 및 활동에 가장 적당한 수온.

적조현상(赤潮現象) – 바닷물의 색깔이 갈색 또는 적갈색으로 바뀌는 현상으로 부영양화의 결과로 일어나는 것이 일반적이다. 적조현상은 부패성 유기 오염물질과 증식 촉진물질이 풍부하게 용존되어 있고, 일사량과 수온·염분 등 환경조건이 적당하면 플랑크톤이 대량 번식하여 발생한다. 적조가 발생하면 수중의 용존산소가 결핍되어 물고기들이 질식사하거나 적조생물이 생산하는 독소 또는 2차 유독성 물질에 의하여 중독사하게 된다.

정착성 어종 – 살아가기에 보다 더 적합한 수온이나 기타 서식여건을 찾아 넓은 범위 또는 다른 지역으로 이동하지 않고 한 지역에서 나고 자라는 물고기. ↔ 회유성 어종

정치망(定置網) – 일정한 수면에 정치, 즉 고정시켜서 수산동물을 채취·포획하기 위한 어구나 그물.

제로찌 – 찌의 잔존부력이 제로(0)인 찌 또는 제로에 가까운 찌를 말한다. 자립구멍찌인데 찌가 물에 뜨는데 쓰고 남은 나머지 부력이 '0'인 찌를 가리킨다.

제물걸림 – 챔질을 하지 않았는데도 물고기가 제 스스로 미끼를 물어서

낚싯바늘에 걸린 것.

제살미끼 – 낚고자 하는 바로 그 대상어의 살로 쓴 미끼. 망둥어나 노래미, 우럭 등 제살미끼를 잘 무는 고기들이 많다.

조간대 – 사리 때 최대 물높이까지 물이 들어왔다가 최대치로 물이 빠졌을 때 나타나는 범위.

조경(造景) – '물목' 또는 '조목'이라고도 하며 두 갈래의 서로 다른 조류가 만나 바닷물의 흐름이 달라지는 곳.

조금(潮禁) – 조수 간만의 차이가 가장 적은 물때를 말하며, 음력 8일과 23일이 조금에 해당한다.

좌대낚시 – 밀폐된 드럼통 또는 기타 부력재를 엮고, 그 위에 널판지를 깔아 고정시킨 시설물인 좌대(坐臺)에서 이루어지는 낚시

주낙 – '줄낚시'의 줄임말로 '줄줄이 낚싯바늘이 달린' 어부용 채비의 낚시에서 생겨난 말.

지그헤드(jig head) – 지그헤드 훅의 줄임말로 바늘귀 바로 밑부분에 볼(ball)처럼 둥근 납을 단 낚싯바늘이다. 온스로 무게를 표시하며 1/8, 1/16, 1/4, 1온스 등으로 구분하는데, 1온스는 28.35g이다.

라운드형 지그헤드 훅.

지깅(jigging) – 지그 및 메탈루어, 테일스피너 등의 루어에 활기있는 동작과 살아있는 듯한 액션동작을 연출해 대상어를 유혹하는 낚시로 루어를 바닥에 가라앉힌 뒤 낚싯대를 위·아래로 힘차게 올렸다 내렸다 해주는 낚시 테크닉이다.

지류(枝流) – '가지조류'란 뜻으로 큰 조류가 갯바위나 여 등에 부딪쳐서 갈라지며 방향이 바뀐 작은 조류를 말한다. 주류가 되는 바닷물이 섬, 여 등에 부딪히거나 바닥지형의 변화로 인해 흐름이 바뀌면서 나타나는 것으로 이런 지류대가 좋은 포인트가 된다.

채낚기 – 오징어, 갑오징어, 한치 등을 낚는 낚시방법의 한가지로서, 오징어 낚시용 뿔낚시를 중층 또는 상층에서 고패질하여 대상어를 유인, 채어 올리는 낚시.

처넣기 낚시 – 일반적으로 2~3호 전후의 다소 빳빳한 경질릴대에 15~20호 안팎의 봉돌을 달아 40~50m 내외의 근거리에 채비를 던져 넣는 낚시. 일종의 릴맥낚시라 할 수 있으며 채비를 바다에 처넣어 참돔, 돌돔 등 주로 바닥층에 있는 대상어를 낚기 위한 던질낚시이다.

청물 – 바닷물이 평소보다 몹시 맑아지는 현상으로 물고기의 경계심이 높아진다. = 청수

초날물 – 바닷물이 만조에 이르러 물돌이가 있은 직후, 날물이 시작되는 처음 30~40여분을 말한다.

카드채비 – 5~10개의 가지바늘과 가짓줄이 달린 채비로 열기, 볼락, 가자미 등의 배 외줄낚시에 쓰인다.

캐스팅(casting) – 낚싯대의 탄력을 이용하여 낚싯대와 릴로 채비 및 미끼를 던지는 것.

캐치 앤 릴리즈(catch and release) – '낚은 물고기를 놓아준다' 는 의미로 물고기를 바늘에 건 다음 낚아내기까지의 과정만을 즐기고 즉시 놓아주는 스포츠 피싱 정신을 말한다.

크릴(kril) – 남극의 얼음바다에 서식하는 곤쟁이목의 원시 새우류이자 냉수성 플랑크톤으로서 '남극 크릴새우' 가 정식명칭이다. 다 자란 놈은 5~6cm 정도이며 국내 바다낚시에서 처음 주목을 받은 것은 1970년대 말이었으나 지금은 '바다낚시=크릴' 로 생각할 정도로 폭넓은 수요층을 확보하고 있다. 다른 미끼보다 보관·관리 및 휴대와 사용이 간편하다는 잇점이 있다.

키달이 봉돌 – 배의 방향타인 '키' 모양으로 봉돌의 한쪽 옆에 날개가 달린 봉돌.

태클(tackle) – 각종 낚시도구를 의미하는 피싱태클(fishing tackle)의 줄임말.

통꿰기 – 새우나 지렁이 등 사용할 미끼를 자르거나 일그러뜨리지 않고 통째로 꿰는 것.

통줄채비 – 따로이 목줄을 사용하지 않고, 원줄만을 사용하는 채비로, 원줄 끝에 바로 봉돌과 낚싯바늘을 단 채비이다.

트롤링(troling) – 바다에서 배를 달리며 생미끼 또는 루어 등의 베이트를 끌어서 중·대형 어식어를 낚는 낚시. 작은 물고기를 빠른 동작으로 달려들어 먹어치우는 대상어의 습성을 이용하여 이루어지는 낚시인데, 가다랑어, 만새기, 방어, 부시리, 재방어, 점다랑어, 줄삼치, 농어 등을 대상어로 한다.

트위치(twitch) – 손목에 스냅을 주어 낚싯대를 짧게 톡톡 잡아채듯이 챔질해 주는 테크닉. = 트위칭

파랑경보 – 매우 높은 파도와 풍랑(6m 이상)이 일어 큰 피해가 예상될 경우 기상청이 발효하는 기상특보.

파래새우 – 우리나라 동해안의 수심 얕은 해조류에 주로 살며, 미역이나 기타 해초에 붙어 사는데 특히 파래가 많은 곳에 살기 때문에 파래새우란 이름이 붙여졌다. 파래새우는 몸빛깔이 파르스름한 색을 띠며 벵에돔낚시의 특효 미끼로 알려져 있을 정도이다.

파우더(powder) – 바다낚시용 집어제의 별칭으로 일반 갯바위낚시용 외에 방파제낚시용도 생산, 시판되고 있다.

파이팅(fighting) – 대상어를 낚싯바늘에 걸어 서로 맞당기는 것으로, 걸린 물고기를 뜰채에 담아서 끌어내기까지 서로 당기며 씨름하는 낚시의 과정.

펌핑(purmping) – 바늘에 건 대상어를 랜딩시키는 방법 가운데 하나로 물고기가 낚싯줄을 끌고 나가면 대의 탄력을 이용해 20~30도 각도까지 대를 낮춰가며 버티다가 물고기의 힘이 어느정도 빠지면 60~70도 이상 높이 대를 세우면서 낚싯줄을 감아들이는 릴링을 말한다.

편납 – 종이처럼 얇게 만든 납으로 '종이납' 또는 '종이봉돌'의 표준명

포셉(forcep) – 바늘빼기 또는 바늘빼기가 달린 집게.

포말지대 – 파도가 갯바위에 부딪치거나 조류와 조류가 만나서 생기는 물거품 지대로 바다 찌낚시에서는 대개 본류대로 향해 뻗어나가는 곳이 좋은 포인트가 된다.

표준권사량 – 릴 스풀에 가장 알맞게 감아들일 수 있는 낚싯줄의 양. 보통 릴에는 '2호-150m, 3호-100m'와 같은 식으로 표기돼 있다.

품질 – 포인트에서 물고기에게 밑밥을 주는 것으로 밑밥을 던져주면서 물고기를 유인, 어느 한 지역에 모이게끔 하는 행위를 말한다.

플로터(floater) – 고무보트나 기타 밸리보트 등 물에 띄우고 탈 수 있게끔 만들어진 장비.

핀 온 릴(pin-on-reel) – 고무줄과 같은 신축성이 있는 끈을 달아 그 끝에 작은 플라이어나 니퍼 또는 가위, 라인커터 등를 매달 수 있게 만든 도구.

하구(河口) – 강어귀. 강물이 바다로 흘러들어가는 어귀.

하구언(河口堰) – 강 하구에 쌓아 해수의 역류를 막고, 수심과 수량을 일정하게 하기 위해 만든 제방.

합사(合絲) – 두 가닥 이상의 실을 꼬아서 만든 실로 영어명은 브레이디드 라인(braided line)이다. 합사끼리 다시 꼰 것을 코드사, 코드사끼리 다시 꼰 것을 케이블이라 한다.

핫 스팟(hot spot) – 낚시에서 물고기가 매우 잘 잡히는 장소로 특별하게 물고기가 잘 잡히는 으뜸 포인트를 말한다.

해리(海里) – 해상에서 거리를 나타내는 단위로 1해리는 1,852m이며, 배의 속도는 시속 1해리를 1노트로 표시한다.

향류성(向流性) – 물흐름을 거슬러 오르려는 물고기의 성질. 물고기에게는 이런 본능적이 습성이 있다.

허리꿰기 – 지렁이나 새우의 허리부분을 낚싯바늘에 꿰어서 사용하는 미끼꿰기의 한 방법으로 미끼의 중간 또는 허리부분의 표피를 살짝 걸쳐 놓듯이 꿰는 방법이다.

홈통 – 물의 유동이 적고 안정되어 있는 갯바위와 갯바위 사이의 안으로 후미지고 홈이진 지역.으로 파도가 높거나 조류가 빠르고 바람이 많을 때 좋은 곳이다.

홑낚시 – 하나의 낚싯바늘만을 달아 하는 낚시 또는 바늘끝이 하나인 낚싯바늘.

회유어(回游魚) – 한 지역이나 정해진 범위 내의 수역에서 정착하여 사는 것이 아니라, 계절별로 수온이나 해류, 먹이를 따라 널리 옮겨 다니며 일생을 사는 물고기.

회유층(回游層) – 물고기가 먹이, 해류 등을 따라 이동하며 주로 활동하는 수심층.

훈수지대 – 센 조류가 돌출 갯바위나 물속 장애물, 곶부리 또는 다른 지류에 부딪혀서 그 세력이 꺾임으로 유속이 늦어지는 지역으로 각종 먹이가 풍부하므로 이런 곳이 감성돔낚시의 최고 포인트가 된다.

흘림낚시 – 조류의 흐름에 밑밥 그리고 채비와 미끼를 실어보내 흘리면서 여러 수심층을 두루 탐색하는 낚시.

힘줄 – 봉돌이 달려있는 채비와 원줄 사이에 연결하여 채비를 던지는 순간이나 드리운 채비를 걷어올릴 때 받는 충격을 흡수해 줌으로써 채비와 원줄을 살리기 위한 중간줄을 말한다. 원줄보다 굵고 충격에 강한 줄로 달아쓰며, 때에 따라서는 합사를 여러겹 꼰 줄을 쓰기도 한다. 특히 던질낚시용 테이퍼 라인이 없는 경우 이 힘줄이 없으면 멀리 원투하기가 어렵다.

부록 2 - 물때에 대해서 알아두자

부록 — 물때에 대해서 알아두자

바다낚시의 필수지식

물때란 태양과 달의 인력으로 말미암아 해수면이 규칙적이고 반복적으로 상하운동을 되풀이하는 조석(潮汐) 현상을 말한다.

바다낚시를 시작하면서 필수적으로 알아둬야 하는 것이 바로 이 물때이다. 바닷물이 들어왔다가 빠지는 시각, 그리고 밀물과 썰물 사이의 물높이 등을 알아야 상황에 따른 낚시테크닉과 응용술로 대응할 수 있게 되고, 낚시에 가장 좋은 시간대를 알 수 있게 된다. 물론 이런 것들은 건설교통부 수로국이 매년 발행하는 조석표나 기타 서적을 참고하여 쉽게 알 수 있지만, 그 원리와 조석표를 보는 법을 먼저 익혀두는 것이 바다낚시의 첫걸음이다.

해수면의 규칙적인 승강(昇降)운동의 원인이 되는 달과 태양의 인력을 기조력(起潮力)이라 한다. 불규칙적인 원인으로서 기온, 기압의 변화로 빚어지는 기상 영향이나 해수밀도 변화도 기조력으로 작용한다.

이 기조력은 달과 지구 및 태양의 위치에 따라 달라지는데, '지구-달-태양'의 일직선상에 위치한 달이 지구 주위를 한바퀴 돌아서 다시 '지구-달-태양'의 위치로 돌아올 때까지, 다시 말해서 '그믐에서 다음 그믐 때까지'의 소요시간은 29.5일이다. 이것이 달의 공전주기이며 이것을 다른 말로 삭망일(朔望日)이라 한다.

또한 지구상의 어떤 지점을 달이 통과하여 그 지점에 다시 통과할 때까지 소요되는 시간은 24시간 50분이다. 즉 지구의 자전속도보다 60분이 더 걸리므로 달은 하루 50분씩 늦게 뜨고 늦게 진다.

바닷물이 들어왔다가 빠지는 밀물·썰물 현상은 지구와 달, 태양의 위치에 의해 수시로 달라진다. 즉 '태양과 달의 인력' 이 두 가지가 가장 강력한 기조력으로 작용하는데, 그중에서도 조석현상은 달과 관계가 깊다.

태양은 달의 질량보다 2천7백만배나 크지만, 지구에서 달까지의 거리의 3백90만배나 멀기 때문에 지구에 미치는 기조력은 달의 1/2 밖에 안된다. 그러므로 물때를 아는 데는 달의 공전주기에 기본을 둔 '음력날짜' 가 중요한 기준이 된다. 우리가 사용하는 음력은 달이 그믐에서 시작하여 얼마나 지났는지, 그 경과한 시간을 하루 단위로 계산해낸 것이다.

이를 월령(月齡)이라 하며, 월령은 앞에서 말한 공전주기 29.5일 이다.

그러나 이것을 실제 편의를 위한 날짜로 맞춰서 음력을 만들었으므로 음력은 작은 달(29일)과 큰달(30일)이 교대로 나타나게끔 설정되어 있다. 달의 위치가 '지구-달-태양'의 일직선상에 위치할 때, 즉 달의 위치가 태양과 동일한 방향에 있을 때는 삭(朔, 그믐)이고, '달-지구-태양'으로 태양과 정반대 방향에 달이 있어서 달과 태양 사이에 지구가 위치하는 때가 망(望, 보름)이다. 삭망은 모두 '해면의 높이가 최고조로 가장 높아졌다가 가장 낮아지는' 사리 물때, 다시 말해서 만조와 간조의 차이가 가장 큰 물때에 해당한다. 그러나 음력 8일과 23일은 해수면의 저조와 고조 차이가 가장 적어지게 되는데, 이 때가 바로 '조금'이다.

물때 시간과 밀썰물의 높이가 매일 다른 것은 달이 매일 50분씩 지각하면서 밀물과 썰물이 전날보다 50분씩 늦어지는 데서 나타나는 현상인데, 서해안이나 남해안처럼 반일주조(半日周潮 : 하루 2회의 밀물과 2회의 썰물이 나타나는 현상)가 발생하는 곳에서는 15일 주기로 나타난다. 이러한 조석 현상을 알기 쉽게 체계화하여 민간에서 하나의 공식처럼 사용하는 것이 물때이다.

음력날짜	1	2	3	4	5	6	7	8	9	10	11	12	13	14	15
물때	7	8	9	10	11	12	13	조금	무시	1	2	3	4	5	사리
음력날짜	16	17	18	19	20	21	22	23	24	25	26	27	28	29	30
물때	7	8	9	10	11	12	13	조금	무시	1	2	3	4	5	사리

물때명의 구성원칙과 주기(현행 표준명)

도표에서 보는 것처럼 물때는 1물에서 13물까지 구성되어 있으며 조금은 실제로 14물때에 해당하고 무시는 '물이 쉬는' 물때로서 조석현상이 없는 것을 의미한다. 음력으로 보름인 15일과 그믐의 30일을 사리로 정하고, 8일(상현)과 23일(하현)을 조금으로, 그리고 조금 다음날인 9일과 24일을 무시(무쉬)로 설정하는 한편, 보름과 그믐 다음날인 1일과 16일을 7물때로 정한 것이다. 이처럼 1물때부터 13물때까지의 물때를 음력에 맞추고 조금, 무시를 넣어 15개 단위로 나누어 놓았으므로 한 달에 물때는 두번 반복하게 된다. 이 가운데 1물때부터 9물때까지는 조고(潮高)가 점점

부록 - 물때에 대해서 알아두자

높아지며 10물때 이후로는 조고가 점점 낮아져서 무시날에 가장 낮아진다. 그러나, 실제 물때는 이상의 물때와 약간 차이를 보인다. 보름과 그믐 사리에 조류가 가장 세다는 것은 이론상으로는 그렇지만 실제로는 사리 1~2일 후에 간만의 차이가 가장세고, 조금 물때의 간만 차이 또한 그 1~2일 후에 가장 작은 현상이 발생한다.

죽는 물때와 사는 물때

물때와 관련하여 알아둬야 할 것이 15개의 물때명 및 물때순서에 따른 바닷물 흐름의 세기와 낚시 사이의 관계이다. 일반적으로 물살의 흐름은 1물때부터 빨라지기 시작해서 9물때에 절정을 이루고, 10물때부터는 점점 조류가 느려지다가 조금에 이른다. 그래서 10물때 이후를 죽는 물때라고도 한다.

1·2·3물때는 물흐름이 완만하고 물의 흐름이 하루 종일 일정한 편이다. 물흐름의 세기와 속도의 차이가 크게 나지 않는 시기이므로 누구든 낚시하기가 수월하며, 4~9물의 사는 물때는 물살이 점점 거세져서 특히 평소에 조류가 센 곳에서는 낚시가 어려워진다. 이런 때는 평소 조류의 세기가 약한 곳을 포인트로 택하는 것이 상식이다.

물때	1·2·3물	4~9물(사는 물때)	10~14물(죽는 물때)
물때의 특징	조석간만의 차이가 적고 유속도 크게 빠르지 않아 낚시에 적당하다.	조차와 조고가 점점 커지며 유속이 빨라지고 물이 흐려진다. 빠른 조류가 바닷물바닥을 뒤짚어 놓아 뻘물이 발생하기 쉽다.	조차와 조고가 점차 낮아지며 유속도 느려지면서 물도 맑아진다. 들고나는 물의 세기가 한풀 꺾여 점점 죽어가는 물때여서 죽는 물때라 한다.

더욱이 뻘바닥이 뒤집혀서 물색깔이 뿌옇게 변하는 7~9물때 정도가 되면 바다 가까이에 머무는 물고기는 미끼를 제대로 볼 수가 없는데다 물살의 세기도 너무 세어서 봉돌도 크게 써야 하는 등 낚시의 조건은 나빠진다. 그러나 9물 이후 10물때부터는 다시 조류의 속도와 세기가 약해지면서 물이 점점 맑아지고 낚시여건도 좋다. 그러나 조과는 3~4물때보다는 못한

편이다. 이것이 물때와 조류 및 낚시에 관한 일반적인 판단기준이 되고 있다.

물론 여기엔 지역에 따른 지역차가 있어서 조류의 영향이 그리 크지 않은 원도에서는 오히려 7~9물의 사는 물때가 10~12물의 죽는물때 보다 훨씬 좋은 조과를 안기기도 한다. 앞에 제시한 물때명은 날마다의 물때와 물높이를 일반인들이 쉽게 알 수 있도록 만들어서 보급한 것으로 실제와는 약간의 차이가 있으므로 이를 참고로 하여 낚시에 감안하는 것이 요령이다.

물때표 보는 법

양력	음력	만 조 시각	조고	간 조 시각	조고
6월 5일	4월 20일	07:38 19:55	922 801	00:08 13:47	1 88
6월 6일	4월 21일	08:23 20:43	895 779	01:53 14:32	26 112

이 물때표에서 알 수 있는 것은 6월 5일과 6월 6일 각기 하루에 2번의 만조와 2번의 간조가 일어났으며, 음력으로는 4월 21일(12물)에 해당되는 날이라는 점이다. 만조시각은 6월 6일의 경우 8시 23분과 그로부터 12시간 20분 후인 저녁 20시 43분이었다. 만조시의 물높이, 즉 조고(潮高)는 아침 만조대가 895cm, 또한 아침 시간의 밀물이 만조에 이르기 바로 전인 전날 밤 1시 53분에는 26cm의 해수면으로 간조가 되어 있었다. 아침 만조가 완전 간조로 바뀐 시간은 그날 오후 2시 32분이며 해수면은 112cm 높이로 높아졌다. 이다음 다시 만조가 된 시간은 6월 6일 저녁 8시 43분으로, 그 때의 물높이는 779cm였다.

부록 3 - 권역별 대표적인 낚시어종 및 포인트

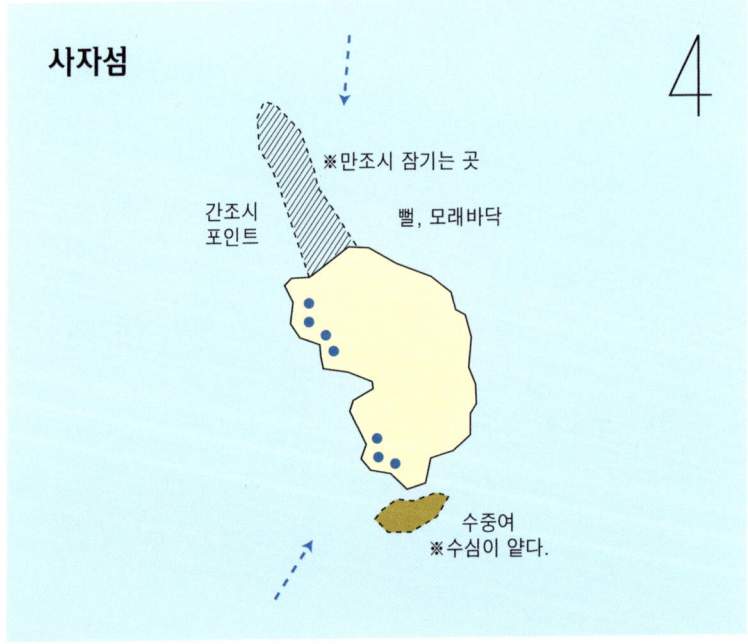

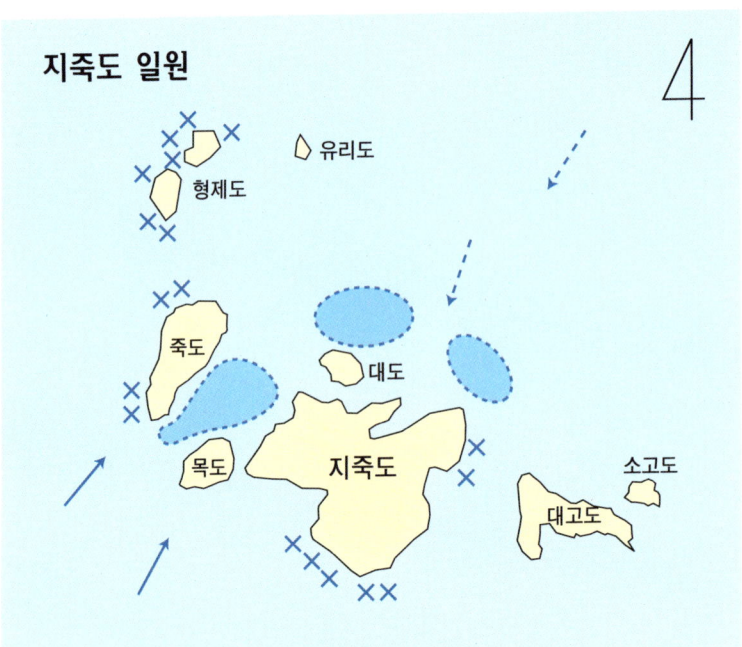

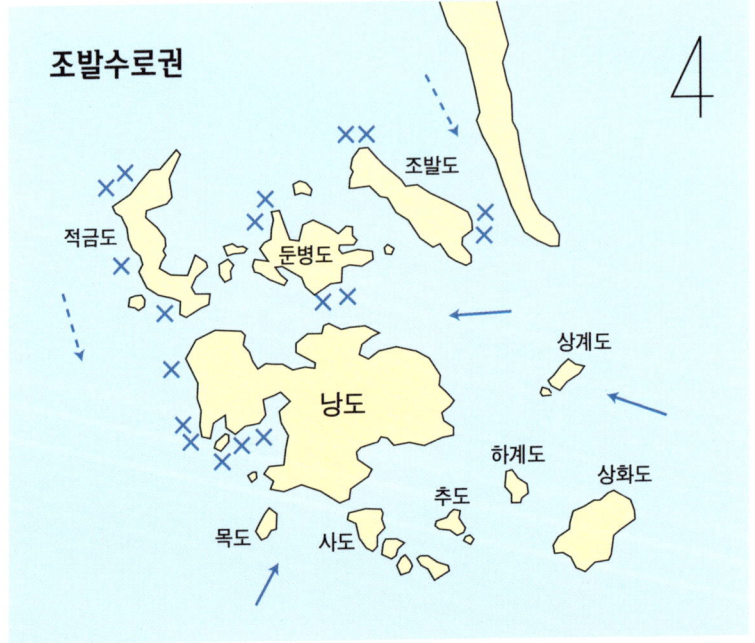

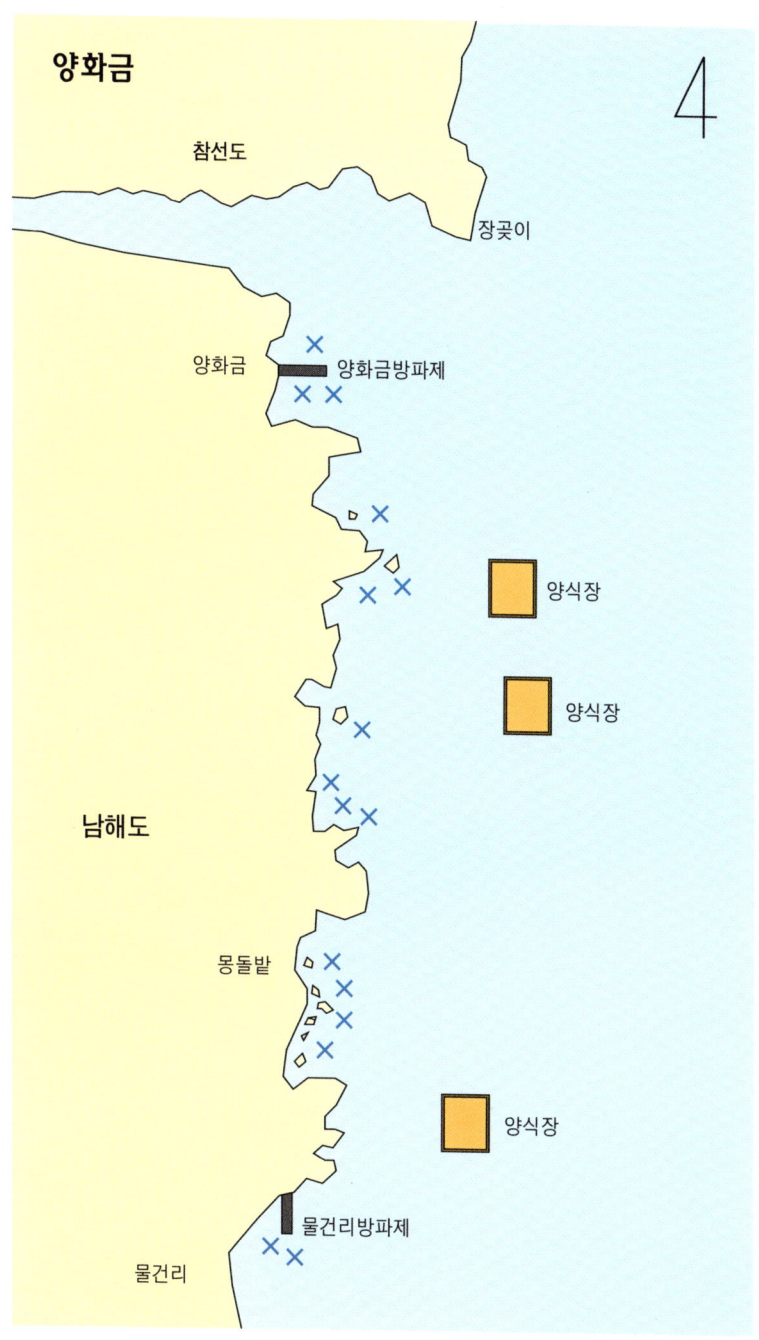

부록 3 - 권역별 대표적인 낚시어종 및 포인트

부록 – 권역별 대표적인 낚시어종 및 포인트

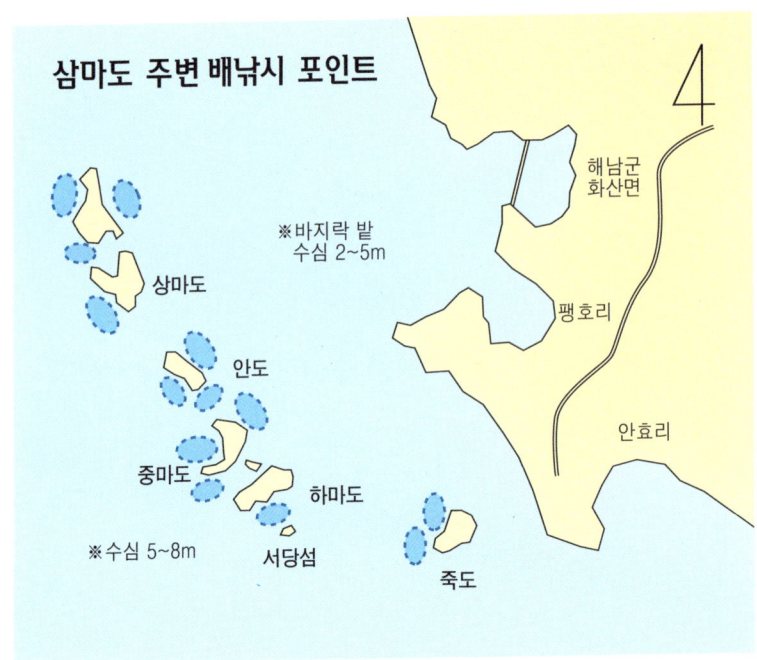

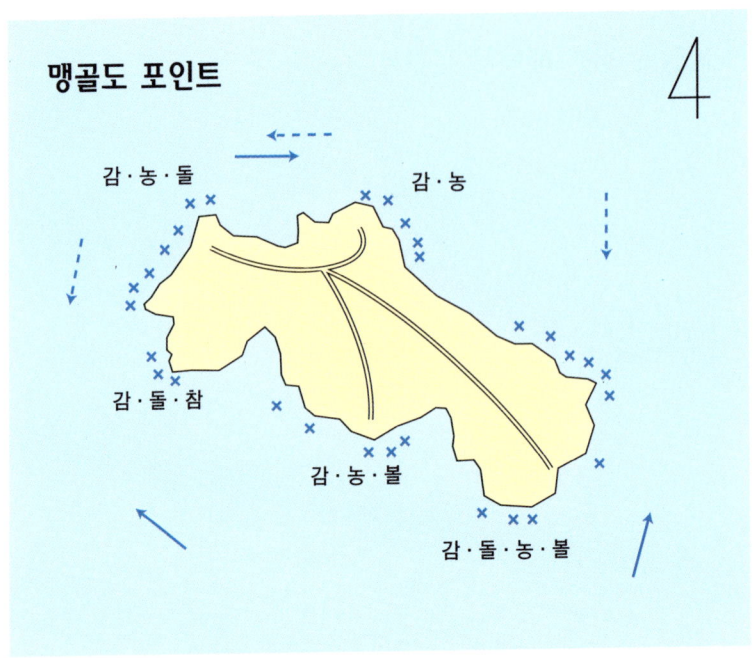

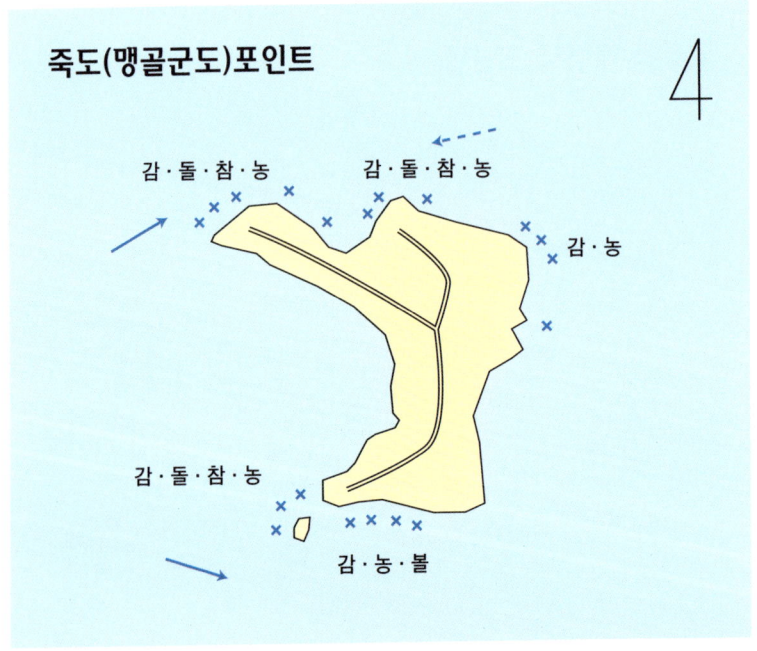

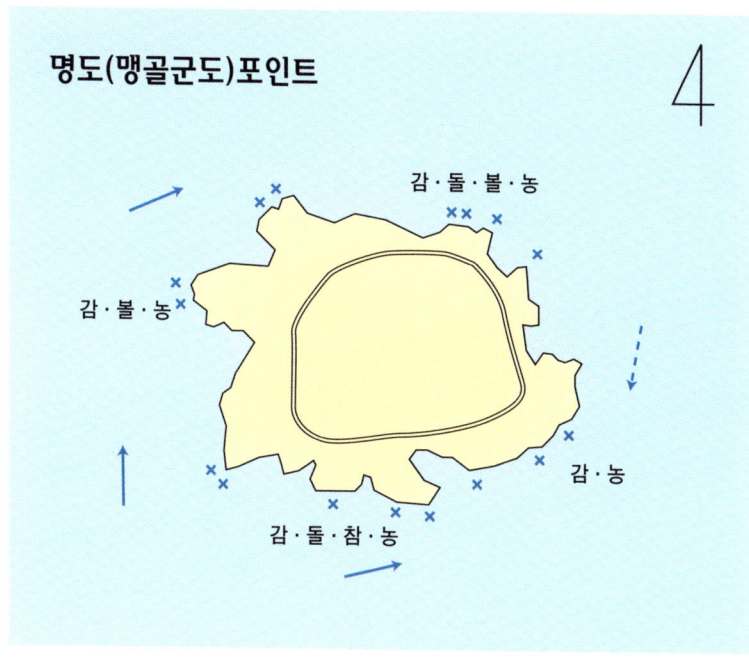

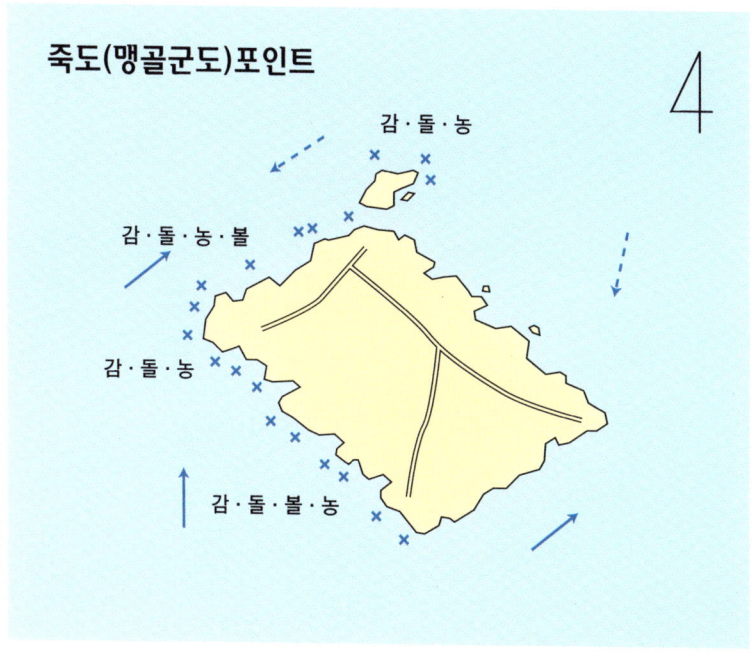

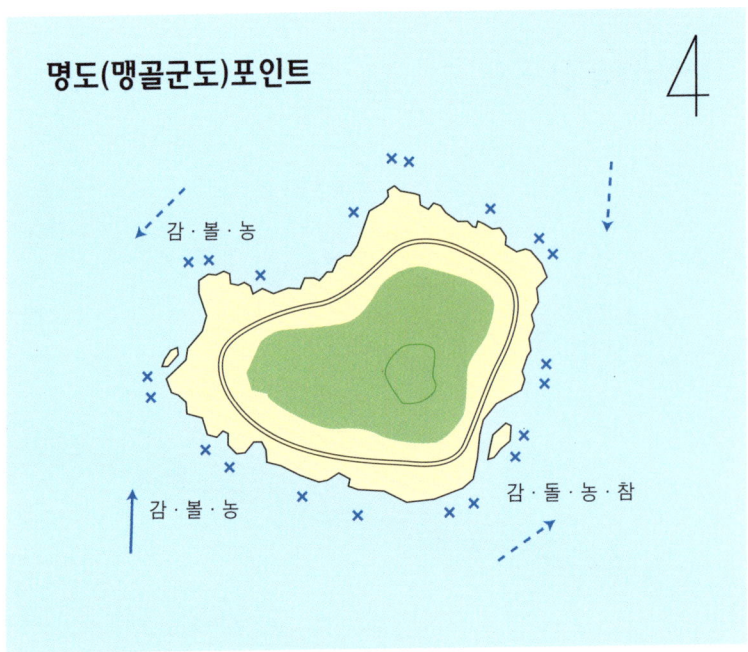

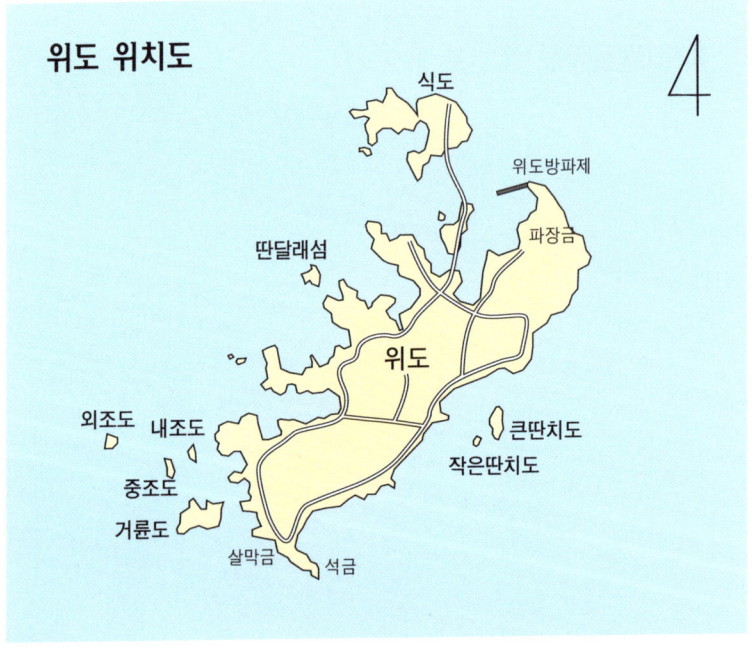

부록 – 권역별 대표적인 낚시어종 및 포인트

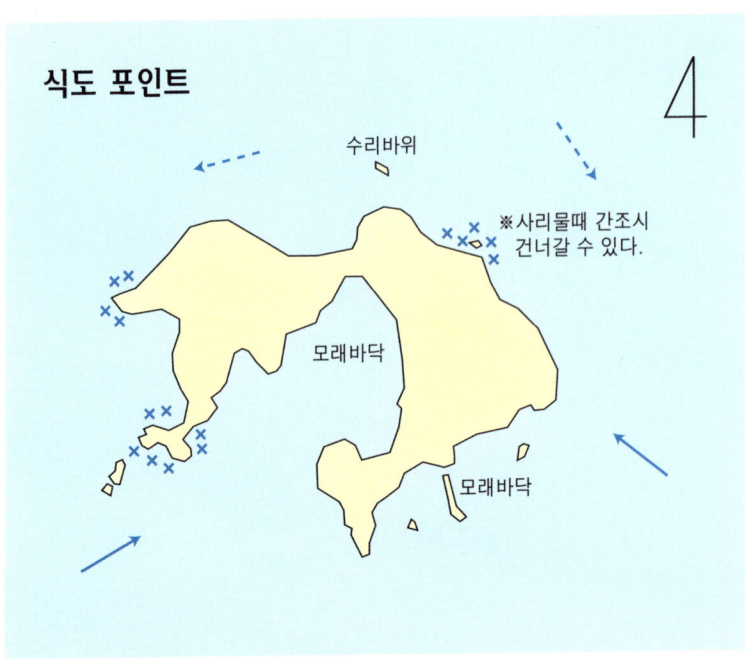

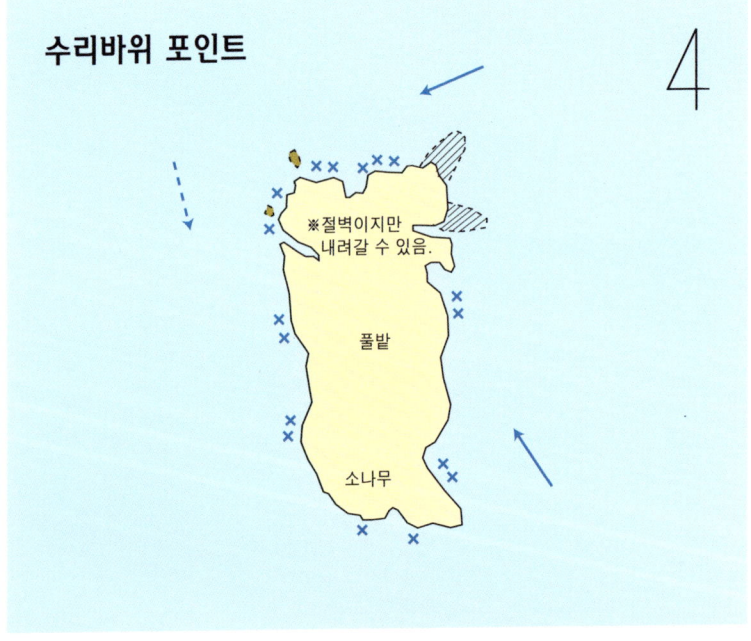

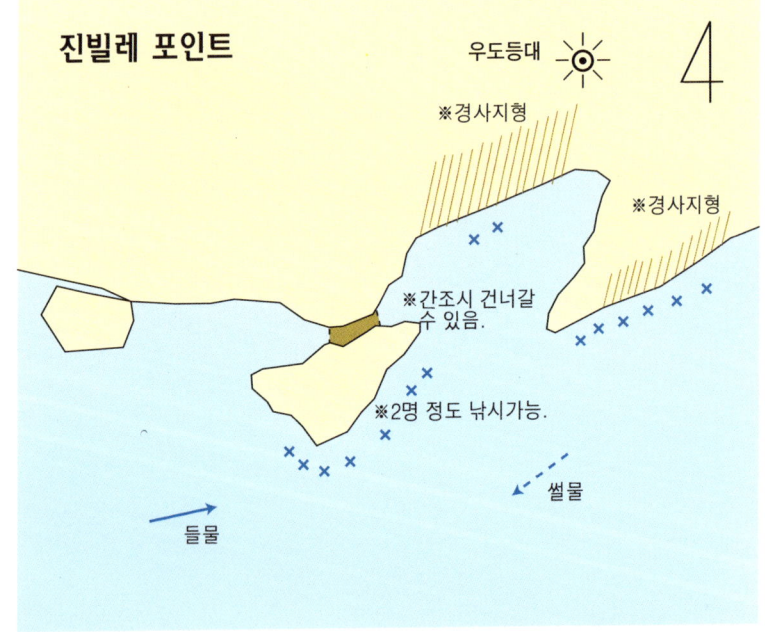

참고문헌

자연과학 〈표준 낚시백과사전〉
오성출판사 〈그림으로 읽는 현대인의 바다낚시〉
진화당 〈정통 바다낚시〉
다락원 〈바다낚시 100문 100답〉
낚시춘추 〈전국 낚시 지도〉

판권본사소유

가족과 함께 떠나는
바다낚시

2018년 8월 25일 1판 4쇄 발행

편저자 : 곽　　혁
발행인 : 김 중 영
발행처 : 오성출판사

서울시 영등포구 영등포동6가 147-7
TEL : (02) 2635-5667~8
FAX : (02) 835-5550

출판등록 : 1973년 3월 2일 제13-27호
ISBN : 978-89-7336-698-9
www.osungbook.com

값 14,500원

※파본은 교환해 드립니다.
※독창적인 내용의 무단 전재, 복제를 절대 금합니다.